湖南省“十二五”教育科学规划课题成果

沟通技巧

主　编　刘　恋
副主编　杨　欣

西安电子科技大学出版社

内 容 简 介

本书选取了高职高专学生在学习、生活及将来的职业岗位上所需的沟通理论与技巧，包括书面沟通、会见沟通、演讲沟通、上下级沟通、会议沟通等。本书内容对各类沟通技巧的理论和方法作了具体阐述，每部分按照案例导入、基本知识、思考题、技能训练的顺序编排，使教材内容丰富，趣味性强。本书所选例文示范性强，贴近高职高专学生学习需求，便于学生模仿训练；在思考题中，对理论知识进行强化训练，以提高学生的沟通能力；在技能训练部分，重点介绍了沟通方法。

本书紧紧围绕着学生关键能力的培养来组织教材的内容，在保证沟通技巧基础理论系统性的同时，强调了实践操作的实用性，可作为高职高专教材使用，也可供企业各类管理人员培训和自学参考。

图书在版编目(CIP)数据

沟通技巧/刘恋主编. —西安：西安电子科技大学出版社，2014.9(2018.6 重印)
湖南省“十二五”教育科学规划课题成果
ISBN 978-7-5606-3489-0

Ⅰ. ① 沟…　Ⅱ. ① 刘…　Ⅲ. ① 心理交往—高等职业教育—教材　Ⅳ. ① C912.1

中国版本图书馆 CIP 数据核字(2014)第 197045 号

策　　划　杨丕勇
责任编辑　杨丕勇
出版发行　西安电子科技大学出版社(西安市太白南路 2 号)
电　　话　(029)88242885　88201467　　邮　　编　710071
网　　址　www.xduph.com　　电子邮箱　xdupfxb001@163.com
经　　销　新华书店
印刷单位　陕西华沐印刷科技有限责任公司
版　　次　2014 年 9 月第 1 版　2018 年 6 月第 3 次印刷
开　　本　787 毫米×1092 毫米　1/16　印 张 11.75
字　　数　272 千字
定　　价　26.00 元
ISBN 978 - 7 - 5606 - 3489 - 0/C

XDUP 3781001-3

前言

沟通是人类社会发展进步的重要因素，沟通能促进人与人之间的交流，能使人更加了解自己生活的环境，有效的沟通更是构建现代和谐社会的重要基础。在这个竞争激烈的社会中，我们需要学会与别人进行有效的沟通，因为有效的沟通是我们迈向成功的第一步。

学习沟通技巧，将使我们在工作、生活中游刃有余。为了培养高职高专学生在各个领域沟通的基本技能，使其能够适应现实生活与未来职业的需求，编者参考众多前辈的编写思路，总结自己多年一线教学经验和体会，融汇多年的教学教改成果，编写了本书。这也是湖南省“十二五”教育科学规划课题(课题名称：高职院校市场营销专业应加强的人文素质教育内容及其方式、途径；课题批准号：XJK012CZJ082）的阶段性研究成果。

本书可作为高职高专院校学生的必修课或选修课教材，其具体特色如下：

(1) 编写模式新颖，教材体系体现高职特色，贯彻“以服务为宗旨，以就业为导向”的职业教育方针。本书紧紧围绕着学生关键能力的培养来组织教材的内容，在保证沟通技巧基础理论系统性的同时，强调了实践操作的实用性，促进了“教、学、做”一体化教学。

(2) 突出对学生沟通思想、沟通方法和沟通技能的培养。本书各章节依据岗位对技能和知识的需求，重构教材的知识结构和能力结构体系，让学生完整体验沟通的程序、内容和方法，有助于提高学生的抽象思维能力和解决具体问题的能力。

(3) 教材内容全面，具有可读性、趣味性和广泛性。编者汇编了来自于教学、科研和企业等方面的最新典型案例，用于促进相关课程的学习。每章按照案例导入、基本知识、思考题、技能训练的顺序编排，内容丰富，趣味性强，有利于提高学生学习的兴趣。

本书共九章内容，由湖南邮电职业技术学院的刘恋老师统稿和审稿，她主要编写了第一章、第二章、第三章、第五章、第七章、第八章；第四章、第六章、第九章由湖南邮电职业技术学院的杨欣老师编写。

在编写过程中，编者参考了大量的文献资料，吸收了最新的研究成果，在此对相关作者表示真诚的感谢!

书中必有许多不足之处，诚望读者不吝指正!

编　者

2014 年 4 月

目　　录

第一章 沟通的基本原理

案例导入

杨瑞是一个典型的北方姑娘，在她身上可以明显地感受到北方人的热情和直率，她很坦诚，有什么说什么，总是愿意把自己的想法说出来和大家一起讨论，正是因为这个特点，她在上学期间很受老师和同学的欢迎。今年，杨瑞从西安某大学的人力资源管理专业毕业，她认为，经过四年的学习自己不但掌握了扎实的人力资源管理专业知识，而且具备了较强的人际沟通技能，因此她对自己的未来期望很高。为了实现自己的梦想，她毅然只身去广州求职。

经过将近一个月的反复投简历和面试，在权衡了多种因素的情况下，杨瑞最终选定了东莞市的一家研究生产食品添加剂的公司。她之所以选择这家公司是因为该公司规模适中、发展速度很快，最重要的是该公司的人力资源管理工作还处于尝试阶段，如果杨瑞加入，她将是人力资源部的第一个人，因此她认为自己施展能力的空间很大。但是到公司实习一个星期后，杨瑞就陷入了困境中。

原来该公司是一个典型的小型家族企业，企业中的关键职位基本上都由老板的亲属担任，其中充满了各种裙带关系。尤其是老板给杨瑞安排了他的大儿子做杨瑞的临时上级，而这个人主要负责公司研发工作，根本没有管理理念，更不用说人力资源管理理念。在他的眼里，只有技术最重要，公司只要能赚钱，其他的一切都无所谓。但是杨瑞认为越是这样就越有自己发挥能力的空间，因此在到公司的第五天杨瑞拿着自己的建议书走进了直接上级的办公室。

“王经理，我到公司已经快一个星期了，我有一些想法想和您谈谈，您有时间吗？”杨瑞走到经理办公桌前说。

“来来来，小杨，本来早就应该和你谈谈了，只是最近一直扎在实验室里就把这件事忘了。”

“王经理，对于一个企业尤其是处于上升阶段的企业来说，要持续企业的发展必须在管理上狠下功夫。我来公司已经快一个星期了，据我目前对公司的了解，我认为公司主要的问题在于职责界定不清；雇员的自主权力太小致使员工觉得公司对他们缺乏信任；员工薪酬结构和水平的制定随意性较强，缺乏科学合理的基础，因此薪酬的公平性和激励性都较低。”杨瑞按照自己事先所列的提纲开始逐条向王经理叙述。

王经理微微皱了一下眉头说："你说的这些问题我们公司也确实存在，但是你必须承认一个事实——我们公司在赢利！这就说明我们公司目前实行的体制有它的合理性。"

"可是，眼前的发展并不等于将来也可以发展，许多家族企业都是败在管理上。"

"好了，那你有具体方案吗？"

"目前还没有，这些还只是我的一点想法而已，但是如果得到了您的支持，我想方案只是时间问题。"

"那你先回去做方案，把你的材料放这儿，我先看看然后给你答复。"说完王经理的注意力又回到了研究报告上。

杨瑞此时真切地感受到了不被认可的失落，她似乎已经预测到了自己第一次提建议的结局。

果然，杨瑞的建议书石沉大海，王经理好像完全不记得建议书的事。杨瑞陷入了困惑之中，她不知道自己是应该继续和上级沟通还是干脆放弃这份工作，另找一个发展空间。

本案例是一个典型的由于管理者缺乏新员工导入机制理念而导致上下级沟通失败，最终使新员工的积极性受挫的案例。杨瑞满腔热情想把自己所学的知识应用到实践中去，从而获得成就感，可是她的直接上级却没有认识到杨瑞的特点和需求，过分强调杨瑞缺乏实践经验的一面，对杨瑞的行为做出了消极的反馈，致使杨瑞的积极性受到挫伤。

活动：撕纸

时间：15 分钟

材料：总人数两倍的 A4 纸

操作程序：

(1) 给每位学生发一张纸。

(2) 教师发出单项指令：

——大家闭上眼睛；

——全过程不许问问题；

——把纸对折；

——再对折；

——再对折；

——把右上角撕下来，转 180°，把左上角也撕下来。

——睁开眼睛，把纸打开。

(3) 这时教师可以请一位学员上来，重复上述指令，唯一不同的是这次学生们可以问问题。

(4) 有关讨论：

完成第(2)步之后可以问大家，为什么会有这么多不同的结果？

完成第(3)步之后又问大家，为什么还会有误差？

基本知识

1.1 沟通概述

1.1.1 沟通的含义

1. 沟通是一项活动

“沟通”一词，汉语的原意是指两水通过挖沟开渠使其相互流通畅达的意思，如《左传·哀公九年》所讲：“秋，吴城邗，沟通江淮。”沟通有名词和动词之分，作为名词的沟通是指一种状态，作为动词的沟通是指一种行为。沟通一词后来用于比喻两种思想的交流与分享等，在信息社会又泛指信息沟通。

人类是需要沟通的。沟通是形成人际关系的手段。人们通过沟通与周围的社会环境相联系，而社会又是由人们互相沟通所维持的关系组成的网。沟通就像血液流经人的心血管系统一样流过社会系统，为整个有机体服务。原美国最优秀的篮球队之一——芝加哥公牛队的“飞人”乔丹与“蝙蝠侠”皮蓬曾说：“我们俩在场上的沟通相当重要，我们相互从对方的眼神、手势、表情中获得对方的意图，于是，我们传、切、突破、得分；但是，如果我们失去彼此间的沟通，那么，公牛队的末日就来临了。”两位球星之间所发生的这一切，正是沟通活动。因此，沟通是一项自然而然的、必需的、无所不在的活动。

2. 沟通是一门科学

将沟通与传播学联系，这对于中国人而言，还新鲜得很。因此，当海外学者于20世纪70年代末80年代初把传播学引入中国时，闹出了被误听为“船舶学”的笑话。原来，这门科学是西方舶来品。

1) 沟通的渊源

沟通作为传播学的核心概念，原译自英语communication，从翻译角度又可译为传达、通信、交换、交流、交通、交际、交往、沟通等。对该词国内一般有三种译法，即交流、沟通、传播。在现代汉语中，交流与沟通意义相近，都是一种相互交换的活动；而传播则强调单方面行为以及这种行为使信息在社会中的传递、流传和播散。本书将以沟通作为学科的中心术语，同时以传播、交流、交际、交往作为表述的近义词语。

2) 沟通的学科定义

从学科及其定义角度探讨什么是沟通，国内没有系统的理论。国外目前也是众说纷纭。据不完全统计，沟通的定义迄今有150多个。概括地说，有以下几种类型。

(1) 共享说：强调沟通是传者与受者对信息的分享。如美国著名传播学家施拉姆认为：“我们在沟通的时候，是努力想同谁确立‘共同’的东西，即我们努力想‘共享’信息、思想或态度。”

(2) 交流说：强调沟通是有来有往的、双向的活动。如美国学者霍本认为：“沟通即用言语交流思想。”

(3) 影响(劝服)说：强调沟通是传者欲对受者(通过劝服)施加影响的行为。如美国学者露西和彼得森认为："沟通这一概念，包含人与人之间相互影响的全部过程。"

(4) 符号(信息)说：强调沟通是符号(信息)的流动。如美国学者贝雷尔森认为："所谓沟通，即通过大众传播和人际沟通的主要媒介所进行的符号的传送。"

由于作为本土的具有中国特色的沟通学独立学科在我国还未建立，也没有系统的理论支撑，因此有必要对它的概念进行界定。我们这里侧重在沟通活动和行为方面进行分析和认识，研究个人的沟通行为，研究人际互动中的沟通关系，并着重于实用性。从这个意义上，我们认为，沟通学应属于社会学或人类学(anthropology)的分支学科。沟通是人类的一种行为，是人类的活动，语言的沟通、准语言的沟通和体态语的沟通是它的语言文化表现形式。我们认为，把沟通学放在人类学或社会学中进行研究，既能加深对沟通活动及其过程的理解和分析，有助于对社会化与人际关系、人类互动关系及其影响的理解，还更有助于人类认识世界、认识人类语言现象和非语言现象，对于思考人生及其价值都将产生积极意义。

基于此，本书把沟通定义为：沟通是人类借助于共同的符号系统(包括语言符号和非语言符号)获得信息，彼此传递和交流信息的个人行为和社会互动行为，是人类有意识的活动及能力。

根据沟通的概念和性质，沟通的具体内容可以作以下几个方面的概括：

(1) 沟通不是只说给别人听。有人认为，沟通是"我说给你听"。我是说话者，你是听话人，我发出一项信息，并传递给你，你收到信息后，把它"译解"，然后采取令我满意的行动。

但是我说给你听，你未必都愿意听；就算听了，也不见得真正听懂了我的意思；即使听懂了我的意思，你也不一定就会按我的意图去行动。

因此，沟通并不是片面地"我说给你听"。

(2) 沟通不是只听别人说。"世事洞明皆学问。"无论何时何地对何人都有学不完的知识，多听别人的话，可以学到许多书本上没有的东西，对自己有很大的助益。

然而仅仅你说我听，也不算有效的沟通。因为仅仅你说我听，我以为听懂了，其实没有听懂，就照着去做，结果却证明"原来我听错了"，这等于没有沟通，甚至会带来危害。

(3) 沟通是"通"彼此之"理"。沟通是人与人之间传达思想、观念或交换情报、信息的过程。等于"你说给我听"加上"我说给你听"，以求得相互了解并且彼此达成某种程度的理解。

沟通他人，"理"是基础，但"通"理首先要寻求共鸣。常言说，"酒逢知己千杯少，话不投机半句多"。寻求共鸣便可使你成为对方的知己，避免话不投机。所谓"共鸣"，是沟通双方思想感情上达到一致的体验。产生共鸣意味着沟通双方的情绪已经融洽，从而为通"理"铺平了道路，使双方从心理上愿意接受彼此的观点和主张。

案例

(1) 护士："早上好，李小姐！昨天晚上睡得好不好啊？"

病人："护士，我昨天整个晚上都没有合眼，心里总是想着我的病。"

护士：“噢，李小姐，其实，你的病没有什么大问题，用不了几天，你就会平安出院的。”

请问：护士所犯的错误是什么？

(2) 病人：“高护士，今天早上医生对我说，为了明确我的诊断，要为我做骨髓穿刺，我真的有些担心。”

护士：“噢，原来如此！好吧，马先生，你准备一下，我马上帮你输液。”

请问：护士所犯的错误是什么？

(3) 下午巡房时，护士发现上午刚刚做完骨髓穿刺检查的235房间1床的病人金小姐蜷曲着身体躺在床上，身体由于哭泣而微微地颤动。于是，护士问：“金小姐，您为什么不开心啊？”(没等病人回答，又接着说)“噢，我知道了，你一定是担心今早医生为您做的骨髓检查。您是不是认为这说明您的病很重？您现在需要做的事情就是：尽快忘掉那件事，这样您的心情就会好些了。”

请问：护士所犯的错误是什么？

1.1.2 沟通的层次与原则

不论是服务他人、观众或与朋友交往、与客户谈判，每一个人都希望可以成为沟通的高手。而实际上，每个人因受到天生的人格特质、家庭成长环境、学习教育情况和社会接触面等诸多因素的影响，形成了具有独立风格与方式的沟通习惯。根据沟通效果，沟通可以基本分为以下四个层次现象。

(1) 阻断与抗拒。这个层次现象的沟通是完全无效的。这种现象类似我们常说的冥顽不灵、顽固不化。一般多见于情绪激动、应急、歇斯底里等情况。常听到的交流语言信号为：“哼”、“你凭什么这么说！”。

(2) “鸿沟”现象。这个层次现象的沟通信息的接收与传递，往往只是信息的发布与传达，效果完全取决于接收者的自我认识与重视程度。所谓“鸿沟”现象，是指在沟通过程中，基本为单方交流，就像两个人站在天堑的两边，始终无法共同面对与平等交流，他们之间就像有一个天然的“鸿沟”。这种现象类似我们说的耳边风或填鸭，也就是只有“沟”没有“通”的现象。一般多见于领导训话、指令颁布等。常听到的语言信号为：“哦”、“嗯”、“啊”。

(3) 桥梁效应。这个层次现象的沟通信息的接收与传递在互动过程中得到磨合以达到共识。所谓桥梁效应，是指经过互动与信息的碰撞与磨合，使双方可以逾越“鸿沟”形成共识，就像有一个可以用于双向交流的桥梁。这种现象类似我们说的讨论、争辩、交流等，一般多见于经验交流、共同协作完成某项任务等。常听到的语言信号为：“你是什么感觉？”、“说说你的看法”。

(4) 及时回应。这个层次现象已经跳出了基本沟通，它是融合了对人最根本心理需求的体察与人性化的运用，是确实有效的沟通，也是沟通的艺术，使其变成一种享受而不再是工作。这种现象类似我们说的发自内心的交流、自然的沟通等。常听到的语言信号为：“经过了我们的相互信任与讨论，我想我们已经达成了共识”，“请稍等，我5分钟后与你讨论”。

要使沟通有个良好的结果，必须遵守沟通三原则：

(1) 谈论行为不谈论个性。谈论行为就是讨论一个人所做的某一件事情或者说的某一句话。个性就是对某一个人的观点或评论，即我们通常说的这个人是好人还是坏人。因此，"谈论行为不谈论个性"的原则也就是"对事不对人"的原则，当然，"对事不对人"通常是存在争议或矛盾的情况下我们应该坚持的原则，但为了避免出现矛盾或矛盾激化，在任何情况下，这都是我们应该坚持的原则。

(2) 要明确沟通。明确就是在沟通的过程中，你说的话一定要非常明确，让对方有个准确的唯一的理解。在沟通过程中有人经常会说一些模棱两可的话，比如经理会拍着部下的肩膀说："某某，你今年的成绩非常好，工作非常努力。"好像是在表扬对方，但是接下去他还说一句："明年希望你要更加地努力。"这句话好像又是在鞭策，说他不够努力。这就使人不大明白：沟通传达给我的到底是什么意思？所以，沟通中一定要明确，努力了就是努力了，缺乏努力就是缺乏努力。

(3) 积极倾听。本原则将在第二章中进一步说明。

1.1.3 沟通的特点与功能

沟通的过程和要素呈现沟通的三个特点：

(1) 互动性。沟通是发送者和接收者之间的相互活动。就是说，沟通要有两人或两人以上的沟通主体参加，是发送者和接收者相互作用的活动，即参加沟通的一方都试图影响另一方；每一方都既是发送者又是接收者，各自不断发出信息，期待对方做出某种反应。

(2) 动态性。沟通的双方是动态的，不断地受到来自他人信息的影响，情况在不断变化。同时，信息本身就具有流动的性质，它从事实本身转变为符号信息的传递过程，就是一个动态的过程。

(3) 社会性。沟通的社会性就在于人类能够运用符号系统来沟通彼此的思想，调节各自的行为，结成一个有机的整体，去从事各种社会活动。

联合国教科文组织国际交流委员会综合了各国学者的意见，认定沟通在任何社会制度中的主要功能有：

(1) 获得消息情报。 收集、储存、整理和沟通必要的新闻、数据、图片、事实、意见、评论，以便对周围环境的情况获得了解并做出反应和决定。

(2) 社会化。提供知识使人们能在社会中从事活动，并增强社会联系和社会意识，积极参加社会活动。

(3) 动力。促进各个社会的当前目标和最终目标的实现，激励人的意志和理想，鼓励为实现共同商定的目标而进行个别活动和社会活动。

(4) 教育。沟通知识以便促进智力的发展，培养人的品格，并使其在人生各个阶段获得各种技能和能力。

案例

第二次世界大战后期，日本的败局已定。1945 年 7 月 26 日《波茨坦公告》发表，日本当局一看盟方提出的投降条件比他们原先想像的要宽大得多，便高兴地决定把公告分发各报刊登载。7 月 28 日铃木首相接见新闻界人士，在会上公开表示他将"mokusatsu"同盟

国的最后通牒。可惜这个词选得太不好了。首相原意是说他的内阁准备对最后通牒“予以考虑”，可是这个词还有一个意思，就是“置之不理”。事也凑巧，日本的对外广播机构恰恰选中了这个词的第二个意思并译成对应的英语词语“take no notice of”。此条消息一经播出，全世界都听到了日本已拒绝考虑最后通牒，而不是正在考虑接受。消息播出后，美方认为日本拒绝公告要求，便决定予以惩罚。

8 月 6 日，美军在广岛投下了威力巨大的原子弹。这真是一场灾难性差错——导致数万生灵丧生！

请就以上短文，就沟通方面谈谈你的看法。

1.1.4　沟通的类型

由于沟通的普遍性和复杂性，可以根据不同的标准对沟通进行分类。一般来说，常用的分类有以下几种。

- 按照信息载体划分，沟通可以分为言语沟通和非言语沟通。

(1) 言语沟通。言语沟通是指以语词符号实现的沟通，可以分为口头言语沟通与书面言语沟通。口头言语沟通是指借助于口头语言实现的沟通，是日常生活中最为常用的沟通方式，同时也是保持整体信息最好的沟通方式。平时的交谈、讨论、开会等都离不开口头语言的沟通。书面言语沟通是指借助于书面文字材料实现的信息交流。书面沟通可以修正内容，因而是一种准确性较高的沟通方式。书面沟通的另外一个优点是具有持久性，它使沟通过程超越了时间和空间的限制，人们不仅可以通过文字记载来研究古人的思想，也可以将当代人的成就传给后代。但是，书面沟通缺乏信息发送者背景信息的支持，信息接收者感受不到发送者自身的人格和情感因素的影响，因而对信息接收者的影响力有限。

(2) 非言语沟通。非言语沟通包括身体动作、眼神、面部表情以及发送者和接收者之间的身体距离等。有学者认为每一种身体动作都有意义，没有一种动作是随便表现出来的。身体语言补充了言语沟通，并常常使言语沟通更为复杂。身体动作或运动本身并不带有精确的或普遍性的意义，但当它与口头语言结合起来时，就使得发送的信息更为丰富。对接收者来说，留意沟通中的非言语信息十分重要。在倾听信息发送者发出的言语意义的同时，还应注意非言语线索，尤其应注意二者之间的矛盾之处。

- 按照沟通的组织系统划分，沟通可以分为正式沟通和非正式沟通。

(1) 正式沟通。正式沟通是指通过组织明文规定的渠道进行的信息传递和交流，如企业的汇报制度、会议制度，按组织系统逐级进行的上级批示的下达或下级情况向上级反映等。正式沟通的优点在于沟通效果好，具有较强的约束力，一般较重要的信息通常都采用这种方式沟通，但它也有其局限性，即沟通速度慢，不易沟通感情。

(2) 非正式沟通。非正式沟通是在正式沟通渠道之外进行的信息传递和交流，如员工之间私下交谈，各抒己见，数人相聚议论某人某事以及传播小道消息或同仁们举行非正式的群体娱乐活动等。正式沟通一般是官方化的、规范的，而非正式沟通却是非官方的、非规范的。非正式沟通中要注意甄别信息，不要被流言飞语所干扰，以至于混淆视听，使信息失真。

- 按照组织结构和流动方向划分，沟通可以分为上行沟通、下行沟通和平行沟通。

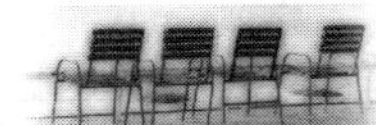

(1) 上行沟通。上行沟通就是指下级情况、意见通过组织系统向上级反映的沟通形式，也就是自下而上的沟通，如汇报工作、表明态度、提出建议等。但如果群体的组织结构不完善、组织层次过多，都会造成上行沟通的阻碍。因此，疏通沟通渠道是十分重要的，如民意测验，召开各种类型的座谈会，进行访问，设立"建议箱"、"举报箱"，实行领导接待来访制度，开展抽样调查，鼓励弹劾等。

(2) 下行沟通。下行沟通是指组织内部上级管理人员向下级人员传达指示，发布命令、通知、通报等的沟通方式。下行沟通顺畅，能把管理者的意图很快传达给员工，使员工提高行动的自觉性，尽快把上级的意图转化为自己的行动，为实现管理者的决策和集体活动目标而努力工作。

(3) 平行沟通。平行沟通是指同一层次的组织人员之间的信息交流，即横向联系，包括群体内部平行组织之间的横向信息交流、群体之间的信息交流。平行沟通是保持组织间正常关系的重要条件，对加强平行单位之间的相互了解、增进团结、搞好协作、克服本位主义等极其有益。如果平行沟通渠道不畅通，群体下属部门就会各自为政，容易产生部门之间的隔阂、矛盾和冲突，甚至形成独立王国，因此平行沟通是不容忽视的一种沟通方式。

- 按照信息沟通的方向划分，沟通可以分为单向沟通和双向沟通。

(1) 单向沟通。单向沟通指的是信息发送者以命令方式面向接收者，一方只发送信息，另一方只接收信息，双方无论在语言上还是在情感上都不存在信息反馈，如发指示、下命令、电视授课、广播演讲与报告等都属于单向的信息沟通。单向沟通的优点在于快捷、迅速。但是单向沟通在传播信息时，发送者和接收者之间没有讨论的余地，所以，单项沟通得到的信息往往并不十分准确。另外，它比较严肃呆板，当接收者具有潜在的沟通障碍时，易产生抗拒对立情绪。

(2) 双向沟通。双向沟通指的是信息发送者以协商、讨论或征求意见的方式面对接收者，信息发出以后还需要及时听取反馈意见，必要时发送者与接收者还要进行多次重复商议交流，直到双方共同明确和基本满意为止，如召开座谈会、听取情况汇报等都属于双向的信息沟通。双向沟通的优点在于接收者和发送者之间有反馈机会，易于准确把握信息。同时，双向沟通比较灵活自由，信息接收者有表达自己观点、建议的机会，因此有利于双方互相理解，形成融洽的人际交往关系。但是双向沟通因为要听取反馈意见，有可能受到接收方的质询和挑剔，因此传递信息的速度较慢。

- 按照沟通的目的划分，沟通可以分为自我沟通、人际沟通和群体沟通。

(1) 自我沟通。有的时候，信息的发送者和接收者是一个人，这种在个人自身内部发生的信息传递的过程，就是自我沟通，它是其他形式的人与人之间成功沟通的基础。

(2) 人际沟通。人际沟通指的是两个人之间发生的信息传递的过程。它是人际交往的起点，是建立人际关系的基础。

(3) 群体沟通。群体沟通是指三个及三个以上的个体之间进行的信息传递的过程。

1.1.5 沟通能力及其培养

(1) 沟通能力的含义。一般而言，沟通能力指沟通者所具备的能胜任沟通工作的优良主观条件，包括外在技巧和内在动因。其中，恰如其分和沟通效益是人们判断沟通能力的

基本尺度。恰如其分，指沟通行为符合沟通情境和彼此相互关系的标准或期望；沟通效益，则指沟通活动在功能上达到了预期的目标，或者满足了沟通者的需要。

(2) 沟通能力的必要性。人是社会的动物，社会是人与人相互作用的产物。马克思指出："人是一切社会关系的总和。""一个人的发展取决于和他直接或间接进行交往的其他一切人的发展。"因此，沟通能力是一个人生存与发展的必备能力，也是决定一个人成功的必要条件。沟通能力的必要性主要体现为以下几点：

① 职业工作需要沟通能力。各行各业，无论是会计、社会工作者、工程师，还是医生、护士、教师、营销员，不仅需要专业知识和技能，而且越来越需要与他人沟通的能力。

② 社会活动需要沟通能力。人们在生活中每时每刻都离不开实践活动，总不免要与他人沟通。但是，沟通本身也不是非常容易的事。要向他人表达一个意思，却始终说不清楚；要为他人办一件好事，但有可能弄巧成拙；本来想与他人解除原有的隔阂，但可能弄得更僵。所以说，现实的实践活动需要有一定的沟通能力。

③ 沟通也是个人身心健康的保证。与家人沟通，能使你享受天伦之乐；与恋人沟通，能使你品尝到爱情的甘甜；在孤独时，沟通会使你得到安慰；在忧愁时，沟通会使你得到快乐。英国著名文学家、哲学家弗朗西丝·培根有句名言："如果把快乐告诉朋友，你将获得两个快乐；如果你把忧愁向朋友倾吐，你将被分担一半忧愁。"

沟通能力不是某些人所独有的，也不是可望而不可及的。只要勇于实践、积极沟通，其沟通能力就必然会提高。但有的人缺乏沟通实践，对沟通的惧怕、忧虑和不适应，会形成沟通缺陷的恶性循环。害怕沟通是心理现象，也有可能是生理反应，但更重要的是由于自身缺乏沟通能力导致的。不愿意沟通是一种观念，可能是由于生活中的挫折等因素导致的，但害怕沟通是它存在的一个主要原因。很少沟通属于一种实践活动，主要受人们不愿意沟通的观念支配。很少沟通的结果必然是沟通能力降低。因此，实践活动是最基本的、最关键的因素，它不仅明显地影响着人们的沟通心理和沟通认识，而且直接制约着人们的沟通能力。

沟通能力的提高没有捷径，只有遵循"敢于沟通，坚持沟通，善于沟通，走向成功"的理念，记住一分钟，理解一学期，实践一辈子。"听过，看过，做过，会理解得最好！"

案例

财务部陈经理每月总会按照惯例请手下员工吃一顿。一天，他走到休息室叫员工小马，让他通知其他人晚上吃饭。

快到休息室时，陈经理听到休息室里面有人在交谈，他从门缝看过去，原来是小马和销售部员工小李在里面。

小李对小马说："你们陈经理对你们很关心，我见他经常请你们吃饭。"

"得了吧。"小马不屑地说，"他就这么点本事笼络人心，遇到我们真正需要他关心、帮助的事情，他没一件办成的。你拿上次公司办培训班的事来说，谁都知道如果能上这个培训班，工作能力会得到很大提高，升职机会也会大大增加。我们部门几个人都很想去，但陈经理却一点都没察觉到，也没积极为我们争取，结果让别的部门抢了先。我真的怀疑他有没有真正关心过我们。"

“别不高兴。”小李说，“走，吃饭去。”

陈经理只好满腹委屈地躲进自己的办公室。

据上述案例，请指出：

(1) 案例中上司和下属的沟通错误主要有哪些？

(2) 上司和下属接下来可以怎么做？

1.2 沟通障碍

1.2.1 沟通障碍的含义及来源

所谓沟通障碍，是指信息在传递和交换过程中，由于信息意图受到干扰或误解，而导致沟通失真的现象。在人们沟通信息的过程中，常常会受到各种因素的影响和干扰，使沟通受到阻碍。

沟通障碍主要来自三个方面：发送者的障碍、接收者的障碍和信息传播通道的障碍。

(1) 发送者障碍。在沟通过程中，信息发送者的情绪、倾向、个人感受、表达能力、判断力等都会影响信息的完整传递，所产生的障碍主要表现在：表达能力不佳；信息传送不全；信息传递不及时或不适时；知识经验的局限；对信息的过滤。

(2) 接收者障碍。从信息接收者的角度看，影响信息沟通的因素主要有四个方面：信息译码不准确；对信息的筛选；对信息的承受力；心理上的障碍；过早地评价情绪。

(3) 沟通通道障碍。沟通通道的问题也会影响到沟通的效果。沟通通道障碍主要有以下几个方面：

① 选择沟通媒介不当。比如对于重要事情而言，口头传达效果较差，因为接收者会认为“口说无凭”、“随便说说”而不加重视。

② 几种媒介相互冲突。当信息用几种形式传送时，如果相互之间不协调，会使接收者难以理解传递的信息内容。如领导表扬下属时面部表情很严肃甚至皱着眉头，就会让下属感到迷惑。

③ 沟通渠道过长。组织机构庞大，内部层次多，从最高层传递信息到最低层，从低层汇总情况到最高层，中间环节太多，容易使信息损失较大。

④ 外部干扰。信息沟通过程中经常会受到自然界各种物理噪音、机器故障的影响或被其他事物干扰，也会因双方距离太远而沟通不便，影响沟通效果。

1.2.2 沟通障碍的类别

1. 组织

在管理中，合理的组织机构有利于信息沟通。但是，如果组织机构过于庞大，中间层次太多，那么，信息从最高决策传递到下属单位不仅容易产生信息的失真，而且还会浪费大量时间，影响信息的及时性。同时，自上而下的信息沟通，如果中间层次过多，同样也浪费时间，影响效率。

有的学者统计，如果一个信息在高层管理者那里的正确性是100%，到了信息的接收者手里可能只剩下20%是正确的。这是因为，在进行这种信息沟通时，各级主管部门都会花时间对接收到的信息进行甄别，一层一层地过滤，然后有可能将断章取义的信息上报。此外，在甄选过程中，还掺杂了大量的主观因素，尤其是当发送的信息涉及传递者本身时，往往会由于心理方面的原因，造成信息失真。这种情况也会使信息的提供者望而却步，不愿提供关键的信息。因此，如果组织机构臃肿，机构设置不合理，各部门之间职责不清、分工不明，形成多头领导，或因人设事、人浮于事，就会给沟通双方造成一定的心理压力，影响沟通的进行。

2. 个人

(1) 个性因素所引起的障碍。信息沟通在很大程度上受个人心理因素的制约。个体的性质、气质、态度、情绪、见解等的差别，都会成为信息沟通的障碍。

(2) 知识、经验水平的差距所导致的障碍。在信息沟通中，如果双方经验水平和知识水平差距过大，就会产生沟通障碍。此外，个体经验差异对信息沟通也有影响。在现实生活中，人们往往会凭经验办事。一个经验丰富的人往往会对信息沟通做通盘考虑，谨慎细心；而一个初出茅庐者往往会不知所措。这种障碍的特点是信息沟通的双方往往依据经验上的大体理解去处理信息，使彼此理解的差距拉大，形成沟通的障碍。

(3) 个体记忆不佳所造成的障碍。在管理中，信息沟通往往是依据组织系统分层次逐次传递的，然而，在按层次传递同一条信息时往往会受到个体素质的影响，从而降低信息沟通的效率。

(4) 对信息的态度不同所造成的障碍。这又可分为不同的层次来考虑。一是认识差异。在管理活动中，不少员工和管理者忽视信息作用的现象还很普遍，这就为正常的信息沟通造成了很大的障碍。二是利益观念。在团体中，不同的成员对信息有不同的看法，所选择的侧重点也不相同。很多员工只关心与他们的物质利益有关的信息，而不关心组织目标、管理决策等方面的信息，这也成了信息沟通的障碍。

(5) 相互不信任所产生的障碍。有效的信息沟通要以相互信任为前提，这样，才能使向上反映的情况得到重视，向下传达的决策迅速实施。管理者在进行信息沟通时，应该不带成见地听取意见，鼓励下级充分阐明自己的见解，这样才能做到思想和感情上的真正沟通，才能接收到全面可靠的情报，才能做出明智的判断与决策。

(6) 沟通者的畏惧感以及个人心理品质也会造成沟通障碍。在管理实践中，信息沟通的成败主要取决于上级与上级、领导与员工之间的全面有效的合作。但在很多情况下，这些合作往往会因下属的恐惧心理以及沟通双方的个人心理品质而形成障碍。一方面，如果主管过分威严，给人造成难以接近的印象，或者管理人员缺乏必要的同情心，不愿体恤下情，都容易造成下级人员的恐惧心理，影响信息沟通的正常进行。另一方面，不良的心理品质也是造成沟通障碍的因素。

1.2.3 克服沟通障碍的策略

尽管存在上述许多沟通障碍，但是沟通现状并非那么令人绝望。俗话说："不怕做不到，只怕想不到"，只要认识到沟通障碍的存在，就给我们妥善处理并排除沟通障碍带来了希望。

研究表明，沟通是科学与艺术结合在一起的问题。因而，解决沟通中的思路、理念上的问题和障碍以及沟通中的方法、手段等技术问题就显得非常重要。以下是如何克服障碍，实现有效沟通的策略。

(1) 明确沟通的目的。沟通双方在沟通之前必须弄清楚沟通的真正目的是什么，动机是什么，要对方理解什么。确定了沟通的目标，沟通的内容就容易规划。因为从本质上讲，沟通意味着目标、价值、态度和兴趣的共识，如果缺乏共同的目标和感受，而只是一味地去尝试沟通，不仅失去了沟通的意义，更无法实现有效沟通。因此，在沟通前必须先确定沟通目标，然后对要沟通的信息进行详尽的准备，并根据具体的情景选择合适的沟通形式来实现这个目标；另外，不仅要分析听众或读者的特点，学会“换位思考”，而且还要善于激发接收者的兴趣，这样才能达到有效沟通的目的。

(2) 尊重别人的意见和观点。在沟通过程中，要试着去适应别人的思维架构，并体会他的看法。也就是说，不只是“替他着想”，更要能够想像他的思路，体会他的世界，感受他的感觉。因此，无论自己是否同意对方的意见和观点，都要学会尊重对方，给对方说出意见的权利，同时将自己的观点更有效地与对方进行交换。需要注意的是，有效的沟通不是斗智斗勇，更不是辩论比赛。对接收者而言，沟通中的发送者应该具有主动性。如果说话人发觉听话人心不在焉或不以为然时，他就必须改变他的沟通方式。接收者握有“要不要听”的决定权。作为发送者，你或许可以强制对方进行沟通，但是却没有办法指挥对方的反应和态度。因此，在沟通中沟通双方都不能把自己的观点强加到对方身上，更不能对对方的观点横加指责。沟通的真正目的在于了解他人，而不是同意或不同意他人。

(3) 考虑沟通对象的差异。发送者必须充分考虑接收者的心理特征、知识背景等状况，依此调整自己的谈话方式、措辞或是服饰、仪态，要避免以自己的职务、地位、身份为基础去进行沟通。如上级在车间与一线工人沟通，如果穿得西装革履，且又咬文嚼字，势必给工人造成一道心理上的鸿沟。技术人员在与其他员工沟通时，也要尽量避免使用过多的专业词汇，否则不仅达不到应有的沟通效果，反而可能会弄巧成拙。

(4) 充分利用反馈机制。许多沟通的问题是由于接收者未能准确把握发送者意思造成的，为减少这些问题的发生，沟通双方应该在沟通中积极反馈。只有通过反馈，确认接收者接收并理解了发送者所发送的信息，沟通过程才算完成；发送者要检验沟通是否达到目标，也只有通过获得接收者的反馈才能确定。因此，建立并充分利用反馈机制，无疑是实现有效沟通的重要环节。当然，反馈的方式多种多样，发送者可以通过提问、聆听的方式来获得反馈信息，也可以通过观察、感受等方式来获得反馈信息。

案例

主持人林克莱特

美国知名主持人林克莱特一天访问一名小朋友，问他说：“你长大后想要当什么么呀？”

小朋友天真地回答：“嗯——我要当飞机的驾驶员！”

林克莱特接着问：“如果有一天，你的飞机飞到太平洋上空所有引擎都熄火了，你会怎么办？”

小朋友想了想："我会先告诉坐在飞机上的人绑好安全带，然后我挂上我的降落伞跳出去。"

当在现场的观众笑得东倒西歪时，林克莱特继续注视着这孩子，想看他是不是自作聪明的家伙。没想到，接着孩子的两行热泪夺眶而出，这才使得林克莱特发觉这孩子的悲悯之情远非笔墨所能形容。

于是林克莱特问他说："为什么要这么做？"小孩的答案透露出一个孩子真挚的想法："我要去拿燃料，我还要回来!!"

(5) 学会积极倾听。积极倾听就是要求沟通双方能站在对方立场上，用对方的思维架构去理解信息。一般来说，要做到积极倾听，需要遵守以下四项基本的原则：专心、移情、客观、完整。专心就是说要认真倾听对方所要表达的内容及其细节。移情就是指在情绪和理智上都能与对方感同身受。客观就是指要切实把握沟通的真实内容，而不是迅速地加以价值评判。完整就是指要对沟通的内容有一个完整的了解，而不是断章取义。

(6) 注意非言语信息。非言语信息往往比言语信息更能打动人。因此，如果你是发送者，你必须确保你发出的非言语信息能强化言语的作用。如果你是接收者，你则要密切注意对方的非言语提示，从而全面理解对方的意思、情感。高明的接收者精于察言观色，窥一斑而见全貌。

(7) 避免一味说教。有效沟通是一种心灵的交流，美国著名管理学家彼得·圣吉(Peter Senge)在《第五项修炼》中称之为"深度会谈"，即敞开心扉，彼此进行心与心的交流。这就要求沟通双方必须撇开个人职务、学历和地位的影响，以开放的心态、平等的视野进行沟通。如果信息发送者总是居高临下，采取教育或教训的口吻与人交流，那么，即使发送者传递的信息非常重要，也会因引起接收者的不满和反感而不为接收者正确接受。

案例

盛田昭夫与职员

有一天晚上，索尼董事长盛田昭夫按照惯例走进职工餐厅与职工一起就餐、聊天。他多年来一直保持着这个习惯，以培养员工的合作意识和与他们的良好关系。

这天，盛田昭夫忽然发现一位年轻职工郁郁寡欢，满腹心事，闷头吃饭，谁也不理。于是，盛田昭夫就主动坐在这名员工对面，与他攀谈。几杯酒下肚之后，这个员工终于开口了："我毕业于东京大学，有一份待遇十分优厚的工作。进入索尼之前，对索尼公司崇拜得发狂。当时，我认为我进入索尼，是我一生的最佳选择。但是，现在才发现，我不是在为索尼工作，而是为科长干活。坦率地说，我这位科长是个无能之辈，更可悲的是，我所有的行动与建议都得科长批准。我自己的一些小发明与改进，科长不仅不支持，不解释，还挖苦我癞蛤蟆想吃天鹅肉，有野心。对我来说，这名科长就是索尼。我十分泄气，心灰意冷。这就是索尼？这就是我的索尼？我居然要放弃了那份优厚的工作来到这种地方！"

这番话令盛田昭夫十分震惊，他想，类似的问题在公司内部员工中恐怕不少，管理者应该关心他们的苦恼，了解他们的处境，不能堵塞他们的上进之路，于是产生了改革人事

管理制度的想法。之后，索尼公司开始每周出版一次内部小报，刊登公司各部门的“求人广告”，员工可以自由而秘密地前去应聘，他们的上司无权阻止。另外，索尼原则上每隔两年就让员工调换一次工作，特别是对于那些精力旺盛，干劲十足的人才，不是让他们被动地等待工作，而是主动地给他们施展才能的机会。在索尼公司实行内部招聘制度以后，有能力的人才大多能找到自己较中意的岗位，而且人力资源部门可以发现那些“流出”人才的上司所存在的问题。

(8) 保持积极健康的心态。人的情绪、心态等对沟通过程和结果具有巨大的影响，过于兴奋、失望等情绪一方面易造成对信息的误解，另一方面易造成过激的反应。因而，沟通双方在沟通前应主动调整各自的心态和情绪，明确自己的角色位置，只有做到心平气和，才能对人、对事、对物做出客观公正的评价。

(9) 以行动强化语言。中国人历来倡导“言行一致”。语言上说明意图，只不过是沟通的开始。只有将其化为行动，才能真正最终提高沟通的效果，达到沟通的目的。如果说的一套、做的又是一套，“言行不一致”，这种所谓的沟通的结果是可怕的。家长要求子女努力、上进，养成积极向上的人生观，而自己却沉湎于赌博、搓麻将，请问这种开导式的沟通有效果吗？在企业中，传达政策、命令、规范之前，管理者最好能够确定是否能真正化为行动。树立了以行动支持语言的信誉后，沟通才能真正达到交流的目的，才能在公司内部建立一种良好的相互信任的文化氛围，并使公司的愿景、价值观、使命、战略目标付诸实施。ISO 9000 中有这样一句话：“说你能做的，做你所说的”，说的正是这个道理。

(10) 使用恰当的沟通节奏。“条条大道通罗马”，说的正是实现目标有多种途径的意思。面对不同的沟通对象，或面临不同的情境，应该采取不同的沟通节奏，这样方能事半功倍，否则，可能造成严重的后果。如在一个刚组建的项目团队，团队成员彼此会小心翼翼，相互独立，若此时采取快速沟通和参与决策的方式，可能会导致失败；一旦一个团队或组织营造了学习的文化氛围，即组建了学习型组织，便可以导入深度会谈、脑力激荡等开放式的沟通方式。

(11) 选择最佳时间和地点传递信息。时间是决定沟通效果的重要因素。首先，不同人的生物钟不一样，有的人早晨清醒晚上不清醒，而有的人晚上清醒早晨不清醒，一定要尽量选择对方清醒的时间传递信息。其次，即使在一次信息沟通过程中，一个人也不可能一直保持精力高度集中，因此，在传递信息时也要有张有弛，做到疏密有序，让接收信息的人既感到轻松愉快又能达到沟通效果。在地点的选择上，要注意两点：一是要使沟通双方感到轻松自然，二是尽量减少周围的干扰因素。

(12) 选择语言。选择接收者容易理解、接受和记忆的语言，既要清晰，又要容易被对方理解和接受。

在这方面我们介绍一种有用的方法，即语序变换术。语序不同，表达的意义往往很不一样。比如：

有人问牧师：“祈祷的时候可以抽烟吗？”

“不可以。”牧师答。

这个人又问：“那么，抽烟的时候可以祈祷吗？”

“可以。”

通过第二个问题的答案，问话的人就可以堂而皇之地在祈祷时抽烟了。作为一个优秀的沟通者不能不注意选择恰当的语序来表达自己的观点。

1.3 沟通模式

1.3.1 沟通过程模式

在传播学研究史上，不少学者采用构建模式的方法，对传播过程的结构和性质做了各种各样的说明。所谓模式，是科学研究中以图形或程式的方式阐释对象事物的一种方法。模式既与现实具有对应关系，但又不是对现实事物的单纯描述，而具有某种程度的抽象化和定理化性质；它与一定的理论相对应，又不等于理论本身，而是对理论的一种解释或描述，一种理论可以与多种模式相对应。模式是人们理解事物、探讨理论的一种有效方法。正因为如此，在沟通学的研究中，模式的使用非常普遍。

第一位提出沟通过程模式的是美国学者 H.拉斯韦尔。1948 年，他在题为《传播在社会中的结构与功能》的一篇论文中，首次提出构成传播过程的五种基本要素，并按照一定的结构顺序将它们排列，形成人们称之为“5W 模式”或“拉斯韦尔程式”的过程模式。这五个“W”分别是英语中五个疑问代词的第一个字母，即 Who、Say What、in Which Channel、to Whom、with What Effect。

拉斯韦尔程式第一次将人们天天从事却又阐释不清的沟通活动明确表述为由五个环节和要素构成的过程，为人们理解传播过程的结构和特性提供了具体的出发点。此后，经过沟通学者们不断地开发和修正，提出了比较完整的沟通模式，如图 1-1 所示。

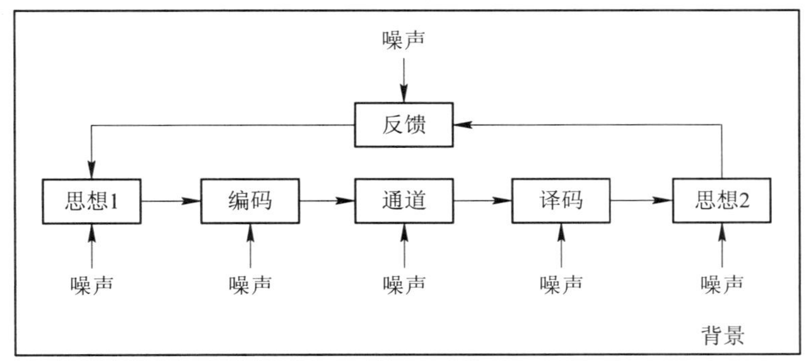

图 1-1　沟通过程模式图

图 1-1 描述了一个简单的沟通过程。这一模式包括 8 个要素：思想 1，编码，通道，译码，思想 2，噪声，反馈，背景。其中形成思想 1、编码由发送者完成，而译码、形成思想 2 则是接收者的任务。

1.3.2 沟通过程中的要素

1. 编码与译码

编码是指发送者将其思想意义符号化，编成一定的文字等语言符号及其他形式的符号。

译码则恰恰与之相反，是接收者在接收信息后，将符号化的信息还原为思想，并理解其意义。完美的沟通，应该是传送者的思想经过编码与译码两个过程后，形成的思想 2 与思想 1 完全吻合，也就是说，编码与译码完全“对称”。“对称”的前提条件是双方拥有共通的意义空间，如果对方对信息符号及信息内容缺乏共同经验，也就是缺乏共同语言，编码、译码过程不可避免地会出现偏差。

因此，甲方在编码过程中必须充分考虑到乙方的经验背景，注重内容、符号对乙方的可读性；乙方在译码过程中也必须在考虑甲方经验的背景下进行，这样才能更准确地把握甲方要表达的真正意图，而不至于曲解、误解其本意。

2. 通道

通道是由发送者选择的、用来传递信息的媒介物。不同的信息内容要求使用不同的通道。政府工作报告就不宜通过口头形式而应采用正式文件作为通道。邀请朋友吃饭如果采用备忘录的形式就显得不伦不类。有时人们可以使用两种或两种以上的传递通道，例如，双方可先口头达成一个协议，然后再予以书面认可。由于每种通道都各有利弊，因此，选用恰当的通道对有效的沟通十分重要。但是，在各种方式的沟通中，影响力最大的，仍然是面对面的原始的沟通方式。面对面沟通时，除了词语本身的信息外，还有沟通者整体心理状态的信息。这些信息使得发送者和接收者可以产生情绪上的相互感染。因而，即使是在通信技术高度发达的美国，总统大选时，候选人也总是不辞辛苦地四处奔波去演讲。

3. 背景

沟通总是在一定背景下发生的，任何形式的沟通，都要受到各种环境因素的影响。比如，据研究发现，配偶在场与否，对人们的沟通影响很大，此时信息发送者与异性保持的距离更远，表情也更冷淡，整个沟通过程变得短暂而仓促。而对沟通者而言，他们并没有意识到这种明显的改变。在企业中也是一样，在总经理办公室与在自己的工作场所，采用的沟通方式是存在重大区别的。从某种意义上说，与其认为沟通是由沟通者本人把握的，不如说是由背景环境控制的。

一般认为，对沟通过程发生影响的背景因素包括以下几个方面。

(1) 心理背景。心理背景指沟通双方的情绪和态度。它包含两个方面的内涵。其一是沟通者的心情、情绪，处于兴奋、激动状态与处于悲伤、焦虑状态下，沟通者的沟通意愿、沟通行为是截然不同的，后者往往沟通意愿不强烈，思维也处于抑制或混乱状态，编码、译码过程受到干扰。其二是沟通者对对方的态度。如果沟通双方彼此敌视或关系淡漠，沟通过程则常由于偏见而出现偏差，双方都较难准确理解对方的思想。

(2) 物理背景。物理背景指沟通发生的场所。特定的物理背景往往造成特定的沟通气氛。在一个千人礼堂演讲与在自己办公室慷慨陈辞，其气氛和沟通过程是大相径庭的。

(3) 社会背景。社会背景一方面指沟通双方的社会角色关系。对应于不同的社会角色关系，有着不同的沟通模式。上级可以拍拍你的肩头，告诉你要以厂为家，但你绝不能拍拍他的肩头，告诫他要公而忘私。因为对应于每一种社会角色关系，无论是上下级关系，还是朋友关系，人们都有一种特定的沟通方式预期，只有有关沟通在方式上符合这种预期，才能得到人们的接纳。但是，这种社会角色关系也往往成为沟通的障碍，如下级往往对上级投其所好、报喜不报忧等，这就要求上级能主动改变、消除这种角色预期带来的负面影

响。另一方面，社会背景还包括沟通情境中对沟通发生影响但不直接参加沟通的其他人。我们前面提到过，自己配偶在场与否，人们与异性沟通的方式是不一样的。我们也都有这种体会，上司在场与否，或竞争对手在场与否，自己的措词、言谈举止是大不相同的。

(4) 文化背景。文化背景指沟通者长期的文化积淀，也是沟通者较稳定的价值取向、思维模式、心理结构的总和。由于它们已转变为我们精神的核心部分而为我们所自动保持，是思考、行动的内在依据，因此，通常人们体会不到文化对沟通的影响。实际上，文化影响着每一个人的沟通过程，影响着沟通的每一个环节。当不同文化发生碰撞、交融时，人们往往能发现这种影响。三资企业的管理人员，可能对此深有体会。例如，在美国等西方国家，重视和强调个人，沟通风格也是个体取向的，并且直言不讳。对于组织内部的协商，美国管理者习惯于使用备忘录、布告等正式沟通渠道来表明自己的看法和观点。而在日本等东方国家，人际间的相互接触相当频繁，而且更多是非正式的。一般来说，日本管理者针对一件事先进行大量的口头磋商，然后才以文件的形式总结已做出的决议。这些文化差异使得不同文化背景下的管理人员在协商、谈判过程中遇到不少困难。

4. 反馈

沟通过程的最后一环是反馈回路，反馈是指接收者把信息返回给发送者，并对信息是否被理解进行核实。为检验信息沟通的效果如何，接收者是否正确接收并理解了每一信息的状态，反馈是必不可少的。在没有得到反馈之前，我们无法确认信息是否已经得到有效的编码、传递和译码。如果反馈显示接收者接收并理解了信息的内容，这种反馈称为正反馈；反之，则称为负反馈。

反馈不一定来自对方，往往可以从自己发送信息的过程或已发出的信息中获得反馈，当我们发觉所说的话含混不清时，自己就可以做出调整，这就是所谓的自我反馈。与沟通一样，反馈可以是有意的，也可以是无意的。对方不自觉地流露出的震惊、兴奋等表情，能够给发送者很多启示。但作为一个沟通者，应能尽量控制自己的行为，使反馈能处于自己有意识的控制状态下。

5. 噪声

噪声是指妨碍信息沟通的任何因素，它存在于沟通过程的各个环节，并有可能造成信息失真。比如：模棱两可的语言、难以辨认的字迹、不同的文化背景等都是噪声。典型的噪声包括以下几个方面的因素。

1) 影响信息发送的因素

这方面容易出现的噪声主要有：

(1) 表达能力不佳、词不达意，或者逻辑混乱、艰深晦涩，从而使人无法准确对其进行译码。

(2) “信息－符号”系统差异。信息沟通使用的主要符号是语言，语言也是一种符号，而不是客观事物本身，它只有通过人们的“符号－信息”联系才能转变为对信息的理解。由于不同的人往往有着不同的“信息－符号”系统，因而接收者的理解有可能与发送者的意图存在偏差。

(3) 知识经验的局限。你无法向一个小学生解释清楚相对论，因为他只能在自己的社会经历及知识经验范围内译码，当信息超过这一范围时，他是无法理解的。企业内不同部

门的交流也会因各自使用的专业知识、术语不同而困难重重。

(4) 形象因素。如果接收者认为发送者不守信用，则即使其所发出的信息是真实的，接收者也极有可能用怀疑的眼光去看待它。

2) 影响信息传递的因素

这些因素包括：

(1) 信息遗失。

(2) 外界干扰。比如，在马达轰鸣的环境下交谈将是一件十分吃力的事情。

(3) 物质条件限制。没有电话，你自然无法与千里之外的总部进行口头沟通。

(4) 媒介的不合理选择。用口头的方式布置一个意义重大、内容庞杂的促销计划将使实际效果大打折扣。

3) 影响信息接收和理解的因素

这些因素主要包括：

(1) 选择性知觉。由于每个人的心理结构及需求、意向系统各不相同，这些差异性直接影响到接收信息时知觉的选择性，即往往习惯于对某一部分信息敏感，而对另一部分信息"麻木不仁"、"充耳不闻"。不难理解，我们对能印证自己推断、论点的信息常表现出高度的兴趣，而对相反的信息却漠然视之。正如有学者指出，我们不是看到事实，而是对我们所看到的东西进行解释并称之为事实。

(2) 信息"过滤"。接收者在接收信息时，往往根据自己的理解和需要对信息加以"过滤"。当信息传送下来，每经过一个层次，都要产生新的差异，最后则突破了允许极限范围。过滤的程度与组织结构的层次和组织文化密切相关。

(3) 接收者的译码和理解偏差。如前文多次论述，由于个人所处的社会环境不同，在团队中的角色、地位、阅历也各异，从而对同一信息符号的译码、理解都各异。即使是同一个人，由于接收信息时的心情、氛围不同，也会对同一信息有不同解释。

(4) 信息过量。管理人员在做出决策前需要足够的信息，但如果信息量过于巨大，则过犹不及，使管理者无法分清主次，或是浪费大量时间。

(5) 社会地位的差距对沟通产生着十分重大的影响，这是特别需要强调和说明的。

企业内各部门由于分目标各异而造成的冲突和互不信任，也往往会干扰它们之间的有效沟通。技术人员与营销人员不会有共同感情，前者往往责怪后者提出一些不切合实际的要求，或是不支持高层次的理论研究，而后者则认为前者不能顺应消费趋势、潮流的变化。

4) 沟通的噪声克服

沟通的每个环节、每个阶段都存在干扰有效沟通的噪声，我们该如何越过这些沟通中的障碍因素呢？

(1) 树立基本沟通观念。沟通(Communication)一词，与共同、共有、共享等字很相近，你与他人有多少的"共同(Common)"、"共有(Community)"及"共享(Communion)"，将决定你与他人沟通的程度。

共同、共有、共享意味着目标、价值、态度和兴趣的共识。如果缺乏共识的感受，而只是一味地去尝试沟通是徒劳无益的。一位经理若只站在自己的立场上，而不去考虑职工

的利益、兴趣，势必加大与职工间的隔阂，从而给沟通制造出无法逾越的障碍。

首先，沟通者必须避免以自己的职务、地位、身份为基础去进行沟通，而应试着去适应他人的思维架构，并体会他人的看法。换言之，不只是“替他着想”，更要能够想象他的思路，体会他的世界，感受他的感受。设身处地替他着想是很有益的，但若能和别人一起思考、一同感受则会有更大的收获。在这个过程中，你很可能会遇到“不同意所看到的和听到的”情况。可是，跳出自我立场而进入他人的心境，目的是要了解他人，并不是要同意他人。一旦你体会了他人如何去看待事实、如何去看待自己，以及他如何衡量他和你之间的关系，才能避免掉入“和自己说话”的陷阱。

其次，作为一位沟通者，还应该明确有效的沟通不是斗勇斗智，也不是辩论比赛。对接收者而言，沟通中的发送者所扮演的角色是仆人而不是主人。如果说话人发觉听话人心不在焉或不以为然，他就必须改变他的沟通方式。接收者握有“要不要听”和“要不要谈”的决定权。你或许可以强制对方的沟通行为，但是却没有办法指挥对方的反应和态度。

(2) 全面发展沟通技巧。沟通技巧有着广阔的领域。首先知识是沟通的基础。沟通是信息的发送和理解，如果缺乏理解信息所必需的知识，沟通是无法进行的。其次，沟通的核心是系统思考，沟通者必须全面考虑沟通内容的特点、沟通双方的实际情况、沟通背景、沟通渠道等各种因素，寻求最佳的沟通策略和形式以实现自己的目的。任何一个因素考虑不当都有可能对沟通效果产生不利的影响。在系统思考的基础上，培养“发送技巧”和“接收技巧”。其中发送技巧包括说和写，接收技巧包括听和读。对于沟通者来说，熟悉组织的沟通特点，成功地利用或建立适合自己的信息系统，确保组织内信息流动在各个方向上的畅通也是必要的。

(3) 充分利用反馈。由于种种沟通障碍的存在，发送者和接收者对相同信息的理解总会存在一定的偏差。这就要求沟通双方积极使用反馈这一手段，减少理解误差的产生。

(4) 利用现代计算机技术和通信技术来克服信息沟通障碍。现代计算机技术和通信技术的飞速发展，给人们的信息沟通创造了更多的便利条件。开发和建立计算机管理信息系统、决策支持系统和专家系统等，利用计算机技术处理大量数据，并把有用的信息提供给大多数决策者使用，沟通者可以经济地、及时地得到必要的信息用以决策。计算机还可以通过表格、图形等直观的形象显示公司的重要信息，对沟通者提供决策帮助。另外，利用现代通信技术可以大大地解决距离上的障碍，身处各地的决策者可以通过远程通信会议，“面对面”地进行直接沟通，及时做出决策。

案例

孔子被各地所聘，携众弟子讲学，但是迟迟得不到报酬。当时，孔子生活拮据，当地村民给了他们一些米粮，孔子想，这个米饭让谁来煮我才放心呢，他想到了大弟子颜回，颜回平日忠厚老实，不贪图小便宜，于是他就把煮米饭的任务交给颜回，颜回欣然接受。过了一会，孔子忍受不了米饭香味的诱惑，便到厨房，刚到厨房门口，他看到了一幕，颜回正手抓着米饭，大口地在吃，孔子十分生气，自己最喜爱的好弟子，怎么会这样呢？孔子回到了书房，此时大弟子把米饭也端进了书房让师傅吃，孔子心想，我要考验他一下，

看看颜回是否真的是不懂尊师重道呢。于是，孔子就和颜回说：“我们难得吃一回米饭，先祭祭祖吧！”古时，祭祖必须是干净的食物，如果食物被沾染了肮脏的东西，那就是对祖先的大不敬。当时，颜回一听要祭祖，扑通一声给师傅跪了下来，说：“师傅不能祭祖，因为这些米饭已经被我抓过了，也吃过了。”孔子当时心中暗喜，想孺子还算可教，接着颜回说了一句让孔子非常震惊的话：“因为厨房年久失修，又没有清理过，当我打开锅盖时，热气使棚上的灰掉到了锅里，米饭脏了，我想扔掉太可惜了，我把这些脏的吃掉，既可以让我吃饱，也可以让师傅您吃到干净的米饭，多好啊。”当时，孔子心中深深叹息，原来我亲眼看到的也不是真的。由此可见，不管对一个人的举止，您认为有多了解，也要和他进行沟通。在工作中也一样，要时常与领导和下属保持沟通，才会彼此了解工作的进展、思想的差异。

思考题

1．什么叫做沟通？沟通的具体内容包括哪几个方面？

2．当你要传递一些信息给你的亲朋好友时，可以写信，也可以与他们交谈。比较这两种方式的优缺点。

3．说出我们生活中沟通的重要性体现在哪些方面。

4．分析以下事件中存在的沟通问题，并拟定出对策。

印度媒体 2004 年 12 月 30 日的报道说，对于 26 日印度洋发生的大地震并引发海啸一事，印度军方很早便得到这一信息，但由于内部沟通问题，当局未能迅速向沿海地区居民发出警报，以至延误了抗灾时机。据《印度快报》报道，印度空军 26 日早晨接到警报说，印度设在孟加拉湾卡尔尼科巴岛上的一个空军基地被海啸摧毁。当时，海啸距离印度本土还有数百千米。

报道援引印度空军司令克里希纳斯瓦的话说：“(当地时间)早晨 7 时 30 分，我们接到报告……在安达曼－尼科巴群岛附近发生了一次强烈地震。但(与安达曼－尼科巴群岛的)联系中断了……从卡尔尼科巴岛基地得到的最后信息是，那个岛已经被淹没，到处都是海水。”克里希纳斯瓦还说，当天上午 8 时 15 分，他让一名助手向国防部发出警报。

然而，政府方面却没有与军方进行沟通。印度气象局于 26 日上午 8 时 45 分发出了一份警报传真，结果错发给了前人力资源开发、科技兼海洋发展部长穆利·马诺哈尔·乔希，而不是现任部长。

后来，印度气象局又在当天上午 9 时 45 分给内政部发去一份警告传真。10 时 30 分，内政部将此事汇报内阁秘书处。而当时印度东南部沿海地区已经被巨浪所蹂躏。直到当天下午 1 时，印度政府的主要应急机构才举行会议商讨这一问题。

……

美国地质调查局局长帕森说，政府应该指导居住在海边的国民在发生地震后离开海边。由于地震震中在海底，波动传递到海岸一般需要 20 分钟到 2 个小时，“如果当地居民组织得力，这段时间足够多数人逃生了。”

帕森还指出，由于印度洋沿岸国家没有预警机制，更造成了这些国家与其他国家在分享相关信息时渠道不畅。以本次海啸为例，美国地质调查局在检测到大地震之后本来试图通知印度洋沿岸各国准备防御海啸，可是竟然无法找到与这些国家沟通的途径。

"我一直在和我们搞海啸研究和预警的人说，但是他们竟然与这些国家在海啸方面没有任何联系，"帕森说，"我们没人在那边，我们只能通过媒体知道到底发生了什么。"

技能训练

目的：体会沟通

形式：将全体学员分成14～16人一组

时间：30分钟

材料：摄像机、眼罩及小贴纸

场地：教室

操作程序：

(1) 让每位学员戴上眼罩。

(2) 给他们每人一个号，但这个号只有本人知道。

(3) 让小组根据每人的号数，按从小到大的顺序排列成一条直线。

(4) 全过程不能说话，只要有人说话或脱下眼罩，游戏结束。

(5) 全过程录像，并在点评之前放给学员看。

相关讨论：

(1) 你是用什么方法来通知小组你的位置和号数的？

(2) 沟通中都遇到了什么问题，你是怎么解决这些问题的？

(3) 你觉得还有什么更好的方法？

第二章 沟通的关键——倾听

☞ 案例导入

一个在飞机上遭遇惊险却大难不死的美国人回家后反而自杀了，原因何在？

那是一个圣诞节，一个美国男人为了和家人团聚，兴冲冲地从异地乘飞机往家赶，一路上幻想着团聚的喜悦情景。恰恰老天变脸，这架飞机在空中遭遇猛烈的暴风雨，飞机脱离航线，上下左右颠簸，随时有坠毁的可能，空姐也脸色煞白，惊恐万状地吩咐乘客写好遗嘱放进一个特制的口袋。这时，飞机上所有人都在祈祷，也就在这万分危急的时刻，飞机在驾驶员的冷静驾驶下终于平安着陆，大家都松了口气。

这个美国男人回到家后异常兴奋，不停地向妻子描述飞机上遇到的险情，并且满屋子转着、叫着、喊着……然而，他的妻子正和孩子兴致勃勃地分享着节日的愉悦，对他的惊险经历没有丝毫兴趣，男人喊了一阵，却发现没有人听他倾诉，他死里逃生的巨大喜悦与被冷落的心情形成了强烈的反差，在妻子准备蛋糕的时候，这个美国男人却爬到阁楼上，用上吊这种古老的方式结束了从险情中捡回来的宝贵生命。

夫妻之间需要沟通，更需要倾听！当你在倾诉时，却发现无人在倾听，这种痛苦，无疑是很大的打击！一个善于倾听的人在他人眼中是一个很健谈的人，夫妻之间何况如此，亲朋好友之间，更是这样了。懂得倾听，不仅是关爱、理解，更是调节双方关系的润滑剂。每个人在烦恼和喜悦后都有一份渴望，那就是对人倾诉，他希望倾听者能给予理解与赞同，然而那位美国男人的妻子没有做到，所以才导致了悲剧的产生。

倾听练习：

保罗·瓦茨拉维克的沟通理论中，谈话有三个层面：事务层面、关系层面(或情感层面)和行动层面。

现在开始，做积极倾听游戏练习。规则是，按照这三个层面，第一个人说出一句自己的感受；第二个人在事务层面理解对方；第三个人在情感层面理解对方；第四个人在行动层面作出回应；第五个人再说一种心情，最后由第六个人来接。

比如，A 说，我今天早上睡过了头，要迟到了。

B 接，你今天早上不能准时去上班。

C 接，你对于自己睡过了头这件事感到紧张。

D 接，要不要我帮你向上司解释一下这件事？

说出自己感受的人可以回来反馈，说说自己被这样回应的心情。

基本知识

2.1 倾听概述

国际倾听协会这样对倾听定义：倾听是接收口头及非语言信息、确定其含义和对此做出反应的过程。

我们看看“听”字的繁体写法：聽。

(1) 一个“耳”字，听自然要用耳朵；

(2) “一”“心”，一心一意，很专心地去听；

(3) “四”代表眼睛，要看着对方；

(4) “耳”字下方还有一个“王”字，对方至上，把说话的人当成王者对待。就像我们听父母、领导、老师讲话，远比听朋友讲话要更专注、更尊重。

2.1.1 倾听的过程

有效的倾听过程包括六个阶段：

(1) 预言。在沟通的相互作用的性质中，倾听起了一定的作用。根据我们对将要与之沟通的人的以往的经验，我们对他(或她)可能出现何种反应进行预言。例如，如果你拿一份超过时限的作业送给老师，根据以往的经验，你知道她将会很不高兴，并且你可能必须听她数落你作为一名学生的缺点。你也知道最好的策略是去听，而不是辩解。

(2) 接收信息。在任何一天中，我们都要接收比我们所需要的或能处理的还要多的信息，包括广告、某人在楼道里的喊叫、老师的讲课、与朋友的交谈。我们听到了许多这样的信息，但没有倾听所有这些信息。

我们听到声音，如词语和这些词语被说出的方式。但在倾听时，我们做出更多的反应。听是一种涉及听觉系统不同部分的生理过程，而倾听是涉及对他人全部反应的更加复杂的知觉过程，包括口头语言以及非语言沟通。

因此，接收信息不只包含听，信息有多种形式，且来自各种渠道。在倾听时，我们剔除掉了无关的信息，这是我们进入倾听过程的下一个步骤——把注意力集中在我们认为重要或有趣的内容上。

(3) 注意。我们能把注意力集中在某种特定的刺激物上。例如傍晚在宿舍楼里，你会听到各种声音，包括学生相互之间的叫喊声、音乐声、乒乒乓乓的关门声。然而，当电脑上的“千千静听”播放到你喜欢的歌曲时，你就会全神贯注，这些歌曲消除了周围所有的其他声音。

把感知集中起来的能力被称为选择性注意，这是相当奇特的。在一项研究中，参加者坐在四个播放不同内容的喇叭中间，并被告知只注意听某一个喇叭中传出来的信息。在各

种情况下，听者在回忆来自那个喇叭的信息方面都显示出几乎完美的表现。

虽然我们能按某种特殊的方式集中注意力，但注意力集中的时间是有限的。很少有人能对信息完全集中注意力超过20秒钟。有时信息的内容使我们想起一些其他的事情，或者我们反对这些内容，或者它使头脑按照完全不同的方式考虑问题。不过，我们能很快地重新把注意力集中在相应的信息上，但要明白，注意力确实很容易分散。

注意力集中的时间是与厌烦紧密相连的。研究者发现，最好的听者是不容易厌烦和在获取信息方面有一些基本技能的人。这样，上课时容易厌烦的学生就必须在集中注意力上做出努力。

(4) 赋予含义。当我们决定注意某种信息时，下一个步骤就是为它赋予含义。这包含吸收信息——使它成为我们的知识和经验的组成部分。为了赋予含义，我们必须决定信息中的内容与什么相关和它怎样与我们已经知道的内容相联系。这样，赋予含义的过程基本上是一种选择材料和设法把它与我们的经验相联系的过程。在赋予含义的过程中，我们也进行估价。我们用所拥有的个人信念对说话者所说的内容进行衡量。对说话者的动机进行质疑，想知道遗漏了什么，并对其中观点的确切性进行质疑。不仅要明白说了什么，还要考虑是怎么说的。像对说话者表达的词语一样，我们对他们的腔调、手势和面部表情也赋予相应的含义。

(5) 记忆。记忆也是一个决定什么重要和什么不重要的选择过程。作为学生，没有谁能复述出老师讲课的全部内容，但笔记可以帮助我们记住要点。有些学生把太多的注意力放在记笔记上，企图记下老师讲的所有内容，而不是记录要点。这样的话，就有可能干扰他们听课，忙于记笔记而没有注意含义。

(6) 评价。评价是在倾听完成后的一种对所发生的事情的估价。

实际的倾听过程有六个阶段：预言、接收信息、对它们予以注意、赋予它们含义、记住它们和评价它们。在理想的倾听情景中，人们都应该会经过所有这些阶段。然而，如果倾听是无效的，这个过程可以在上述任何一个阶段上中断。

2.1.2 倾听的地位

(1) 倾听在沟通行为中所占的比例最大。调查研究发现，沟通中的行为所占比例最大的是倾听，而不是交谈或者说话。我们在沟通中，花费在倾听上的时间要超出其他的沟通行为。

(2) 会听比会说更重要。莎士比亚说："最完美的交谈艺术不仅是一味地说，还要善于倾听他人的内在声音。"沟通学者研究发现，最有影响的沟通事件是谈话。从人际沟通角度看，人际关系是一种相互问询的关系。人际沟通的基本特性是说话者与听话者沟通关系的完整性。人际沟通必须保持听与说的回应关系，保持心与心对话的交流。因此，人际沟通不仅需要言说，更需要倾听。

案例

从前，有个国王，他想试探邻国的国王和人民是否聪明、有辨别力。于是他派人送了三个用黄金雕塑的人像到邻国去。这三个金像不但外表一模一样，连重量也是完全相同的。

他想让邻国的国王判断哪一个金像更有价值。

邻国的国王召集了所有的大臣，大家左看右看，怎么也看不出这三个金像有什么不同。甚至这个国家最聪明的人也说不出所以然来。全国的人民都参与了这件事，可谁也认不出来。国王为此感到很丢脸。正当大家都绝望的时候，一位被关在监狱里的青年托人带口信说，如果让他看一看金像，他能分辨出它们的价值来。于是这位青年被带进宫中，国王将三个金像交给他。他仔仔细细地看了又看，最后，他发现每个金像的耳朵上都有一个小孔。于是他要了一根极细的银丝，从金像的耳朵里穿进去。他发现，第一个金像，从耳朵里穿进去的银丝从嘴里钻了出来；第二个金像，从一边耳朵穿入而从另一边耳朵钻出；第三个金像，则是从耳朵穿入而从肚脐眼儿钻出。这位青年思考了一会儿，对国王说："尊贵的陛下，我认为要解开我们眼前这个谜，就像一本打开的书。你瞧，就像每个人都与其他人不一样一样，每个金像也都不一样。这第一个金像提醒我们：有那么一种人，他听到点什么事，一眨眼的工夫就从嘴里说了出去；第二个金像，就像那么一种人，他从这个耳朵听到了什么，马上就从那个耳朵溜出去了；而这第三个金像，他很像一位能够把听到的事记在心上的人，陛下，您现在可以判断哪一个金像最有价值了吧？您愿意哪一种人做您最亲密的朋友呢？一个嘴上存不住半句话的人？一个把您的话当耳旁风的人？还是一个把您的话牢记在心的可信赖的人呢？"

2.1.3　倾听的作用与类型

倾听者会聚精会神，调动知识、经验储备及感情等，使大脑处于紧张状态，接收信号后，立即加以识别、归类、解码，做出相应的反应，表示出理解或疑惑、支持或反对、愉快或难受等。听一番思想活跃、观点新颖、信息量大的谈话，倾听者甚至比谈话者还要疲惫。因为倾听的人总要不断调动自己的分析系统，修正自己的见解，以便于和说话人同步思维。

1．倾听的作用

一般而言，倾听有以下主要作用：

(1) 倾听是了解对方需要、发现事实真相的最简捷的途径。在双方的互相沟通中，掌握信息是十分重要的。一方不仅要了解对方的目的、意图、打算，还要掌握不断出现的新情况、新问题。因此，对话的双方十分注意收集整理对方的情况，力争了解和掌握更多的信息。但是没有什么方式能比倾听更直接、更简便地了解对方的信息了。

(2) 倾听使人更真实地了解对方的立场、观点、态度和沟通方式。不能否认，谈话者也会利用讲话的机会，向你传递错误的信息或是对他有利的情报。这就需要倾听者保持清醒的头脑，根据自己所掌握的情况，不断进行分析，确定哪些是正确的信息，哪些是错误的信息，哪些是对方的烟幕，进而了解对方的真实意图。

(3) 注意倾听是给人留下好印象、改善双方关系的有效方式之一。因为专注地倾听别人讲话，表示倾听者对讲话人的看法很重视，能使对方对你产生信赖和好感，使讲话者形成愉快、宽容的心理，变得不那么固执己见，有利于达成一个双方都妥协的协议。

(4) 倾听和谈话一样具有说服力，它常常使人不花费任何力气，取得意外的收获。有一家美国汽车公司，想要选用一种布料装饰汽车内部，有三家公司提供样品，供汽车公司选用。公司董事会经过研究后，请他们每一家来公司做最后的说明，然后决定与谁签约。

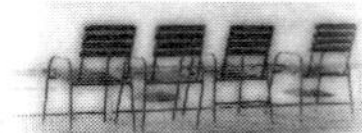

三家厂商中，有一家的业务代表患有严重的喉头炎，无法流利讲话，只能由汽车公司的董事长代为说明。董事长按公司的产品介绍讲了产品的优点、特点，各单位有关人员纷纷表示意见，董事长代为回答。而布料公司的业务代表则以微笑、点头或各种动作来表达谢意，结果，他博得了大家的好感。

会谈结束后，这位不能说话的业务代表却获得了50万码布的订单，总金额相当于160万美元，这是他有生以来获得的最大的一笔成交额。事后，他总结说：如果他当时没有生病，嗓子还可以说话的话，他很可能得不到这笔大数目的订单。因为他过去都是按照自己的一套办法去做生意，并不觉得让对方表示意见比自己头头是道地说明更有效果。

(5) 倾听对方的谈话，还可以了解对方态度的变化。有些时候，对方态度已经有了明显的改变，但是出于某种需要，却没有用语言明确地表达出来，但我们可以根据对方“怎么说”来推导其态度的变化。例如，当对话进行得很顺利，双方关系很融洽时，双方都可能在对方的称呼上加以简化，以表示关系的亲密。如李××可以简称为小李，王××可以简称为老王等。但是，如果突然间改变了称呼，一本正经地叫李××同志，或是他的官衔，这种改变是关系紧张的信号，预示着对话将出现分歧或困难。

2. 倾听的类型

在人际沟通中，倾听按照不同的标准分为以下几种类型：

(1) 获取信息式倾听。当我们把重要的观点在头脑中进行勾画，并考虑提出问题或对提出的观点进行质疑时，我们就是一个主动的倾听者。即便我们可能什么也没说，但我们在思想上已经与正在说话的人融合在一起了。

(2) 批判式倾听。在获取信息的基础上更进一步对所讲的内容进行估量和质疑。

(3) 情感移入式倾听。为了感情而倾听的最好方式是利用情感移入式倾听，作为听者，你要承认和识别说话者的情感，投入到对方的感情中去，给予对方找到解决问题办法的机会。

(4) 享乐式倾听。充满乐趣地倾听复杂信息的能力，同样要求像其他倾听类型中所要求的一样复杂的技巧，唯一的区别是在报偿上。还有什么能比在倾听中享受一下更好呢？

2.1.4 倾听的层次与原则

有效的倾听可以通过学习而获得。认识自己的倾听行为将有助于我们成为一名高效率的倾听者。

1. 倾听的层次

按照影响倾听效率的行为特征，倾听可以分为四种层次。

一个人从层次一逐渐成为层次四倾听者的过程，就是其倾听能力、交流效率不断提高的过程。下面是对倾听四个层次的描述。

第一层次——心不在焉地听。

倾听者心不在焉，几乎没有注意说话人所说的话，心里考虑着其他毫无关联的事情，或内心只是一味地想着辩驳。这种倾听者感兴趣的不是听，而是说，他们正迫不及待地想要说话。这种层次上的倾听，往往导致人际关系的破裂，是一种极其危险的倾听方式。

第二层次——被动消极地听。

倾听者被动消极地听所说的字词和内容，常常错过了讲话者通过表情、眼神等体态

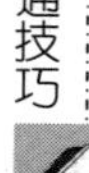

语言所表达的意思。这种层次上的倾听，常常导致误解、错误的举动，失去真正交流的机会。另外，倾听者经常通过点头示意来表示正在倾听，讲话者会误以为所说的话被完全听懂了。

第三层次——主动积极地听。

倾听者主动积极地听对方所说的话，能够专心地注意对方，能够聆听对方的话语内容。这种层次的倾听，常常能够激发对方的注意，但是很难引起对方的共鸣。

第四层次——设身处地地听。

设身处地地倾听，这不是一般的"听"，而是用心去"听"，这是一个优秀倾听者的典型特征。这种倾听者在讲话者的信息中寻找感兴趣的部分，他们认为这是获取有用信息的契机。这种倾听者不急于做出判断，而是感同身受对方的情感。他们能够设身处地地看待事物，总结已经传递的信息，质疑或是权衡所听到的话，有意识地注意非语言线索，询问而不是辩解质疑讲话者。他们的宗旨是带着理解和尊重积极主动地倾听。这种感情注入的倾听方式在形成良好人际关系方面起着极其重要的作用。

2. 倾听的原则

在倾听的过程中，我们需要注意倾听的几个原则：

(1) 要有正确的"听"的态度。专心地听对方谈话，态度谦虚，始终用目光注视对方。不要做无关动作：看表、修指甲、打哈欠……人人都希望自己讲话能引起别人的注意，否则，他讲话还有什么兴趣，还有什么用呢？

(2) 倾听者要适应讲话者的风格。每个人发送信息的时候，他说话的音量和语速是不一样的，我们要尽可能适应他的风格，尽可能接收他更多、更全面、更准确的信息。

(3) 倾听不仅仅要用耳朵听，还应该用眼睛去看。耳朵听到的仅仅是一些信息，而眼睛看到的是他传递给你的除内容之外的更丰富的思想和情感，因为这些需要更多的肢体语言去传递，所以听是耳朵和眼睛共同的工作。

(4) 让别人知道你在听。倾听的过程中，偶尔说"是"、"我了解"或"是这样吗？"告诉说话的人你在认真倾听。在日本，两个日本人交谈时所有的答话称为[aizuchi]，这个词由"ai"(一起做事)以及"zuchi"(铁锥)所组成，代表两个日本人讲话时会不时互相交换答话，所以听起来像是两个铸剑师傅在敲打剑刃。倾听时，偶尔答一句话或点点头并无坏处。

(5) 理解对方。听的过程中一定要注意，站在对方的角度去想问题，而不是去评论对方。有些人容易犯的错误是，还没有听完对方的话就根据自己的理解打断对方，进行争论。这种粗暴的行为是不礼貌的，极易引起反感，造成矛盾。

(6) 鼓励对方。在听的过程中，看着对方，保持目光交流，并且适当地点头示意，表示认同和鼓励，表现出有倾听的兴趣。

(7) 适时引入新话题。人们喜欢从头到尾安静地听他说话，而且更喜欢被引出新的话题，以便能借机展示自己的价值。你可以试着在别人说话时，适时地加一句："你能不能再谈谈对某个问题的意见呢？"

(8) 要听出言外之意。一个聪明的倾听者，不能仅仅满足了表层的听知理解，还要从说话者的言语中听出话中之话，从其语情语势、身体的动作中演绎出隐含的信息，把握说话者的真实意图。只有这样，才能做到真正的交流、沟通。

2.2 倾听的方式

沟通学研究者认为倾听方式分为被动倾听、选择倾听、专注倾听和积极倾听四种。

2.2.1 被动倾听

被动倾听是人们听取他人观点时的一种普遍方式。在这种方式中，倾听者不仅没有呈现出非语言的表达方式，而且也很少提供给讲话者语言上的反馈。被动倾听者经常表现出下面一些行为：

(1) 与讲话者目光接触。

(2) 面部没有明显的表情。

(3) 偶尔点头。

(4) 偶尔的口头回应，如“嗯”、“哦”，在电话中更为明显。

从这些行为中可以看到，倾听者虽然跟着讲话者的思路，但是他却给出很少的信息促进谈话的继续，讲话者是在唱独角戏。与一个被动的倾听者交谈经常会有挫败感，因为讲话者通常会希望其他人更多地参与，很快讲话者就会开始怀疑对方是不是真的乐意听或者是否理解自己所表达的信息。

2.2.2 选择倾听

选择倾听几乎和被动倾听同样普遍。选择倾听通常定义为听话者想听的时候才听。当听到想要听的信息时，听话者就会成为一个非常投入和理解力很强的听众。当听到不想听的信息时，听话者就会不理睬讲话者或者起反作用。换句话说，当听话者用这种方式倾听，从头到尾看，在听的过程中他表现出的反应不一致。

一个人以选择倾听这种方式听他不想听的信息时，就会有如下的行为：

(1) 表现出不感兴趣。

(2) 环顾其他的东西。

(3) 安静地坐着。

(4) 反抗情绪高涨，如反对或争论某一个论点。

(5) 讲话者还没有说完就开始插话。

(6) 问一个自己感兴趣的话题，有时候是以询问的方式，但打断了讲话者目前的信息。

审视这个倾听者的行为，从不理睬讲话人到言辞激烈，都在沟通中制造障碍。他们制造了谈话中的障碍，阻碍了听众听取完整的信息，并给整个工作或生活关系增加了压力和紧张的气氛。

2.2.3 专注倾听

作为一个专注的听众会比作为一个被动的或者有选择的听众效率高得多。当用这种方式听时，听话者通过非语言的或语言的方式更多地参与，更少地判断。专注倾听时常表现

出以下行为：

(1) 与讲话者保持稳定的目光接触。

(2) 表现出感兴趣和诚恳的面部表情。

(3) 点头表示理解。

(4) 提供简单的口头信息(“明白了”、“好的”、“是的”等)来鼓励讲话者继续表述信息。

(5) 提出问题来延伸信息。

(6) 提问题以从信息中获得更多的细节。

讲话者的信息包括两个方面：事实(或者说是内容)和情感(或情绪)。它们加在一起构成了讲话者所传达信息的真正意思。

作为一个专注的听众，他会获取谈话中讲话者想要展示给他的信息。当信息都是事实的时候，他听的效果应该不错。但当信息中卷入更多的个人情感时，他就容易忽略它，并直接处理信息。这就是专注倾听的短处。听话者没有捕捉到获取完整意思上的全部信息。

2.2.4　积极倾听

积极倾听，有时指有响应或回应地听，这是人们倾听的最有力的方式。积极的倾听者细致接受并尊重讲话者的意愿，然后尽力验证自己对讲话者信息的理解，这正是讲话者所希望的方式。积极的倾听者能够捕捉到讲话者的全部意思——事实和他的情感。这样，讲话者不仅能够讲清楚信息，还能明白倾听者已经听懂了他的意思。

积极倾听者表现出来的行为不仅包括在“专注倾听”中列出的积极方面，还包括以下几个方面：

(1) 表现出耐心。

(2) 语言反馈，总结自己对信息的理解。

(3) 联系讲话者的情绪来全面理解讲话者信息的缘由。

(4) 当讲话者的情绪对于理解整个信息意义重大时，探求这种情绪的出处。

(5) 当某个信息不清楚或者混乱时，高声提出来。

积极倾听当然也要讲，但是他们所讲的和他们的注意力所到之处都是讲话者的信息，而不是他们自己的信息或者他们对于讲话者信息的评论。

2.3　倾听的障碍

倾听是困难的，有许多原因会使你分散注意力。有时候你可能有意或无意间设置了倾听障碍。这里，障碍意味着一种阻碍对话流畅进行的行为。下面分析阻碍有效倾听的一些障碍。

2.3.1　环境干扰

环境对人的听觉与心理活动有重要影响，环境中的声音、气味、光线以及色彩、布局，都会影响人的注意力与感知。布局杂乱、声音嘈杂的环境将会导致信息接收的缺损。

2.3.2 信息质量低下

双方在试图说服、影响对方时，并不一定总能发出有效信息，有时会有一些过激的言辞、过度的抱怨，甚至出现对抗性的态度。现实中我们经常遇到满怀抱怨的顾客，心怀不满的员工，剑拔弩张的争论者。在这种场合，信息发出者受自身情绪的影响，很难发出有效的信息，从而影响了倾听的效率。信息质量低下的另一个原因是，信息发出者不善于表达或缺乏表达的愿望。例如，当人们面对比自己优越或比自己地位高的人时，害怕“言多必失”以致留下坏印象，因此不愿意发表自己的意见，或尽量少说。

2.3.3 倾听者主观障碍

在沟通的过程中，造成沟通效率低下的最大原因就在于倾听者本身。研究表明，信息的失真主要是在理解和传播阶段，归根到底是在倾听者的主观障碍。

1) 个人偏见

即使是思想最无偏见的人也不免心存偏见。在一次国际会议上，以色列代表团的成员们在阐述其观点时，用了非常激烈的方式，他们抱怨泰国代表对会议不表示任何兴趣或热情，因为他们“只是坐在那里”，而泰国代表则认为以色列教授非常愤怒，因为他们“用了那么大的嗓门”。所以，在团队中成员的背景多样化时，倾听者的最大障碍就在于自己对信息传播者存有偏见，而无法获得准确的信息。

2) 先入为主

在行为学中被称为“首因效应”，它是指在进行社会知觉的过程中，对象最先给人留下的印象，对以后的社会知觉发生重大影响。也就是我们常说的，第一印象往往决定了将来。人们在倾听过程中，对对方最先提出的观点印象最深刻，如果对方最先提出的观点与倾听者的观点大相径庭，倾听者可能会产生抵触的情绪，而不愿意继续认真倾听下去。

3) 防御措施

人们不愿意仔细倾听的一个重要原因是心理防御。一般来说，人们不愿意得到坏消息；更有些人经常以自我为中心，本能地排斥坏消息。或许我们认为听不到比听得到是一种更好的方式，因为听到后你不得不去面对它。其实不然，只有当你听到或能确切地预见危险时，你才会想到去避免和处理它。实际上，只要你怀疑有坏信息时，你都应该更深入地进行调查。

4) 焦虑

有时我们不能倾听是因为我们处于一种极度焦虑的状态中。假设你开车去一座陌生的城市，并发现自己完全迷路了。在行驶了很长时间后却没看到任何指明附近城市的公路号码或标志，你或许会感到似乎自己的心都快要跳出来了，这就是焦虑。当你最终停下来问路时，你就完全失去了自信，你的焦虑程度高到甚至不能倾听的程度。结果是你一旦重新上路，仍然不能找到正确的路。

焦虑也会存在于课堂这种环境中。研究表明，如果老师告诉学生考试内容将是很难的，学生们可能会感到忧虑，这将干扰学生们的听课状况。例如一位学生上了一门为了毕业必须上的数学课，每次遇到一个不明白的问题时，他就停止听课，最终他远远落在别人的后面，使他不再去上课了。

焦虑不总是倾听过程中的消极方面。一家航空公司发现，如果乘客能使用航空公司的音频系统来听飞机座舱与航管中心的谈话，那么这样常常可以安慰更紧张的飞行员。飞机的副驾驶员说，对于某些乘客来说，亲身参与所进行的事可以使他们更放心。

5) 被动倾听者

人们经常认为听是毫不费力的事，他们的态度可能在“我不需要做任何事，只需背靠后坐着听”到“如果不是考试内容，我就不需要听”之间。没有兴趣的倾听经常出现在课堂中，因为在课堂里不是所有的教师讲课都同样吸引人。有些教师知识渊博，只是不太有趣，因而不受欢迎。也有某些课不像其他课那样有趣，例如沟通技巧课可能不像经济学那样有刺激性。因此，即使讲课者或科目不太有趣，也必须真正注意倾听。

6) 选择倾听者

许多人总是不愿意去倾听。他们倾听是因为知道别人期望自己这样，但他们更喜欢自己说。当你与这样的人交谈时，你和他就是在互相表演独角戏而不是对话。选择倾听者总是寻找一种方式去谈论自己和自己所想的。如果别人谈到某种经历，他们则说出一种更长和更好的经历。如果你说自己买了一部性价比较高的手机，他们就告诉你某个人的手机更为经济实用。如果你说将去海边度假，他们会告诉你应该去北京以使旅行更有价值。这些人很少注意到从他人那儿得到的非语言暗示，他们对听话者呆滞的目光和经常偷偷看表的行为熟视无睹，他们也忽略了像对方“我最好开始做某件事”或“我才注意到已经很晚了”这样的暗示。

7) 不受欢迎的语调

作为倾听者，你可能根据说话者的信息来说话或者发出声音——这就让你的语调特别重要。它是你举止的重要组成部分，而你的举止对你对说话者的开放性或判断以及信息的表达方式有着重要的影响。你的语调的一个小小的变化，从接纳转为恼怒或不高兴，就能改变或打断对话的流畅性。下面是一些能够产生交流障碍的语调。

① 使用刻薄的、反对性的语调。你首先从别人那里听到了解释，然后才做出反应，“你做了什么！”这种尖锐的语音产生了让说话者处于防御状态的效果。

② 尖锐地讽刺。这种行为通常是对说话者的一种反应。这种情况下，声音里夹带着贬低的气息和嘲弄的味道，没有一种对说话者来说是很好听的话的，比如“听起来好像你已经尽力了”这种评论，尽管听起来像是同意的，但却是用含有反义的讽刺语调来表达否定的意思，对说话者或听到的信息进行贬低的评论。

③ 单调地回应。这种用来回答说话者的语调听起来让人感到很厌烦或是没有兴趣。比如当说话者正热情洋溢地讨论一次难忘的经历时，“嗯，这很好”这样的回答就会显得沉闷和消极。单调的回应让说话者很快就泄气了。

8) 目光交流不得体

目光交流是影响对话通畅的一个重要因素。稳固的目光接触有助于你和说话者之间的沟通，而下面的一些行为将会起到阻碍作用。

① 转移视线。偶尔移开目光并不是什么障碍，但切断目光接触时，说话者会感觉到你的注意力转移到了其他地方。并且，你注意力不集中时，说话者就会变得很沮丧，然后退出谈话。

② 锁定。就是盯住或者直视说话者，让他产生一种很不舒服的感觉——当你的眼睛盯住说话者脸部以下的位置时，这种感觉就会更强烈。稳定的目光接触是种放松的表情，而不是紧紧地盯住说话者。

③ 眼神飘忽不定。对于说话者来说，这是你能给他的最具判断性的表情。这意味着你对听到内容的讽刺与不满，有时甚至会打断说话者的思路——这是最大的倾听障碍。

9) 令人不快的面部表情

没有镜子时，你看不到自己的表情。但是你的对话者能看到它，而且经常对你表现出来的这些令人不快的信息做出反应。下面就是这些倾听障碍的表现。

① 眉头紧锁。皱着眉头是一副不赞成或反对的表情。有时，这种表情伴随着不停地摇头和漫不经心地与说话者交谈，这意味着你不喜欢说话者谈及的人和事。

② 突然假笑。假笑就是在说话者说严肃的事情时，你表现出半笑不笑。同样，不论意图如何，这对说话者都是一种讽刺，好像他说得很严肃的事情对你来说仅是一个笑话而已——在别人同你说话的时候，这很可能导致谈话的转折。

③ 扬起眉头。与皱眉相似，这一动作也显示了一个刻板的、不赞成的或怀疑的面部表情。它不像好奇的表情，前额收缩一点，眼眉轻轻向上扬起，而是在听到不满的事情时，眉头立刻向上挑起，谈话就这样被打断了。

④ 毫无表情。这是一种被动的、毫无反应的表情。它让说话者怀疑你是否什么也没听进去，是否心不在焉，是否毫不在意。在多数情况下，这种行为让说话者身心疲惫——他们感觉自己是在对着一堵墙说话。

10) 不受欢迎的举止

姿势是在你接收信息时如何坐着或站着的行为。下面是一些引起障碍的姿势。

① 无精打采。懒散就是指向后靠在椅子上到了双腿和头在同一高度的程度。你可能喜欢在椅子上休息——尤其是又大又舒适的椅子上，而不是坐直了留心地倾听说话者的信息。但这种无精打采的行为传递了一个不感兴趣或不愿参与的信号。

② 坐立不安。这种情况下，双手不停地在动，比如摆弄文件夹、钢笔，或者是手头能拿到的任何东西。别人在对你说话时，你的双手显示出很多信息，它们会引起这样一种感觉——你的注意力在别的地方，你太紧张了而不能投入或理解全部信息。

③ 扭动身子。扭动是一种在椅子上来回摆动的习惯。它显示出你不能安静地坐着，像有蚂蚁在你裤子里一样。这种不停的身体摆动会给正在向你表达信息的人带来烦恼。

④ 把脸转向别处。这个习惯就是你不面对说话者。有时，在某人说话时你背对着他，或者在倾听说话的时候你把头转来转去，而不直面说话者。这种行为通常让说话者感到不舒服，因为他们感觉到，作为倾听者，你不喜欢和他们进行对话。

案例

校长：孩子，找我有什么事吗？

学生：别叫我“孩子”，我不是你的“孩子”！我早就告诉过你，而你显然对我说的一个字也没听进去。我的要求代表全校大多数学生。你不能小看他们。

校长：我知道那些要求，我已经看过了。

学生：你搞清楚了吗？

校长：是的，我弄明白了。不过，为了你们好，这些要求我一条也不能接受。

学生：你跟你那帮自以为了不起的朋友们最好开始听听我们的话，因为我们会永远在你的办公室坐下去！

校长：好吧，我就听你们说，不过，在你们开始讲以前，我要告诉你们，为了你们好，我不会满足这些要求。

2.4 倾听的艺术

2.4.1 倾听的态度

要实现积极的倾听，首先就要做到“三心”，即耐心、专心、虚心。

(1) 耐心。就日常生活中的交谈而言，并非所有的话语都包含着重要的信息，并且我们的思维速度是说话速度的四到五倍，因此，如果在谈话中不能保持足够的耐心，我们的思想就会开小差，注意力就无法集中。这种不专注的外在表现，通常是出现心不在焉的下意识动作和神情，“所答非所问”或者“充耳不闻”等现象。

(2) 专心。走神是影响倾听效果的大敌。思想开小差的人心存太多杂念，他们可能想到了某个待做的报告、某个即将到来的期限、某些家庭问题，甚至在做白日梦。总而言之，他们不能专心听发言人的讲话。我们要尽可能地消除那些来自内部或外部的干扰，必须把注意力完全放在说话者的身上，耐心倾听，才能明白对方说了些什么、没说什么以及对方的话所代表的态度和含义。

(3) 虚心。在听别人谈话时，应抱着虚心的态度。有些人对他人抱有错误的成见，如“这个人老是爱贪小便宜”等，这些成见会直接影响自己对他人话语的理解，导致错误的判断，也就不可能有正确的倾听。有些人觉得自己在某一问题上比别人懂得都多，常常中途打断他人的讲话，急于阐述自己的看法和意见，喜欢教育别人。这种“强势推销”和“好为人师”的人当然也不会成为积极的倾听者。

2.4.2 倾听的礼仪

在倾听过程中，听话者要尽可能地保持一定的礼仪，这样既显得自己有涵养、有素质，又表达了你对说话者的尊重。

通常在倾听过程中需要讲究的礼仪如下：

(1) 保持视线接触，不东张西望。

(2) 身体前倾，表情自然。

(3) 耐心聆听说话者把话讲完。

(4) 不批评对方的观点。

(5) 提供建设性的反馈。

(6) 表示对说话者的意见感兴趣。

(7) 情感移入，理解说话者。

(8) 插话时请求对方允许，使用礼貌用语。

2.4.3 有效的倾听技巧

1．保持第三者的心态

当有人向自己倾诉的时候，调整好自己的心态很重要。我们在日常生活中，遇到的倾诉者大多是自己的亲人或者朋友，对于对方的事情自己往往特别关心。倾诉者倾诉的大多是不良情绪，而自己又很容易受别人情绪的感染，把别人的坏心情变成自己的坏心情，这样不但帮不了对方，反而让自己的心理陷入困境。

因此，在倾听时最好保持第三者的心态，这并不表示对对方漠不关心，而是要以理智的心态帮对方分析和解决问题。面对自己一个人的时候，要及时从事件中跳出来，转移自己的情绪，心理郁积了太多不快时，也应学会向别人倾诉。

2．创造良好的倾听环境

说话者与倾听者之间产生共鸣，才能使倾诉得到调节心理的效果。在倾听时，首先要保持环境的安静，以便让倾诉者的情绪平静下来。尽量不要做其他的事干扰对方的诉说，如果你一会接听手机，一会忙些别的事情，心不在焉，对方会很快对你失去信任。相反，自始至终保持心无旁骛的倾听姿态，让对方感受到你的理解与支持，会有助于对方说出自己的问题，然后心平气和地商量解决的方法。

还有一点需要注意，无论是要劝解对方，还是出主意，言语要适中，不要激起对方的情绪。因为找人来倾诉，他(她)的情绪一定就已经很激烈了，你要做的并不是使问题更加激化。比如说有人找你诉说自己遇到的不公和委屈，结果你听完后就火冒三丈，甚至比对方还着急，那么就很难帮他(她)化解心结了。

3．鼓励对方先开口

首先，倾听别人说话本来就是一种礼貌，愿意听表示我们愿意客观地考虑别人的看法，这会让说话的人觉得我们很尊重他的意见，有助于建立融洽的关系，彼此接纳。

其次，鼓励对方先开口，可以降低谈话中的竞争意味。我们的倾听可以培养开放的气氛，有助于彼此交换意见。说话的人由于不必担心竞争的压力，也可以专心掌握重点，不必忙着为自己的矛盾之处寻找遁词。

最后，对方先提出他的看法，你就有机会在表达自己的意见之前，掌握双方意见一致之处。倾听可以使对方更加愿意接纳你的意见，让你再说话的时候，更容易说服对方。

4．使用并观察肢体语言

当我们在和人谈话的时候，即使我们还没开口，我们内心的感觉就已经透过肢体语言清清楚楚地表现出来了。听话者如果态度封闭或冷淡，说话者很自然地就会特别在意自己的一举一动，比较不愿意敞开心胸；从另一方面来说，如果听话的人态度开放、很感兴趣，那就表示他愿意接纳对方，很想了解对方的想法，说话的人就会受到鼓舞。这些肢体语言包括：自然的微笑、不要交叉双臂、手不要放在脸上、身体稍微前倾、常常看对方的眼睛、点头。

5．非必要时，避免打断他人的谈话

善于听别人说话的人不会因为自己想强调一些枝微末节、想修正对方话中一些无关紧

要的部分、想突然转变话题、或者想说完一句刚刚没说完的话，就随便打断对方的话。经常打断别人说话就表示我们不善于听人说话、个性激进、礼貌不周、很难和人沟通。

虽然说打断别人的话是一种不礼貌的行为，但是如果是“乒乓效应”则是例外。所谓的“乒乓效应”是指听人说话的一方要适时地提出许多切中要点的问题或发表一些意见感想，来响应对方的说法。还有一旦听漏了一些地方，或者是不懂的时候，要在对方的话暂时告一段落时，迅速地提出疑问之处。

6. 听取关键词

所谓的关键词，指的是描绘具体事实的字眼，这些字眼透露出某些讯息，同时也显示出对方的兴趣和情绪。透过关键词，可以看出对方喜欢的话题，以及说话者对人的信任。

另外找出对方话中的关键词，也可以帮助我们决定如何响应对方的说法。我们只要在自己提出来的问题或感想中，加入对方所说过的关键内容，对方就可以感觉到你对他所说的话很感兴趣或者很关心。

7. 反应式倾听

反应式倾听指的是重述刚刚所听到的话，这是一种很重要的沟通技巧。我们的反应可以让对方知道我们一直在听他说话，而且也听懂了他所说的话。但是反应式倾听不是像鹦鹉一样，对方说什么你就说什么，而是应该用自己的话，简要地述说对方的重点。比如说“你说你住的房子在海边？我想那里的夕阳一定很美”。反应式倾听的好处主要是让对方觉得自己很重要，能够掌握对方的重点，让对话不至于中断。

8. 弄清楚各种暗示

很多人都不敢直接说出自己真正的想法和感觉，他们往往会运用一些叙述或疑问，百般暗示，来表达自己内心的看法和感受。但是这种暗示性的说法有碍沟通，因为如果遇到不良的听众，他们话中的用意和内容往往被人所误解，最后就可能会导致双方的失言或引发言语上的冲突。所以一旦遇到暗示性强烈的话，就应该鼓励说话的人再把话说的清楚一点。

9. 暗中回顾，整理出重点，并提出自己的结论

当我们和人谈话的时候，我们通常都会有几秒钟的时间，可以在心里回顾一下对方的话，整理出其中的重点所在。我们必须删去无关紧要的细节，把注意力集中在对方想说的重点和对方主要的想法上，并且在心中熟记这些重点和想法。

暗中回顾并整理出重点，也可以帮助我们继续提出问题。如果我们能指出对方有些地方话只说到一半或者语意不详，说话的人就知道，我们一直都在听他讲话，而且我们也很努力地想完全了解他的话。如果我们不太确定对方比较重视的那些重点或想法，就可以利用询问的方式，来让他知道我们对谈话的内容有所注意。

10. 接受说话者的观点

如果我们无法接受说话者的观点，那我们可能会错过很多机会，而且无法和对方建立融洽的关系。就算是说话的人对事情的看法与感受，甚至所得到的结论都和我们不同，他们还是可以坚持自己的看法、结论和感受。尊重说话者的观点，可以让对方了解，我们一直在听，而且我们也听懂了他所说的话，虽然我们不一定同意他的观点，我们还是很尊重他的想法。若是我们一直无法接受对方的观点，就很难接纳对方，或共同建立融洽的关系。除此之外，也能够帮助说话者建立自信，使他更能够接受别人不同的意见。

11. 充分运用开放性提问

在倾听时，通常使用“什么”、“怎样”、“为什么”等词语发问，让对方对有关问题、事件做出较为详尽的反应，这就是开放性提问，这样的提问会引出对方对某些问题、思想、情感等的详细说明。另外要注意问句的方式、语调，不能太生硬或随意。

12. 恰当运用封闭性问题

这类提问的特征是以“是不是”、“对不对”、“有没有”、“行不行”、“要不要”等词语发问，让对方对有关问题作出“是”或“否”的简短回答。使用这种封闭性的提问，可以收集信息，澄清事实真相，验证结论与推测，缩小讨论范围，适当中止叙述，等等。回答这些问题，只需一两个字、词或一个简单的姿势如点头或摇头等，简洁、明确。但过多使用封闭式提问，会使对方处于被动的地位，压抑其自我表达的愿望与积极性，产生沉默和压抑感及被审讯的感觉。所以采用封闭性提问要适度，并且要和开放性提问结合起来。

13. 有效运用情感反应

情感反应是对对方情绪、情感的反馈。也就是把对方的情感反应进行综合整理后，再反馈给对方，如“你对此感到伤心”、“这件事让你很不愉快”，等等。情感反应最有效的方式是针对对方的现在而不是过去的情感，如“你现在很痛苦”、“你此时的心情比较好”。另外，在运用这一技术时，要及时准确地捕捉对方瞬间的情感体验，并及时进行反应，使对方深切体会到被人理解的感觉。

14. 明确倾听目的，建立信任关系

倾听的目的越明确，就越能掌握它。事先的考虑促使我们积极参与沟通，使记忆更加深刻，感受更加丰富，并与说话者建立良好的信任关系。要知道，在关系紧张的情况下，双方不会相互真诚地传递宝贵的信息。

2.4.4 学会倾听，走向成功

倾听是不容易做到的，据估计只有 10% 的人能在沟通过程中注意倾听。学会倾听远远比大多数人想象中的要困难，因为根据沟通学者的观点，倾听的能力和读写能力一样，是要通过后天的努力才能够获得的。倾听技能是我们应该学习的有价值的一项技能。

我们总是认为人际场上能说会道的人才是善交际的人，其实，善于倾听的人才是真正会交际的人。会说的，有锋芒毕露的时候，也常有言过其实之嫌，话说多了，称夸夸其谈，油嘴滑舌，说过分了还导致言多必失、祸从口出。静心倾听就远没有这些弊病，倒有兼听则明的好处。注意听，给人的印象是谦虚好学、专心稳重、诚实可靠。认真听，能减少不成熟的评论，避免不必要的误解。善于倾听的人常常会有意想不到的收获。蒲松龄因为虚心听取路人的述说，记下了许多聊斋故事；唐太宗因为兼听而成明主；齐桓公因为细听而善任管仲；刘玄德因为恭听而鼎足天下。

有不少研究表明，也有大量事实证明，人际关系失败的原因，很多时候不在于你说错了什么，或是应该说什么，而是因为你听得太少，或者不注意听所致。比如，别人的话还没有说完，你就抢口强说，讲出些不得要领不着边际的话，别人的话还没有听清，你就迫不及待地发表自己的见解和意见，对方兴致勃勃地与你说话，你却心荡魂游目光斜视，手上还在不断拨弄这个那个，有谁愿意与这样的人在一起交谈？有谁喜欢和这样的人做朋

友？一位心理学家曾说："以同情和理解的心情倾听别人的谈话，我认为这是维系人际关系、保持友谊的最有效的方法。"

可见，说是一门艺术，而听更是艺术中的艺术。倾听，是对他人的一种恭敬、一种尊重、一份理解、一份虔诚，是对友人最宝贵的馈赠。倾听，是心的接受，是热的传递，诚挚的情感在祥和中奉献。倾听，是智者的宁静，犹如秋日葱茏，深邃的思想于无声中收成。我们不必抱怨自己不善言辞，只要我们认真倾听，我们就会赢得友谊，赢得尊重。

案例

小猫长大了。

有一天，猫妈妈把小猫叫来，说："你已经长大了，三天之后就不能再喝妈妈的奶了，要自己去找东西吃。"

小猫惶惑地问妈妈："妈妈，那我该吃什么东西呢？"

猫妈妈说："你要吃什么食物，妈妈一时也说不清楚，就用我们祖先留下的方法吧！这几天夜里，你躲在人们的屋顶上、梁柱间、陶罐边，仔细倾听人们的谈话，他们自然会教你的。"

第一天晚上，小猫躲在梁柱间，听到一个大人对小孩子说："小宝，把鱼和牛奶放在冰箱里，小猫最爱吃鱼和牛奶了。"

第二天晚上，小猫躲在陶罐边，听见一个女人对男人说："老公，帮我一下忙，把香肠和腊肉挂在梁上，小鸡关好，别让小猫偷吃了。"

第三天晚上，小猫躲在屋顶上，从窗户看到一个妇人教训自己的孩子："奶酪、肉松、鱼干吃剩了，也不会收好，小猫的鼻子很灵，明天你就没得吃了。"

就这样，小猫每天都很开心，它回家告诉猫妈妈："妈妈，果然像您说的一样，只要我保持倾听，人们每天都会教我该吃些什么。"

靠着听别人谈话，学习生活的技能，小猫终于成长为一只身手敏捷、肌肉强健的大猫。它后来有了孩子，也是这样教导它们："仔细倾听人们的谈话，他们自然会教你的。"

2.5　赞美、说服、拒绝的艺术

2.5.1　赞美艺术

根据心理学家的研究表明，人最喜欢得到别人的赞美。因为只有通过别人的赞美，才感觉得到别人对自己的认可和自身的价值。赞美他人，仿佛用一支火把照亮他人的生活，也照亮自己的心田，有助于发扬被赞美者的美德和推动彼此友谊健康地发展，还可以消除人际间的龃龉和怨恨。可以说赞美是一种成本最低、回报最高的人际交往法宝。

学会寻找赞美点，非常重要，只有找到对方的贴切的闪光的赞美点，才能使赞美显得真诚，而不虚伪。我们有很多朋友，也很想赞美别人，就是找不到赞美点。其实，赞美点非常之多，每个人身上都有很多的闪光点，只是我们要有一双善于发现的眼睛。

寻找赞美点的方法如下：

(1) 硬件(外在的具体的)如衣服打扮(穿着、领带、手表、眼镜、鞋子等)、头发、身体、皮肤、眼睛、眉毛等。

(2) 软件(内在的抽象的)如品格、作风、气质、学历、经验、气量、心胸、兴趣爱好、特长、做事情及处理问题的能力等等。

(3) 附件(间接的关联的)如籍贯、工作单位、邻居、朋友、职业、用的物品、养的宠物、下级员工、亲戚关系等。

综上所述，一个人身上的赞美点太多太多了，大致而言，软件要比硬件效果好，而附件效果更好，因为附件是间接赞美。

赞美是一件好事，但绝不是一件易事。赞美别人时如不审时度势，不掌握一定的赞美技巧，即使你是真诚的，也会变好事为坏事。所以，开口前我们一定要掌握以下技巧。

1) 赞美必须因人而异

人的素质有高低之分，年龄有长幼之别，因人而异，突出个性，有特点的赞美比一般化的赞美能收到更好的效果。

在和名人聊天的时候，不要去称赞他们的作品，只要表达我们从中得到许多喜悦和启发就足够了。如果真的要提及其作品获得的成就这方面的话题，最好谈一谈对方目前和近期的表现，不要搬出已经泛黄的成就。

老年人总希望别人不忘记他“想当年”的业绩与雄风，同其交谈时，可多称赞他引为自豪的过去；对年轻人不妨语气稍为夸张地赞扬他的创造才能和开拓精神，并举出几点实例证明他的确能够前程似锦；对于经商的人，可称赞他头脑灵活，生财有道；对于有地位的干部，可称赞他为国为民，廉洁清正；对于知识分子，可称赞他知识渊博、宁静淡泊……当然这一切要依据事实，切不可虚夸。

2) 赞美必须情真意切

虽然人都喜欢听赞美的话，但并非任何赞美都能使对方高兴。能引起对方好感的只能是那些基于事实、发自内心的赞美。相反，若无根无据、虚情假意地赞美别人，他不仅会感到莫名其妙，更会觉得你油嘴滑舌、诡诈虚伪。例如对一个不懂音乐的乐盲说我们喜欢他的歌声，那么对方不仅不会感谢，还会十二分地生气。

当我们见到一位其貌不扬的女士，却偏要对她说：“你真是美极了。”对方立刻就会认定这是虚伪之至的违心之言。但如果着眼于她的服饰、谈吐、举止，发现她这些方面的出众之处并真诚地赞美，她一定会高兴地接受。

真诚的赞美不但会使被赞美者产生心理上的愉悦，还可以使我们经常发现别人的优点，从而使自己对人生持有乐观、欣赏的态度。

3) 赞美必须详实具体

在日常生活中，人们有非常显著成绩的时侯并不多见。因此，交往中应从具体的事件入手，善于发现别人哪怕是最微小的长处，并不失时机地予以赞美。赞美用语愈详实具体，说明你对对方愈了解，对他的长处和成绩愈看重。让对方感到你的真挚、亲切和可信，你们之间的人际距离就会越来越近。如果你只是含糊其辞地赞美对方，说一些“你工作得非

常出色”或者“你是一位卓越的领导”等空泛飘浮的话语，不但会引起对方的猜度，甚至会产生不必要的误解和信任危机。

4) 赞美必须合乎时宜

赞美的效果在于见机行事、适可而止，真正做到“美酒饮到微醉后，好花看到半开时”。

当别人计划做一件有意义的事时，开头的赞扬能激励他下决心做出成绩，中间的赞扬有益于对方再接再厉，结尾的赞扬则可以肯定成绩，指出进一步的努力方向，从而达到“赞扬一个，激励一批”的效果。

同时我们千万要注意，不能在赞美的同时带出不良的暗示，造成弄巧成拙的结果。

案例

有一位男士赞美他同事的姐姐：“你的身材真好，像模特一样。你年轻的时候一定做过模特吧？”同样是这位男士，曾经在公司组织的舞会上这样赞美自己的女伴：“你的舞跳得真好。”对方顿时容光焕发，男士接着说：“在个子矮的女同事里应该是跳得最好的。”

5) 赞美应该雪中送炭

俗话说：“患难见真情。”最需要赞美的不是那些早已功成名就的人，而是那些因被埋没而产生自卑感或身处逆境的人。他们平时很难听一声赞美的话语，一旦被人当众真诚地赞美，便有可能振作精神，大展宏图。因此，最有实效的赞美不是“锦上添花”，而是“雪中送炭”。

此外，赞美并不一定总用一些固定的词语，见人便说“好……”。有时，投以赞许的目光、做一个夸奖的手势、送一个友好的微笑也能收到意想不到的效果。

只有一个经常赞扬子女的母亲，才能创造出一个完满快乐的家庭；一个经常赞扬学生的老师，才能让一个班集体天天向上；一个经常赞扬下属的领导，才能把他的单位管理成和谐向上的集体；一个经常赞美他人的人，才能够拥有众多的朋友。因此我们说，学会人际间充满真诚和善意的赞美吧，它是一切成就与快乐不可或缺的成分。

6) 赞美应该讲究策略

我们不要对某个人直接说出对他的赞美，相反，我们应该在他周围的人面前表现出对他的好感，这样的话很快会传到他的耳朵里。因为直接听到的赞美，远远不如间接得到的赞美来的更有效。赞美别人最好的办法不是拍着肩膀吹嘘，而是通过交际圈中无处不在的关系网。这样既不会让人怀疑我们是个大拍马屁的阿谀小人，对方也会因为我们的赞美而陶醉，以为我们向全世界宣布了他的优点。

如果是面对面的赞美，就一定要讲究技巧，尽量用暗示的方法，在言语中偷偷地夹带一些赞美的含义。

7) 赞美要避免伤及第三人

在交际中赞美的威力太强大了，以至于如果使用不当就可能会伤及在场的第三人，对这一点一定要清楚，在使用时更需谨慎。比如说，如果几个人在一起聊天，我们赞美其中一个女孩身材好，其他女孩一定觉得自己肯定很胖，赞美一个男人说他能干，其他男人会

觉得这是暗示他们无能。所以，赞美他人请多注意第三人的感受。

2.5.2 说服艺术

在我们的工作生活中，我们常常希望把自己的观点想法思路准确有效地传达给某些人，并且需要对方能够接受我们的意见或建议，然后付诸实施，这个过程就是说服。被说服的对象又因为本身经历经验价值取向等的不同，大大增大了“说服”的难度。因此，“怎么样去说服？”这样的问题，不会像“1 + 1 = ?”这样能够得到明确的逻辑性强的答案。“说服”没有什么绝对的公式，但也总在遵循着一定的规律。

1. 调节气氛，以退为进

在说服时，你应该想方设法调节谈话的气氛。如果你和颜悦色地用提问的方式代替命令，并给人以维护自尊和荣誉的机会，气氛就是友好而和谐的，说服也就容易成功；反之，在说服时不尊重他人，摆出一副盛气凌人的架势，那么说服多半是要失败的。毕竟人都是有自尊心的，就连三岁孩童也有他们的自尊心，谁都不希望自己被他人不费力地说服而受其支配。

案例

有一位中学老师接管了一个差班班主任工作，正好赶上学校安排各班级学生参加平整操场的劳动。这个班的学生躲在阴凉处谁也不肯干活，老师怎么说都不起作用。后来这个老师想到一个以退为进的办法，他问学生们：“我知道你们并不是怕干活，而是都很怕热吧？”学生们谁也不愿说自己懒惰，便七嘴八舌地说，确实是因为天气太热了。老师说：“既然是这样，我们就等太阳下山再干活，现在我们可以痛痛快快地玩一玩。”学生一听就高兴了。老师为了使气氛更热烈一些，还买了几十个雪糕让大家解暑。在说说笑笑的玩乐中，学生接受了老师的说服，不等太阳落山就开始愉快地劳动了。

2. 善意威胁，以刚制刚

很多人都知道用威胁的方法可以增强说服力，而且还不时地加以运用。这是用善意的威胁使对方产生恐惧感，从而达到说服目的的技巧。

案例

在一次集体活动中，当大家风尘仆仆地赶到事先预定的旅馆时，却被告知当晚因工作失误，原来订好的套房(有单独浴室)中竟没有热水。为了此事，领队约见了旅馆经理。

领队：对不起，这么晚还把您从家里请来。但大家满身是汗，不洗洗澡怎么行呢？何况我们预定时说好供应热水的呀！这事只有请您来解决了。

经理：这事我也没有办法。锅炉工回家去了，他忘了放水，我已叫他们开了集体浴室，你们可以去洗。

领队：是的，我们大家可以到集体浴室去洗澡，不过话要讲清，套房一人 50 元一晚是有单独浴室的。现在到集体浴室洗澡，那就等于降低到统铺水平，我们只能照统铺标准，一人降到 15 元付费了。

经理：那不行，那不行的！

领队：那只有供应套房浴室热水。

经理：我没有办法。

领队：您有办法！

经理：你说有什么办法？

领队：您有两个办法：一是把失职的锅炉工召回来；二是您可以给每个房间拎两桶热水。当然我会配合您劝大家耐心等待。

这次交涉的结果是经理派人找回了锅炉工，40分钟后每间套房的浴室都有了热水。

威胁能够增强说服力，但是，在具体运用时要注意以下几点：

第一，态度要友善。

第二，讲清后果，说明道理。

第三，威胁程度不能过分，否则会弄巧成拙。

3. 消除防范，以情感化

一般来说，在你和要说服的对象较量时，彼此都会产生一种防范心理，尤其是在危急关头。这时候，要想使说服成功，你就要注意消除对方的防范心理。如何消除防范心理呢？从潜意识来说，防范心理的产生是一种自卫，也就是当人们把对方当作假想敌人时产生的一种自卫心理，那么消除防范心理的最有效方法就是反复给予暗示，表示自己是朋友而不是敌人。这种暗示可以采用这些方法来进行：嘘寒问暖，给予关心，表示愿意给予帮助，等等。

案例

有个"的姐"(出租车女司机)把一男青年送到指定地点时，对方掏出尖刀逼她把钱都交出来，她装作害怕样交给歹徒300元钱说："今天就挣这么点儿，要嫌少就把零钱也给你吧。"说完又拿出20元找零用的钱。见"的姐"如此爽快，歹徒有些发愣。"的姐"趁机说："你家在哪儿住？我送你回家吧。这么晚了，家人该等着急了。"见"的姐"是个女子又不反抗，歹徒便把刀收了起来，让"的姐"把他送到火车站去。见气氛缓和，"的姐"不失时机地启发歹徒："我家里原来也非常困难，咱又没啥技术，后来就跟人家学开车，干起这一行来。虽然挣钱不算多，可日子过得也不错。何况自食其力，穷点儿谁还能笑话我呢！"见歹徒沉默不语，"的姐"继续说："唉，男子汉四肢健全，干点儿啥都差不了，走上这条路一辈子就毁了。"火车站到了，见歹徒要下车，"的姐"又说："我的钱就算帮助你的，用它干点正事，以后别再干这种见不得人的事了。"一直不说话的歹徒听罢突然哭了，把300多元钱往"的姐"手里一塞说："大姐，我以后饿死也不干这事了。"说完，低着头走了。

在这个事例中，"的姐"恰当地运用了消除防范心理的技巧，最终达到了说服的目的。

4. 投其所好，以心换心

站在他人的立场上分析问题，能给他人一种为他着想的感觉，这种投其所好的技巧常常具有极强的说服力。要做到这一点，"知己知彼"十分重要，唯先知彼，而后方能从对方

立场上考虑问题。

案例

某精密机械工厂生产某项新产品，将其部分部件委托小工厂制造，当该小厂将零件的半成品呈现给总厂时，不料全不符合该厂要求。由于迫在眉捷，总厂负责人只得令其尽快重新制造，但小厂负责人认为他是完全按总厂的规格制造的，不想再重新制造，双方僵持了许久。总厂厂长见到这种局面，在问明原委后，便对小厂负责人说："我想这件事完全是由于公司方面设计不周所致，而且还令你吃了亏，实在抱歉。今天幸好是由于你们帮忙，才让我们发现竟然有这样的缺点。只是事到如今，事情总是要完成的，你们不妨将它制造得更完美一点，这样对你我双方都是有好处的。"那位小厂负责人听完，欣然应允。

5. 寻求一致，以短补长

习惯于顽固拒绝他人说服的人，经常都处于"不"的心理组织状态之中，所以自然而然地会呈现僵硬的表情和姿势。对付这种人，如果一开始就提出问题，绝不能打破他"不"的心理。所以，你得努力寻找与对方一致的地方，先让对方赞同你远离主题的意见，从而使之对你的话感兴趣，而后再想法将你的主意引入话题，最终求得对方的同意。

案例

有一个小伙子固执地爱上了一个商人的女儿，但姑娘始终拒绝正眼看他，因为他是个古怪可笑的驼子。这天，小伙子找到姑娘，鼓足勇气问："你相信姻缘天注定吗？"姑娘眼睛盯着天花板答了一句："相信。"然后反问他，"你相信吗？"他回答："我听说，每个男孩出生之前，上帝便会告诉他，将来要娶的是哪一个女孩。我出生的时候，未来的新娘便已经配给我了。上帝还告诉我，我的新娘是个驼子。我当时向上帝恳求：'上帝啊，一个驼背的女人将是个悲剧，求你把驼背赐给我，再将美貌留给我的新娘.'。"当时姑娘看着小伙子的眼睛，并被内心深处的某些记忆搅乱了。她把手伸向他，之后成了他挚爱的妻子。

2.5.3 拒绝艺术

拒绝总是令人遗憾的，但却又是难以回避的，所以拒绝时必须以得体的方式进行，把对方的不满和不快控制在尽可能小的限度内。如果不该拒绝的拒绝了，有时会耽误大事；如果该拒绝的不拒绝，轻易承诺了自己不愿意、不应该、不必要或者不能履行的职责，不仅事情办不成，甚至最终会自食其恶果。可见该拒绝的就得拒绝，只是应该讲究拒绝的策略。但是无论采用什么方式拒绝，都必须以减少对方不悦和失望、寻求其谅解和认同为基本原则。

一般情况下，我们在拒绝别人的时候要注意以下几点：

1) 积极地听

拒绝的话不要脱口而出。不要在他人刚开口即予以断然的拒绝，不容分辩，过分急躁

地拒绝最易引起对方的反感，应该耐心地听完对方的话，并用心弄懂对方的理由和要求，要站在对方立场上严肃地思考，一定要显示出明白这个请求对其的重要性。让对方了解到自己的拒绝不是草率做出的，是在认真考虑之后才不得已而为之的。

2) 以和蔼的态度拒绝

首先感谢对方在需要帮助时可以想到你，并且略表歉意。注意，过分的歉意会造成不诚实的印象，因为如果你真的感到非常抱歉的话，就应该接受对方的请求。

不要以一种高高在上的态度拒绝对方的要求，不要对他人的请求流露出不快的神色，更不要蔑视或忽略对方，这些失误都是没有修养的具体表现，会让对方觉得你的拒绝是对他抱有的反对态度的机械反应，从而对你的拒绝产生逆反心理。从听对方陈述要求和理由，到拒绝对方并陈述理由，都要始终保持一种和蔼的态度和面貌，表示出对对方的好感和真诚之心。

3) 要明白地告诉对方你要考虑的时间

我们经常以“需要考虑考虑”为托词而不愿意当面拒绝请求，内心希望通过拖延时间使对方知难而退，这是错误的。如果不愿意应立刻当面拒绝，明确告知对方考虑的时间，表示自己的诚信。

拒绝是相当重要的却又不太容易的课题，有人喜欢你直截了当地告诉他拒绝的理由，有人则需要以含蓄委婉的方法拒绝，各有不同，拒绝他人的求助的确不是件容易的事，你必须既不含糊，又不让人误解，还不伤害对方。事实上，“不”字出口也不是多难的，关键要会说。你可以温和而坚定地说，也可以不说，掌握了要领，就可以不伤感情。下面介绍几种拒绝的技巧：

(1) 直接拒绝。直接拒绝就是将拒绝之意当场明讲。采取此法时，重要的是应当避免态度生硬，说话难听。

在一般情况下，直接拒绝别人，需要把拒绝的原因讲明白。可能的话，还可向对方表达自己的谢意，表示自己对其好意心领神会，借以表明自己通情达理。有时，还可为之向对方致歉。

(2) 婉言拒绝。婉言拒绝就是用温和的语言表达拒绝之本意。与直接拒绝相比，它更容易被接受。因为它更大程度上顾全了被拒绝者的尊严。

案例

一位男士送衣服给一位关系一般的女士，这非同寻常。但旁边的人反唇相讥：“是给您妈买的吧？”这位女士打断旁人的话，婉言相拒，说：“它很漂亮。只不过这种式样的我男朋友给我买过好几件了，留着送你女朋友吧。”

这么说，既暗示了自己已经“名花有主”，又提醒对方注意分寸，不过总算不难听。

(3) 沉默拒绝。沉默拒绝就是在面对难以回答的问题时，暂时中止“发言”，一言不发。

当他人的问题很棘手甚至具有挑衅、侮辱的意味时，“拔剑而起，挺身而斗”，未必勇也。不妨以静制动，一言不发，静观其变。

这种不说“不”字的拒绝，所表达出的无可奉告之意，常常会产生极强的心理上的威慑力，令对方不得不在这一问题上“遁去”。

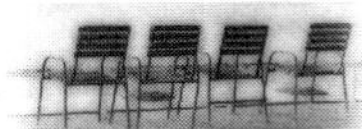

(4) 回避拒绝。回避拒绝就是避实就虚，对对方不说“是”，也不说“否”，只是搁置此事，转而议论其他事情，即“顾左右而言他”。遇上他人过分的要求或难答的问题时，均可一试此法。

思考题

1．倾听是如何定义的？有效的倾听过程包括哪几个阶段？

2．列举倾听障碍影响倾听的事实。

3．比较倾听在语音聊天、语音视频聊天、电话聊天中各有什么不同。

4．在人际沟通中，有效的倾听能起到什么重要作用？

5．请举例说明如何解决对话中的冲突问题。

6．人际交往中应掌握哪些赞美、说服、拒绝的技巧？

技能训练

参与人数：6 人

时间：30 分钟

场地：教室

游戏规则和程序：

1．选出 6 名学员参加这个游戏。其他人当作评委，由评委决定谁可以逃生。这 6 个人的角色分别是：

(1) 孕妇：怀胎八月。

(2) 发明家：正在研究新能源(可再生、无污染)汽车。

(3) 医学家：多年研究艾滋病的治疗方案，已取得突破性进展。

(4) 宇航员：即将远征火星，寻找适合人类居住的新星球。

(5) 生态学家：负责热带雨林抢救工作组。

(6) 流浪汉：历经人生艰辛，生存能力较强。

2．教师介绍故事背景，帮助大家了解他们的任务。

游戏背景：私人飞机坠落在荒岛上，只有 6 人存活。这时逃生工具只有一个只能容纳一人的橡皮气球吊篮，没有水和食物。

3．教师介绍游戏方法：针对由谁乘坐气球先行离岛的问题，各自陈诉理由。每人复述前一人的理由再申述自己的理由。根据复述别人逃生理由的完整性与陈述自身理由的充分性，自行决定可先行离岛的人。

4．最后由大家决定谁可以先行离岛，并对每个人的表现做出评价。

相关讨论：

(1) 这个游戏对大家的启示是什么？

(2) 你是怎样根据你所扮演的角色劝服评委让你先走的？

(3) 如果说服不了别人，你的感觉如何？请分析原因。

第三章 沟通的重点——体态语

☞ 案例导入

小王是新上任的经理助理，平时工作主动积极，且效率高，很受上司的器重。那天早晨小王刚上班，电话铃就响了。为了抓紧时间，她边接电话边整理有关文件。这时，有位姓李的员工来找小王。他看见小王正忙着，就站在桌前等着。只见小王一个电话接着一个电话，最后，他终于等到可以与她说话了。小王头也不抬地问他有什么事，并且一脸严肃。然而，当他正要回答时，小王又突然想到什么事，与同室的小张交代了几句——这时的老李已是忍无可忍了，他发怒道："难道你们这些领导就是这样对待下属的吗？"说完，他愤然离去。

问题：

(1) 这一案例中，问题主要出在谁的身上？为什么？

(2) 如何改进其非语言沟通技巧？

(3) 假如你是小王，你会怎样做？

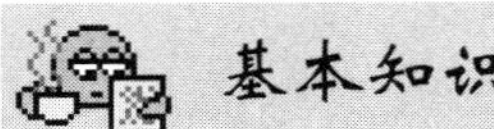

3.1 体态语概述

3.1.1 体态语的含义

体态语又称"肢体语言"，是用身体动作来表达情感、交流信息、说明意向的沟通手段。它包括姿态、手势、面部表情和其他非语言手段，如点头、摇头、挥手、瞪眼等。体态语是由人的面部表情、身体姿势、肢体动作和体位变化而构成的一个图像符号系统，常被认为是辨别说话人内心世界的主要根据，是人们在长期的交际中形成的一种约定俗成的自然符号。体态语与文化背景有一定关系，如在印度，点头表示不同意，摇头表示同意。

在现实生活中，体态语使用极其广泛，而且有时更能无声胜有声地巧妙表达信息，同时留给对方更大的想象空间。

3.1.2 体态语的特点

体态语是社会交际活动不可分割的组成部分，虽然不能独立完成交际目的，但却有其自身的特点，并以此影响着交际活动的进程和效果。

1. 辅助性

春秋时代的孔子道：“说之，故言之；言之不足，故长言之；长言之不足，故嗟叹之：嗟叹之不足，故不知手之舞之，足之蹈之。”由此可见，体态语用于支持、辅助有声语言，加强有声语言的力度，增强有声语言的效果。换句话说，体态语言经常是伴随有声语言而起作用的，但这种作用又是强势的，不可或缺的。体态语直接诉诸人们的视觉器官，在人际交往过程中具有相当重要的意义。心理学家有一个有趣的公式：一条信息的表达 = 7% 的语言 + 38% 的声音 + 55% 的人体动作。这表明，人们获得的信息大部分来自视觉。因而美国心理学家艾德华·霍尔曾十分肯定地说：“无声语言所显示的意义要比有声语言多得多。”这些数字我们认为只是研究体态语时的一个参考，但是一个道理是明显的，体态语言在交际中的辅助性并不说明体态语是无足轻重的。它的作用是不可替代的。这一点可以从在家看剧本或听话剧录音和到剧院看话剧的不同效果来证明。有人说，我们永远无法从印在纸上的演说词来认识一个演说家是为什么成功的。有时印在纸上的演说词可能是平淡无奇的，但当时确实得到很大的成功。演说家的演说并不全靠他口中的语言，实际上还包括他展现在听众面前的整个体态，包括他说话时的声调、手势、面部表情等。

2. 习惯性

人的体态语言的习惯性很容易理解，不同的文化背景、不同的生活环境、不同的教育程度、不同的个性，使不同的人养成了不同的习惯性体态语。比如有的人一着急就咬手指头，这是一个习惯性的体态语言。又比如，有的教师在与学生讲话时喜欢用手指指指点点学生，这都体现了体态语具有习惯性这一特点。演说家在演讲前要练习手势、动作，是为了纠正不良的习惯性体态语，设计能更好地影响交际效果的体态语。

3. 差异性

从社会学角度讲，体态语言的差异性是由不同国家民族的发展背景造成的。例如，见面时打招呼的体态语，不同文化背景的不同民族就有不同的表达方式：中国人在辛亥革命前用磕头和作揖表示，之后用握手或点头以示问候；欧美人常以拥抱、亲吻或招手的方式表示；萨摩亚人互相嗅闻对方；瑞典的拉普人互擦鼻子，等等。另一方面，同一体态语，有时也会因文化的不同而具有不同的含义。例如翘大拇指，在中国有高度赞扬的意思，在希腊表示要对方“滚蛋”，在英国、澳大利亚、新西兰等地除了表示要求“搭车”之意外，还是一种侮辱人的信号。

从个体角度看，人与人的体态语言的差异性是由于不同的生活背景造成的。比如，对于刚入学的一年级小孩子，班主任老师会发现他们有着非常不同的行为习惯，有的低头顺目，有的趾高气扬；有的慢声细语，有的高声吵闹；有的跑跑跳跳，有的静坐不语，这些常常反映了学生不同的生活背景。

4. 可塑性

人体的体态语言是可以通过练习来改变的。有人曾做过这样一个实验：指定某学校的

两位能力相当的青年教师甲乙二人，同时给每人一份同样的文章，要求两人熟记成诵。然后，单独通知甲两天后演讲，而没有通知乙。两天后，甲乙二人分别给师范大学的学生讲演。虽然两人都准备好文章内容，但因为甲事先作了准备，设计了体态语，而乙没有做这项准备，因此两人的讲演效果大不一样。甲讲演时体态调控从容，和谐自然，获得了成功；而乙演讲中，缺少手势，单调呆板，而且出现了一些消极的体态语，如翻眼看天花板，引得学生发笑。最后统计结果：甲运用得体的手势共 9 次，消极体态语 2 次；乙出现消极体态语 6 次，积极体态语 3 次。这个实验说明，体态语在有所准备的条件下是可以控制的，有所控制的体态语会收到比较好的交际效果

3.2 表情语

表情语，就是指通过面部器官(包括眼、嘴、舌、鼻、脸等)的动作、姿态所要表示相应的信息。美国学者巴克经过研究发现，光是人的脸就能够做出大约 25 万种不同的表情。在交往过程中，交际双方最易被观察的“区域”莫过于面部。人的基本情感及各种复杂的内心世界都能够从面部真实地表现出来。我们在日常生活中时时都在使用面部表情这一身体语言。与人说话、求人办事、请人帮忙，无一不需注意对方的“晴雨表”——脸色。可见面部表情对于有效沟通的重要性。

1. 眼睛

孟子曰：“胸中正，则眸子瞭焉；胸中不正，则眸子眊焉。”一个人的眼神可以表现他的喜、怒、哀、乐，反映他的心灵中蕴涵的一切内容。有经验的说话者都很注意恰当而巧妙地运用自己的眼神，借以充分发挥口才的作用。如果一名管理者说话不善于用眼神传情，总是呈现出一双无表情的眼睛，就会给听众一种呆滞麻木的感觉，无法引起听者的注意，有损于语言的表达效果。

行为科学家断言，只有当你同他人眼对眼时，也就是说，只有在相互注视到对方的眼睛时，彼此的沟通才能建立。在沟通中保持目光接触非常重要，甚至有的民族对目光接触的重视远远超过对语言沟通的信赖。在阿拉伯国家，阿拉伯人告诫其同胞“永远不要和那些不敢和您正视的人做生意”。在美国，如果你应聘时忘记看着主考官的眼睛的话，就别想找到一份好工作。加拿大人、澳大利亚人以及其他很多西方人认为：沟通时目光的直接接触所传递的，是一种诚实、真诚和坦率的信息。一般来讲，管理者说话时，目光要朝向对方，适度地注视对方的脸和眼，不要仰视天上，不要俯视地面，也不要不停地眨眼或者用眼角斜视对方；既不要一动不动地直视，也不要眼球乱转。前者会使人感到滑稽可笑，后者会使人感到莫名其妙。

1) 注视的时间

注视的方式和时间对双方交流的影响十分重要。有时，我们和有些人谈话感到舒服，和有些人谈话则令人不自在，甚至他们看起来不值得信任。这主要与对方注视我们的时间长短有关。当然，这也要区分不同性别之间的交流和同性之间进行交流的情况。当一个人不诚实或企图撒谎时，他的目光与你的目光相接往往不足全部谈话时间的三分之一。如果某个人的目光与你的目光相接超过三分之二，那就可以说明两个问题：第一，他认为你很

吸引他，这时他的瞳孔是扩大的；第二，他对你怀有敌意，向你表示无声的挑战，这时他的瞳孔会缩小。事实证明，若甲喜欢乙时，甲会一直看着乙，这时乙意识到甲喜欢他，因此乙也可能会喜欢甲。换言之，若想同别人建立良好的关系，在整个谈话时间里，你和对方的目光相接累计应达到50%～70%的时间，只有这样，才能得到对方的信赖和喜欢。相反，若你在交谈时眼睛不看着对方，那你自然很难得到对方的信赖和喜欢。异性之间进行交流时，不论是男性还是女性都不可长时间地注视对方。即使是必要的注视也不能太咄咄逼人或太放肆，眼光必须是诚恳的、善意的。

2) 注视的部位

注视的部位也同样重要。注视因场合的不同而有很大的区别。

(1) 公务注视。这是洽谈业务、磋商交易和贸易谈判时所用的注视部位。眼睛应看着对方额头上的三角地区(以双眼为底线，上角顶到前额)。注视这个部位，显得严肃认真、有诚意。在交谈中，如果目光总是落在这个三角部位，你就把握住了谈话的主动权和控制权。这是商人和外交人员经常使用的注视部位。

(2) 社交注视。这是人们在社交场所使用的注视部位。这些社交场所包括鸡尾酒会、茶话会、舞会和各种类型的友谊聚会。眼睛要看着对方脸上的倒三角地区(以两眼为上线，嘴为下顶角)，即在双眼和嘴之间。注视这个部位，会造成一种社交气氛。

(3) 亲密注视。这是男女之间，尤其是恋人之间使用的注视部位。眼睛看着对方双眼和胸部之间的部位，恋人这样注视很合适，对陌生人来说，这种注视就过格了。

(4) 瞥视。轻轻一瞥用来表达兴趣或敌意。若加上轻轻地扬起眉毛或笑脸，就是表示兴趣；若加上皱眉或压低嘴角，就表示着疑虑、敌意或批评的态度。

在面对面的交往中，我们应针对不同对象选择不同的注视部位。例如，批评下属员工若用社交注视，你再严肃，对方也可能漫不经心，因为社交注视削弱了你批评的严肃性；若你用亲密注视，则会使对方窘迫，产生抵触情绪。所以，只有公务注视最为合适。

3) 注视的方式

眨眼是人的一种注视方式。眨眼一般每分钟5～8次，若眨眼时间超过一秒钟就成了闭眼。在一秒钟之内连眨几次眼，是神情活跃，对某物感兴趣的表示(有时也可以理解为由于怯懦羞涩、不敢正眼直视而不停眨眼)；时间超过一秒钟的闭眼则表示厌恶、不感兴趣，或表示自己比对方优越，有蔑视的意思。这种把别人扫出视野之外的做法很容易使人厌恶，这种人是很难与之沟通的。

(1) 盯视。在人们的日常生活交往中，长时间盯视显示出它的特殊功能和意义。

① 爱憎功能。亲昵的盯视可以打破僵局，使谈话双方的目光长时间相接。

② 威吓功能。用视线长时间盯视对方还有一种威吓功能。警察对罪犯、父母对违反规矩的孩子，常常怒目而视，形成无声的压力。

③ 补偿功能。两个人面对面交谈，一般的规矩是说话者看着对方的次数要少于听者，这样便于说者将更多的注意力集中到要表达的思想内容上。一段时间后，如果说话者的视线转向听者，这就是暗示对方可以讲话。

④ 显示地位功能。如果地位高的人与地位低的人谈话，那么，地位高的人投于对方的视线往往多于对方投来的视线。

(2) 扫视与侧视。扫视常用来表示好奇的态度，侧视表示轻蔑的态度。在交际中过多使用扫视，会让对方觉得你心不在焉，对讨论的问题没兴趣；过多使用侧视会给对方造成敌意。

(3) 闭眼。长时间的闭眼会给对方以孤傲自居的感觉。如果闭眼的同时，还伴有双臂交叉、仰头等动作，就会给对方以故意拉长脸、目中无人的感觉。

2．眉毛

眉目的运动可以传递问候、惊讶、恐惧等信息。一般来说，西方人比东方人更会运用眉毛来传递信息。据报道，西方人能用眉毛来传递28种不同的信息。当然，其中一些眉毛的运动被认为是东西方所共有的，像紧锁眉头表示焦虑、眉毛扬起表示惊讶等。

俗话说“眉目传情”。眉和目总是相连在一起来传递信息的。眉毛的运用可以帮助眼神的传递。如果你眯起双眼，眉毛稍稍向下，那就可能表示你已陷入沉思当中；当你眉毛扬起时看上去可能是一种怀疑的表情，也可能是心情兴奋的表情。

3．鼻

虽然鼻子大多用来表现厌恶、戏谑之情，但用得适当也能使话语生辉。比如愤怒时，鼻孔张开、鼻翼翕动，感情会表达得更为强烈。在管理活动中，当你内心对某事不满时，应理智地处理它，或委婉地说出来，千万不能向对方皱鼻子。

4．嘴

嘴的表情是通过口型变化来体现的。鄙视时嘴巴一撇；惊愕时张口结舌；忍耐时紧咬下唇；微笑时嘴角上翘；气急时嘴唇发抖等。

5．脸

如果你认真地对待某事，你会微皱额头；如果你脸部肌肉放松，表明你遇到了令人高兴的事情。

6．微笑

在非语言沟通中，微笑是一种很常见但却很有效的沟通方式。微笑对他人有着一种心理学上所说的“移情”的效用。正如俗话所说，“笑有传染性”。微笑的作用是巨大的、多方面的。微笑对每个人来说又是均等的。我们每个人都具有这一颗“灵丹”，把它运用到日常工作中去，就会给我们带来意想不到的成功。正是因为如此，不少企业，特别是在服务业，开始对其员工进行微笑培训，让他们学会微笑。

善于交际的人在人际交往中的第一个行动就是面带微笑。一个友好、真诚的微笑会传递给别人许多信息。微笑能够使沟通在一个轻松的氛围中展开，可以消除由于陌生、紧张带来的障碍。同时，微笑也显示出你的自信心，希望能够通过良好的沟通达到预定的目标。真心和诚实的微笑就像一个“魔力开关”，能立即沟通与他人的友好感情。

作为一名管理者，要非常清楚地知道微笑对你处理客户、上下级关系的重要性。如果你想让微笑成为友好感情的使者，那么必须从内心深处发出这种微笑。为了赢得客户的好感和融洽上下级关系，就要让他们在潜意识里了解你内心的感情，而不是你的简单表情。真诚的微笑能够在对方心中产生轻松、愉快、可信的感觉；而仅仅停留在表面的微笑，只会给对方以做作的印象，甚至会弄巧成拙。

微笑的培养可以先从面对镜子开始。面对镜子，回忆一些你确实喜欢的、令人愉快的事，然后得体地让这种感觉呈现在你的脸上，心里想着今天你会碰到许多快乐的事情，你说服了你所拜访的每一个人，并与你所遇到的每一个人进行了成功的交流。凭这些想象酝

酿出良好的感觉，然后把它们表现出来。

镜子中的微笑练习会帮助你形成善意的、真诚的微笑。因为这使你能正确地调整情绪，做出真诚的微笑动作，而不是虚假的微笑。那种假装微笑的人，虽然做出了微笑的动作，但由于不是出于内心的真实感情，给人的印象只能是虚伪的，甚至让人看到了皮笑肉不笑的效果，因此仍然得不到真诚的感情交流。因此，在镜子前面培养微笑，要注重表情，更要注重内心活动的酝酿，直到能够辨认出一种真诚的微笑，才算达到培养微笑的目的。

3.3 动 作 语

3.3.1 身体动作

身体动作语言包括具有传递信息功能的人们的躯体、四肢动作、姿态以及身体之间、身体和物体之间的触摸等。掌握不同的身体动作语言表达的含义是顺利沟通的重要保证。如果不对各种身体动作语言做更细致的分析，我们就不能理解或解释身体动作语言这种沟通形式的复杂现象。

1．手的动作

手势是身体动作中最重要、最明显的部分。演员、政治家和演说家通常会通过训练使自己有意识地利用一些手势来加强语气。在一般的人际沟通过程中，许多手势都是无意识地运用的。比如说，当说话者激动时，手臂不由自主地快速摆动，强调正说着的话。从手势的含义和作用来看，可分为指示手势、摹状手势和抒情手势三种。

(1) 指示手势。指示手势用来指示具体对象，指示出视觉可及范围内的事物和方向，便于通过视觉形象感受到具体事物。在商业活动中，由于商品种类繁多，在营业员向顾客介绍商品时，为了准确地说明是哪一种商品和商品的各项功能，营业员要通过指示手势来详细介绍产品的功能、特点，使顾客对产品的功能、操作一目了然。

(2) 摹状手势。摹状手势主要是用模拟的方式，给对方一种形象、可爱的印象。摹状手势具有具体性和象征性。具体性的手势要比划事物的大小、形状、方向。象征性的手势是根据说话内容，做出相应的动作，以启迪听众的思维，触发对方心理上的联想。例如，表示“我们要节约每一个铜板”时，用拇指和食指围成一个圆圈，代表“铜板”。在介绍不在眼前的产品时，可以通过具体性的手势比划出产品的形状和大小来加深对方的感性认识。

(3) 抒情手势。抒情手势用来表达说话者喜、怒、哀、乐的强烈情感，使之形象化、典型化。我们常见在诗歌朗诵会上，朗诵者在朗诵结束时，为了具体表现丰富的感情，加强对听众的感染力，会做出两臂前伸，然后慢慢举过头顶的抒情手势，达到语言所不能达到的效果。

事实上，手势并没有固定的模式。个人的习惯不同，讲话的具体情况不同，沟通双方的情绪不同，手势动作也就不同。采用何种手势，都要因人、因物、因情、因事而异。总的来说，不同的手势有不同的含义。

(1) 手指。当我们把拇指和食指做成一个圆形时，它的意思是“好”；而拇指与食指、

中指相擒，则是一种“谈钱”的手势；当我们分开食指和中指做成V字形、并将手掌朝向他人时，它则意味着“胜利”(这个手势原来是被英国前首相温斯顿·丘吉尔先生所用的，但它很快传遍了全球)；把食指垂直放在嘴边意味着“嘘”(别出声)；食指伸出，其余手指紧握，呈指点状，这种手势表示教训、镇压，带有很大威胁性；双手相握或不断玩弄手指，会使对方感到你缺乏信心或拘谨；十指尖相触，撑起呈塔尖式，表示自信或耐心，若再伴之以身体后仰，则显得高傲；十指交叉表示控制沮丧心情的外露，有时这种手势表示敌对和紧张情绪；双手合十表示诚意；以手撩发表示对某事感到棘手，或以此掩饰内心的不安；握拳表示愤怒或激动。

(2) 大拇指。大拇指朝上，表示对他人的赞赏；若在谈话中将大拇指指向他人，立即成为嘲弄和藐视的信号；双手插在上衣或裤子口袋里，伸出两根大拇指，是显示“高傲”态度的手势；将双臂交叉胸前，两根大拇指翘向上方，这是另一种大拇指显示，既显示防卫和敌对情绪(双臂交叉)，又显示十足的优越感(双拇指上翘)，这种人极难接近。

(3) 手掌。判别一个人是否诚实的有效途径之一就是观察他讲话时手掌的活动。人们一般认为，敞开手掌象征着坦率、真挚和诚恳。小孩子撒谎时，手掌藏在背后；成人撒谎，往往将双手插在兜内，或是双臂交叉，不露手掌。常见的掌语有两种：掌心向上和掌心向下。前者表示诚实、谦逊和屈从，不带任何威胁性；后者则是压制、指示的表示，带有强制性，容易使人们产生抵触情绪。比如，当会议进行得很激烈时，有人为了使大家情绪稳定下来，做出两手掌心向下按的动作，意思是说“镇静下来，不要为这一点小事争执了”。

(4) 搓手。冬天搓手掌，是防冷御寒。平时搓手掌，反映成语“摩拳擦掌”所形容的跃跃欲试的心态，是人们表示对某一事情结局的一种急切期待的心情。运动员起跑前搓搓手掌，期待胜利；在商务谈判中这种手势表示有所期待。

(5) 背手。手握手的背手，代表一种至高无上、自信甚至狂妄的态度。在一个人极度紧张、不安时，常常背手，以缓和这种紧张情绪。学生背书时，双手往后一背，的确能缓和紧张情绪。如果伴以俯视、踱步，则表示沉思。若是一手的腕、肘、臂的背手，则成为一种表示沮丧不安并竭力自行控制的动作语言，暗示了当事者心绪不宁的被动状态，而且握的部位越高，沮丧的程度也越高。

(6) 双手搂头。将双手交叉，十指合拢，搂在脑后，这是那种有权威、有优越感或对某事抱有信心的人经常使用的一种典型的高傲动作。这也是一种暗示所有权的手势，表明当事者对某地某物的所有权。若是单手或双手抱头并俯视，则表示沉思、沮丧或懊恼。若是双手(或单手)支撑着脑袋，或是双手握拳支撑在太阳穴部位，双眼凝视，这是惯有的一种有助于思考的手势。

(7) 手臂。双臂交叉于胸前，这种姿态暗示一种戒备、敌意和防御的态度；双臂展开表示热情和友好；双手插裤兜表示冷淡或孤傲自居；招手表示友好。

(8) 腕部。男性挽袖亮出腕部，是一种力量的夸张，显示积极的态度。“耍手腕”、“铁腕人物”等词语印证了腕部的力量。女性的腕部肌肤光滑，女性露腕亮掌，具有吸引异性的意图。

2．头部动作

头部动作也是运用较多的身体语言，而且头部动作所表示的含义也十分细腻，需根据头部动作的程度，结合具体的条件来对头部动作信息进行判断。

(1) 点头。点头这一动作可以表示多种含义，有表示赞成、肯定的意思，有表示理解的意思，有表示承认的意思，还有表示事先约定好的特定暗号等。在某些场合，点头还表示礼貌、问候，是一种优雅的社交动作语言。

(2) 摇头。摇头一般表示拒绝、否定的意思。在一些特定背景条件下，轻微的摇头还有沉思的含义和不可以、不行的暗示。

(3) 歪头。在倾听的时候，歪头表示认真；在听到悲伤的消息时，看着对方，歪着头表示同情别人的遭遇。

3．肩的动作

耸肩膀这一动作外国人使用较普遍。由于受到惊吓，一个人会紧张得耸肩膀，这是一种生理上的动作。另外，耸肩膀还有“随你便”、“无可奈何”、“放弃”、“不理解”等含义。

4．脚

脚的动作虽然不易观察，但却可以更直观地揭示对方的心理。挑衅时双腿挺直；厌烦或忧郁时双腿无力；兴奋时手舞足蹈；抖脚表明轻松、愉快；跺脚表明兴奋，但在愤怒时也会跺脚；脚步轻快表明心情舒畅；脚步沉重说明疲乏，心中有压力等；双脚呈僵硬的姿势表示紧张、焦虑；脚和脚尖点地表示轻松或无拘束。

双腿交叉时，一般情况下是为了舒服。有些情况则不同。例如在谈情说爱的场合，若女的坐在一旁，双臂交叉，双腿相搭，就证明她内心不愉快；还有一些人常用一只手或双手掰住一条腿，形成一种“4”字型的腿夹，这暗示当事人顽固不化的态度；又如一些女性，喜欢将一只脚别在另一只腿的部位，这是一种加固防御性的体态，表示她害羞、忸怩或胆怯。

同一身体动作会向有着不同文化背景的人传递不同的信息。例如，对世界上很多国家来说，把拇指和食指做成圆形意味着“好”；但对巴西人来说，这种手势表示肛门；希腊人则认为这是一种性信号；日本人则把它看做日元的标志。在阿拉伯文化中，左手是脏的(用于洗下身)，因此任何人如果用左手与他人握手将被视为对他人的一种侮辱。又比如，在世界上大多数国家中，人们点头表示赞同，而摇头则传递拒绝或不赞成的信息。然而，在像斯里兰卡、尼泊尔、印度等一些国家中，情况刚好相反。由于这一缘故，对特定文化背景下的一些动作的正确理解是十分必要的，否则误解会因此而生，其后果有时会非常严重。

3.3.2 身体接触

身体接触是指通过沟通双方身体器官互相接触或抚摸某一物体而传递信息的一类身体语言。身体接触更具有影响力和感染效果，是身体语言中更直接表示信息的重要形式。

1) 身体与身体接触

握手是一种最典型的身体接触。握手的力量、姿势和时间长短均能传递不同的信息。

(1) 支配性与谦恭性握手。用这种方式握手时，手心向下，传递给对方支配性的态度。地位显赫的人，习惯于这种握手方式；掌心向上与人握手，传递一种顺从性的态度，愿意接受对方支配，谦虚恭敬。若两个人都想处于支配地位，握手则是一场象征性的竞争，其

结果，双方的手掌都处于垂直状态。同事之间、朋友之间、社会地位相等的人之间往往会出现这种形式的握手。

(2) 直臂式握手。用这种方式握手时，猛地伸出一条僵硬挺直的胳臂，掌心向下。事实证明，这种形式的握手是最粗鲁、最放肆、最令人讨厌的握手形式之一。所以在日常生活中，应避免这种握手的方式。当然，在特定的场合也许能达到意想不到的效果，比如，老朋友见面。

(3) “死鱼”式握手。用这种方式握手时，我们常常接到一只软弱无力的手，对方几乎将他的手掌全部交给你，任你摆握，像一条死鱼，这种握手，使人感到无情无意，受到冷落，结果十分消极，还不如不握。

(4) 两手扣手式握手。用这种方式右手握住对方的右手，再用左手握住对方的手背，双手夹握，西方称之为“政治家的握手”，接受者会感到对方热情真挚，诚实可靠，但初次见面者慎用，以免起到相反效果。

(5) 攥指。用拇指和食指紧紧攥住对方的四指关节处，像老虎钳一样夹住对方的手。不言而喻，这种握手方式必然让人厌恶。

(6) 捏指尖式握手。这种方式女性常用。不是亲切地握住对方整个手掌，而是轻轻地捏住对方的几个指尖，给人十分冷淡的感觉，其用意大约是要保持与对方的距离间隔。

(7) 拽臂式握手。这种方式将对方的手拉过来与自己相握，因此常被称为“拽臂式”握手。胆怯的人多用此方式，但同样给人不舒服的感觉。

(8) 双握式握手。用这种方式握手的人是想向对方传递真挚友好的情感：右手与对方握手，左手伸出加握对方的腕、肘、上臂、肩等部位。从腕开始，部位越往上，越显得诚挚友好，肩部最为强烈。

身体之间接触的其他形式还有拍肩膀、拍胸脯等。领导对下属拍肩膀表示关心、鼓励和信任，是关系融洽的一种体现。熟人、老朋友见面拍拍胸脯则表示一种亲切、热情和关心。另外在承诺某一件事时拍胸脯，则表示自信、有把握。

2) 身体与物体间的接触

身体与物体间的接触，即在摆弄、佩戴、选用某种物体时传递某种信息，实际上也是通过人的姿势传递信息。下列是常见的一些行为：

(1) 手中玩笔，表示漫不经心，对所谈的问题无兴趣或显示出不在乎的态度。

(2) 摘下眼镜，轻轻揉眼或擦眼镜，反映出对方精神疲劳，或对争论不休的问题感到厌倦，或是喘口气准备再战。如果是摘下眼镜，又很快或有意强调地把眼镜抛在桌子上，表示他难以抑止不满情绪。

(3) 慢慢打开记录本，表示关注对方讲话，快速打开记录本说明发现了重要问题。

(4) 如果轻轻拿起桌子上的帽子，表示要结束这轮谈判或暗示要告辞。

(5) 不停地吸烟，表明在某个问题上伤脑筋；深吸一口烟之后，可能是准备反击。将烟向上吐，则表示自信、傲慢；向下吐，则表示情绪低沉、犹豫、沮丧等。

交替重复放松和认真的两种态度，比如一会儿放松地背靠座椅，一会儿表情严肃地探出身去，会让人无从理解你的身体语言，从而难以寻找攻击你的焦点。老练的政治家或外交家因某一棘手问题遭到公众、记者围攻时，常利用这一技巧。

3.3.3 身体姿势

一个人的身体姿势能够表达出是否有信心，是否精力充沛。通常人们想象中精力充沛的姿态是：收腹、肩膀平而挺直、胸肌发达、下巴上提、面带微笑、眼睛里充满着必胜的信心。

走路的姿势最能体现是否有信心。走路时，身体应当保持正直，不要过分摇摆，也不要左顾右盼，两眼平视前方，两腿有节奏地交替向前，步履轻捷不要拖拉，两臂在身体两侧自然摆动。正确的走路姿势要做到轻、灵、巧。男士要稳定、矫健；女士要轻盈、优雅。如果你的工作要求你经常出入别人的办公室，你要养成随手带些材料或者夹个文件夹的习惯，这不仅不让你的手空着，而且你所表现出来的讲求效率的形象，会得到同事和领导的赞许。

站立的姿态体现了个人的道德修养、文化水平以及与他人交往是否有诚意。站立时，身躯要正直，头、颈、腿与地面垂直；眼平视前方，挺胸收腹，整个姿态显得庄重平稳，切忌东倒西歪，耸肩驼背。站立交谈时，双手随说话内容做一些手势，但不要动作过大，以免显得粗鲁。在正式场合，站立时不要将空手插入裤袋里或交叉在胸前，更要避免一些下意识的小动作，如摆弄手中的笔、打火机，玩弄衣带、发辫等，这样不仅显得拘谨，给人一种缺乏自信、缺乏经验的感觉，而且也有失仪表的庄重。良好的站姿应该给人以挺、直、高的感觉，像松树一样舒展、挺拔、俊秀。

在坐姿方面，要做到尽可能舒服地坐着，但不能降低自己的身份，影响正常的交流。如果笔直地坐在一张直靠背椅上，你的坐姿会显得僵硬。最好的方式是将身体的某一部位靠在靠背上，使身体稍微有些倾斜。当你听对面或旁边的人谈话时，你可以摆出一种轻松的而不是紧张的坐姿。你在听别人讲话时，可以通过微笑、点头或者轻轻移动位置，以便清楚地注意到对方言词的方式，来表明你的兴趣与欣赏。当轮到你说话时，你可以先通过手势来吸引对方的注意力，强调你谈话内容的重要性，然后，身体前倾，变化语调，配合适当的手势来强调你想强调的论点。面试时，应试者如果弓着背坐着，两臂僵硬地紧夹着上身，两腿和两脚紧靠在一起，就等于对面试者说“我很紧张”。同样，如果应试者懒散地将两脚撒开坐着，表明他过分自信或随便，也会令人不舒服。

一个优秀管理者所表现出的有信心的身体语言标准是：讲话时姿态要端正，稳重而又自然，让人看着顺眼、舒服；避免紧张、慌乱，要给人以认真而又轻松的感觉。站着讲话时，身体要站正站直，但又不要僵硬，要略向前倾；头抬起，目光平视；坐着讲话时，两腿自然平放，必要时才跷二郎腿，切不可抖腿摆脚，以免给人不稳重的感觉。在大会讲话时，不能只顾自己，不能高傲、目中无人，更不能怕见听众，讲话声音低，语调平直，显得拘谨、胆小。另外，在公众场所，无所顾忌地打哈欠、伸懒腰等不文明行为会大大影响管理者的形象，阻碍正常的交流和沟通。

下面是一些具体的身体姿态所表达的含义：

(1) 一般性的交叉跷腿的坐姿(俗称“二郎腿”)，常伴以消极的手势，表示紧张、缄默和防御态度。

(2) 高跷腿坐姿，这是在上述姿态的基础上，将上压腿上移，使小腿下半截放在另一条腿上的上膝部，它暗示一种争辩、竞争的态度，如果再用双手扳住上压的这条腿，则表示这个人固执己见。

(3) 谈话时，如果对方将头侧向一边，尤其是倾向讲话人的一边，或者身体前倾面向讲话者，眼睛盯住对方，则说明他对所讲的事很感兴趣。如果对方把头垂下，则是一种消极信号，表示他对所讲的事没有兴趣。

(4) 两腿分开，相距肩宽，双手背后，挺胸，抬头，目光平视对方，面带微笑，则说明对交谈内容有兴趣、有信心。

(5) 双腿合拢，上身微前俯，头微低，目视对方，则表示谦恭有礼，愿意听取对方的意见。

(6) 形态端正，彬彬有礼，宾主分明，则反映出有修养、性格稳重和充满信心。

3.3.4　空间距离

空间在这里是指两位沟通者之间的空间距离。通过控制双方的空间距离进行沟通，称为空间沟通。而空间距离又包括位置、距离和朝向三个方面。

1. 位置

位置在沟通中所传递出的最主要的信息就是身份。你去拜访一位客户，在他的办公室会谈，他让你坐在他的办公桌的前面，表示他是主人，他拥有控制权，你是客人，你要照他的安排去做。在开会时，积极坐在最显眼位置的人，表明他希望向其他人(包括领导)显示自己的存在和重要性。宴请的位置也很讲究主宾之分，东道主坐在正中，面对上菜方向，他的右侧的第一个位置给最重要的客人，他的左侧的第一个位置留给第二重要的客人，其他客人、陪同人员以东道主为中心，按职务、辈份依次落座。由此可见，位置对于沟通双方的心理影响是非常明显的。

2. 距离

爱德华·霍尔是《无声的语言》和《隐蔽的一面》这两本有关非语言沟通的经典著作的作者，为空间和距离的研究创造了“空间关系学”这个术语。通过观察和访谈，霍尔发现，北美人在与他人沟通时利用四个层次的距离：亲密距离、人际距离、社会距离和公共距离。

1) 亲密距离

在亲密距离范围内，人们相距不超过 45 cm，可以有意识地频繁地互相接触。适用对象为父母、夫妻或亲密朋友等。母亲和婴儿在一起时，她或者抱着他、抚摸他、亲吻他，或者把他放在腿上。亲密距离存在于我们感到可以随时触摸对方或交流重要信息的任何时候。

当无权进入亲密距离的人进入这个范围时，人们会感到不安。如果在拥挤的公共汽车、地铁或电梯上，人们挤在一起，处在亲密距离内，人们通过忽视对方的存在或不与对方进行目光接触来应付这种情况。用这种方式，人们即使不能在身体上也要能在心理上保护自己的亲密距离。

2) 人际距离

在人际距离范围内，人们相互距离在 45 cm～120 cm，这是人们在进行非正式的个人交谈时最经常保持的距离。这个距离允许人们与朋友或熟人随意谈话。如果把距离移到 120 cm 之外，就有交谈会被外人无意听到的感觉，进行交谈将会很困难。

3) 社会距离

当对别人不很熟悉时，最有可能保持一种社会距离，即 120 cm～360 cm 的距离。它适用于面试、社交性聚会和访谈等非个人事件，而不适用于分享个人的东西。

当人们利用社会距离时，相互影响会变得更为正规。你曾经注意过重要人物的办公桌的大小吗？它大到足以使来访者保持恰当的社会距离。在一个有许多工作人员的大办公室里，办公桌是按社会距离分开摆放的，这种距离使每个人都有可能把精力集中在自己的工作上，以及可以在使用电话时不干扰同事。有时，人们前移或后移，从社会距离移动到人际距离。例如，两个同事的办公桌可能相距 300 cm，当他们要私下讨论某件事时，他们就移动到人际距离之内。

4) 公共距离

公共距离，即一种超过 360 cm 的距离，通常被用在公共演讲中。在这种情况下，人们说话声音更大，手势更夸张。这种距离上的沟通更正式，同时人们相互影响的机会极少。

研究不同距离的意义在于：距离的不同表达了不同的意思。例如，如果你将“人际距离”改为“亲密距离”，你很可能使对方感到不自在甚至误解，因为你没有传递任何距离变化的信息。但如果你将“亲密距离”改为“人际距离”，对方会立刻感到你在疏远(或是拒绝)他或她，而你可能从未这样想过。你选择何种距离以及你在此之后所做的任何变化都会传递某种信息。

3．朝向

朝向即交际主体调整自己相对于对方的角度。朝向可以分为四类：

(1) 面对面。面对面即交际双方面部、肩膀相对，这种朝向通常表示一种不愿让正在进行的交际活动被打断的愿望，同时也显示了双方要么亲密、要么严肃甚至敌对的关系。人们在讨论问题、协商、会谈、谈生意或争吵时往往都不自觉地选择这种朝向。

(2) 背对背。与面对面相反，背对背所表示的否定的含义是不言而喻的。

(3) 肩并肩。肩并肩即两个肩部成一直线，朝向一致。较亲密的人在随意的场合下喜欢采取这种方式。

(4) V 形。V 形即两人的朝向有一定的角度。

肩并肩和 V 形朝向，一方面既可以表示双方维持交际的兴趣，另一方面又显示出这种兴趣比面对面的朝向略为减弱。

4．影响空间距离的因素

人们在谈话时应保持什么样的距离、办公室应该多大以及该如何装修、会议室应安放什么样的会议桌——圆形的、椭圆形的或是其他形状的等，所有这些及其他方面均与空间有关，而空间的构成则完全根据个人的地位及彼此间的关系不同来决定。管理者必须知道，在不同场合中什么样的空间行为是合适的，什么样的空间行为是不合适的，因为这些行为举止在形象管理中是十分重要的。

1) 地位的影响

空间的利用通常表现出地位上的差异，只要看一看办公室的大小就能发现。譬如在美国以及一些亚洲国家，办公室越大，显示出主人在企业中所处的地位越高。一些办公室经常安放着大(甚至是非常大的)办公桌。这些大办公桌不仅使办公室看上去更气派，更重要

的是，它们形成了“缓冲带”——与来访者保持距离。从某种意义上讲，这些大办公桌是一个“减访桌”——减少来访者与主人间的沟通。一般员工则是共用办公室。

当两人之间的地位差距拉大时，他们之间的沟通距离也会随之增加。虚的地位差距和实的空间距离往往给员工们在心理上留下印痕，保持与领导的距离。这就是为什么很多员工尽量不和其管理者接触的原因所在。

现在许多企业已经意识到距离因素扩大了地位所产生的影响，并尽力去缩小它。管理层开始主动解决这个问题，努力缩小与员工的心理距离。例如，当一位员工来到其管理者办公室时，这位管理者可以直接从其办公桌后面走过来，并且和那位下属坐在同一个沙发上。管理者也可以直接到一线工人那里，和他们一起讨论某一问题的解决办法。有时候，还可以和其员工共进午餐，或是参加其生日聚会。实践证明，这样的行动不仅有效地改善了管理层和下属的关系，而且还有益于增进员工们的自豪感和士气。这就是为什么越来越多的企业正朝着这一方向努力的原因所在。

2) 个性的因素

与性格内向的人相比，性格外向的人在与他人接触时能保持较近的沟通距离；与缺乏自信心的人相比，自信心强的人在与别人接触时，沟通距离也较近。

3) 人与人之间的亲密程度

通常，人们总希望与自己熟悉的同伴或好朋友保持较近的距离，而尽量远离陌生人。因此，空间距离也成为亲密程度的一种标志。当与他人初次见面时，我们会保持社交甚至公共距离；只有在比较熟悉后，我们才被允许进入他们的私人空间。当然，即使是成为亲密朋友，如果在正式场合，也不能再保持亲密距离，而应该保持社交或私人距离。

3.4 服饰与仪态

俗话说：“人要衣装，佛要金装。”穿着打扮反映一个人的精神面貌、文化素养和审美水平，同时也反映出其地位、归属、遵循的规范等。由于它给他人和公众留下的是至关重要的第一印象，因此，穿着打扮与社会交往活动能否顺利进行，能否取得成功，有很大关系。

3.4.1 服装

在现代的沟通中，服装的作用已超越了最基本的遮羞避寒功能，更重要的是向别人传递属于个人风格的信息。

1．服装的种类

服装分成 4 类，即制服、职业装、休闲服和化装服，每一种的含义略有不同。

(1) 制服。制服是最专业化的服装形式，它表明穿着者属于一个特定的组织。在制服上存在着极小的选择自由，穿着者被告知什么时候穿(白天、夏天)及能不能佩戴装饰品(珠宝、奖章、发式)。如有的学校的学生就被要求上学穿校服。最常见的制服是军装，通过展示军衔标志，军装告诉人们穿着者在军队等级制度中处于什么位置以及在这个组织中与他

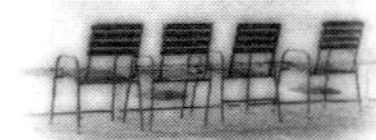

人处于什么样的关系。制服也暗示着它的穿着者要遵循特定的规范。

(2) 职业装。职业装是要求雇员穿着的服装，但它不像制服那样刻板。职业装表明一种特定的工作行为，它的设计是要表现雇主期望的一种特定形象。比如很多公司、金融机构等都为员工制作了职业装。不像制服的穿着者，穿职业装的雇员有一些选择空间。飞机乘务员被要求穿专门的服装，但他们可以按自己的爱好进行搭配。护士可能被要求穿白色的服装，但她们能选择所喜欢的样式。商业从业人员甚至有更多的选择，一个公司可能要求其雇员穿西装，但雇员既可以选择颜色又可以选择式样。

(3) 休闲服。在工作结束后的私人时间内，大多数人都会选择穿休闲服。因为这种服装的选择权在个人，所以一些人通过穿它来表明自己的个性，如乞丐装、紧身服等。当然，一些人为了赶潮流而不认为休闲服是一种自由的选择。许多青少年因为他们的群体认定某个牌子的衣服，并且每个人都穿它，或者他们的偶像是某个牌子的代言人，于是他们就穿这个牌子的衣服。大众传媒对休闲服的选择产生了巨大的影响，以至于很难把传媒的影响从个人爱好中分开。

(4) 化装服。化装服是一种高度个性化的衣着方式。模仿牛仔的靴子、大手帕和帽子这种穿着方式就是化装服的一个例子。穿上一种夸张的化装服，就等于宣布："这是我所要成为的人。"化装服可能更具有象征意义。例如，牛仔化装服宣布一种强壮男子的个性。很少有人对在日常生活中穿化装服感兴趣，化装服不仅要求考虑它所传递的形象，而且也与许多规范背道而驰。当一个学生为参加一家超级市场的工作面试而改换自己的鞋时，他精明地注意到"最好不穿牛仔靴，看上去它太令人不舒服了。"

2. 着装要求

1) 符合年龄、职业和身份

不管是青年人还是老年人，都有权利打扮自己，但要注意不同年龄的人有不同的穿着要求。除了在正式工作或宴会、各种仪式等特定场合对服装有特殊要求外，年轻人应穿得随意、鲜艳、活泼一些，这样可以充分体现出青年人朝气蓬勃的青春之美。而中老年人则要注意庄重、雅致，体现出成熟和稳重，透出年轻人所没有的成熟美。

管理者的着装更要表现自己的身份，并且希望自己的外表能给别人留下美好的印象。服装的穿着能表明管理者大概是什么样性格特点的人。在社交场合中，人们对新来者的第一印象就是看他穿着如何，并根据这一印象对新来者做出某种初步的判断。

服装表明身份，不仅限于生活服装上，职业服装更能显示一个人的工作性质以及从属关系。以某一饭店中的管理人员、各种性质的服务员的着装为例。饭店员工的制服首先有一个整体特色，以区别于其他饭店。在饭店内部，又以不同的式样、标志或颜色显示出各自不同的身份、职责范围。当顾客来到某一饭店，一定希望接待自己的是一位穿着美观、整洁，态度和蔼的服务员，而不是衣着不整、无精打采的服务员。职业服装明确表明了人们的身份，促使每一个人自觉维护集体的荣誉，热爱本职工作，增强责任心，同时树立起良好的企业形象，使人们产生信任感。

2) 符合个人的脸型、肤色和身材

人的个子有高有矮，体形有胖有瘦，肤色有深有浅，穿着应考虑到这些差异，扬长避

短。一般来说，个子较高的人，上衣应适当加长，配以低圆领或宽大而蓬松的袖子、宽大的裙子、衬衣，这样能给人以“矮”的感觉，衣服颜色最好选择深色、单色或柔和的颜色；个子较矮的人，不宜穿大花图案或宽格条纹的服装，最好选择浅色的套装，上衣应稍短一些，使腿比上身突出，服装款式以简单直线为宜，上下颜色应保持一致；体型较胖的人应选择小花纹、直条纹的衣料，最好是冷色调，以达到“瘦”的效果。在款式上，胖人要力求简洁，中腰略收，不宜采用关门领，以“V”型领为最佳；体型较瘦的人应选择色彩鲜明、大花图案以及方格、横格的衣料，给人以宽阔、健壮的视觉效果。在款式上瘦人应当选择尺寸宽大、有分割花纹、有变化的、较复杂的、质地不太软的衣服，切忌穿紧身衣裤，也不要穿深色的衣服。另外，肤色较深的人穿浅色服装，会获得健美的色彩效果；肤色较白的人穿深色服装，更能显出皮肤的细洁柔嫩。每个管理者在决定自己的服饰穿戴上，要根据自己的具体情况而定，不必墨守成规，何况还有当时流行的时尚的影响。

3) 符合时代、时令、场合

在考虑时代、时令方面，应努力使服装穿着体现时代的新风貌。随着对外交往的频繁，西装正成为男士在交际中穿着最多的服装，女士则根据不同的场合选择职业套装、各种各样的裙子等。如果穿戴过时的服饰，会给人以僵化、守旧的印象，但一味追求时髦、奇装异服，也会显得轻浮、不实在。

在正式宴请、庆典仪式、会见外宾、听音乐会等正式场合，对着装有严格的要求。西装要穿着合体、优雅、符合规范。打领带时，衣领扣子要系好，领带要推到领扣上面，下端不要超过腰带。如果穿毛衣或背心，领带应放在毛衣里面，如果夹领带夹，应在衬衣第二个扣子和第三个扣子之间。一般说来，西装上的扣子应全部扣好。要注意：“扣子只系上面是正规，都不系是潇洒，两个都系是土气，只系下面是流气。”如果是三粒扣子，只扣中间一粒或都不扣。西装左侧翻领上有个扣眼，人称“美人眼”。通常在这个扣眼上插上一朵花，或别上别针、徽章等。

西装左胸口袋是装饰袋，常用手帕折成各种样式插于胸袋，常用的有一山型、二山型和三山型。手帕多用麻纱、丝等质地。

衬衣应放在裤子里，领子、袖口露在西服外一厘米，衬衣袖子不应卷起来。穿西服时，手只能插在裤兜里，不能插在西装上衣口袋里。

女士服装讲究美观大方，可以穿旗袍、裙子或西服，不能穿靴子，也不能穿紧身裤。

参加婚礼等喜庆场合时，可打扮得漂亮些，但不可与新郎、新娘争风头。到朋友家做客，参加联谊会等，可穿着美观大方，适当装饰打扮。

参加葬礼、吊唁活动，男士可着黑色或深色西装，女士穿深色服装，内穿白色或暗色衬衣，不用花手帕，不抹口红，不戴装饰品。

4) 服装颜色的含义

我们生活在一个色彩缤纷的世界里，人们对各种色彩有不同的感觉。根据这些感受，色彩被分为不同的色调，如冷色调、暖色调等。不同的色调不但给人的感觉不同，而且有些色调、色彩还包含某些象征意义。

(1) 黑色。黑色意味着权力，是一种强有力的颜色。这种颜色直接在着装者与别人之

间造成一种感情上的距离。作为管理者，在一些庄重而且正式的场合，如召开员工大会、董事会、经济谈判、合同签字仪式、会见重要的来访者等，穿黑色西装就符合这些场合对服装的要求。出席一些重要的宴会，需要做一些商务交际和公关活动，体现公司的形象和实力，也需要以黑色或深色服装作为正式礼服。另外，在一些悲伤场合，如参加吊唁活动等，最好穿黑色服装，内衬白色或暗色衬衣。

(2) 灰色。灰色意味着冷漠，是一种冷色。如果你身着灰色服装，要想把自己友善的微笑和同情传达给别人，将十分困难。灰色给一切笼罩上了一种冷冰冰的阴影，而这也有助于使各种事情平息下来。许多业务代理人员在办公中喜欢穿灰色，因为灰色能确切表明他的身份，能够顺利地开展业务。灰色服装的弱点是不能在较短时间内使你与对方的关系融洽起来。因此，如果你选择了灰色的服装，为了在这种冷漠中保持某种平衡，你可以在领带、衬衣的选择上，补充一点别的颜色。

(3) 棕色。棕色是一种友好而富有同情心的颜色，也意味着一定的权力与力量。作为企业的管理者，你必须对别人具有控制力，能产生镇定的影响。在参加会谈时，穿棕色西装是一个很好的选择，如果你穿黑色或深蓝色西服，可能会显得过于强有力，因而不适于你处的位置及所要解决的问题。

(4) 深蓝色。深蓝色既表明了力量和权力，又不像黑色和灰色令人感到隔阂和冷漠。有许多人在参加会议时选择深蓝色的西装。打个比方，假如你是一个部门经理，正被别人访问。如果你穿灰色服装，可能给人一种疏远冷淡的感觉，从而使别人认为你是一个不了解下属情况的人，黑色服装更不用说。而选择棕色也是不明智的，因为棕色意味着友善与同情，这将显得软弱，而缺乏支配下属的能力。值得提出的是，当你为重要的会议和会见选择服装的颜色时，不单要考虑颜色本身的含义，还要考虑你所面临的局势，两者同等重要。

(5) 浅黄色。浅黄色是一种淡而柔和的颜色，是一种软弱的表现。在业务活动中应避免穿此种颜色的服装，因为它会使你显得软弱无力，自然而然地把实力地位转让给对方。与浅黄色相类似的“软弱”颜色还有浅紫色、浅绿色等。即使你穿一套深蓝色的服装，你试图配上淡柔色的领带，以使色彩鲜亮些，那也是错误的。服装上任何淡柔色的点缀，格外突出醒目，从而消弱了你的态度，不利于你坚持自己的立场。

(6) 深绿色。深绿色(包括紫红色、赤黄色等)均为过于吸引人们注意力的颜色。这些颜色那么鲜艳夺目，以致于你如果穿上这些颜色的衣服，别人的注意力将完全放在颜色上面而忽视了你个人本身，他们对你的印象将会非常模糊。同样，你也可以很好地利用这些颜色，来避开人们的注意力。

选择适当颜色的服装，对于调整心理状态和改善会见气氛是非常重要的。如果你决定穿深蓝色的西装去参加一个重要会议，可以选择一条颜色稍浅点的领带和白衬衣，因为深蓝色的西装与高档的白衬衣相配，看起来最有力量。在西装袖口，还要露出衬衫袖口的金边，金边袖口将闪现出友好的火花。

5) 服装色彩的搭配

服装色彩搭配要求和谐、美观，否则，就会给人以不悦之感。

服装色彩搭配有两种有效的方法，即亲色调和法和对比色调和法。亲色调和法是一种常用的配色方法。这种方法要求将色调相近似、深浅浓淡不同的颜色组合在一起，如深绿

与浅绿搭配、浅红与深红搭配等。对比色调和法的特点是在服装色彩搭配上以其中一种颜色衬托另外一种或两种颜色，各种颜色不失各自的特色，相映生辉，例如三种颜色对比搭配红黄蓝、橙绿紫等。在着装颜色搭配上，切忌上下身都采用鲜明的颜色，这样会显得很刺眼，令人不舒服。

6) 注意事项

服饰的整洁是头等大事，着装要求清洁、整齐、挺直，显得容光焕发。衣服应熨平整、裤子熨出裤线；衣服袖口应干净；皮鞋要上油擦亮，鞋面上不能留有污垢。穿长袖衬衣要将前后摆塞进裤内，长裤不要卷起。假如有人赞美你的服饰，应大方地说一声："谢谢！"，但不要在对方刚赞美你的服饰后，就马上去赞美他的服饰。不要在正式场合询问对方衣物新旧、价格及购自何方，更不能动手去触摸对方的衣物，这样会使对方恼火。

参加各种活动，一旦进入室内，就应当脱去大衣、风衣和帽子，摘下围巾，但西装上衣、夹克是不能随便脱的。男士在任何时候在室内都不得戴帽子、手套。女士的纱手套、帽子、披肩、短外套等，作为服饰的一部分可在室内穿戴。在他人办公室或居室里，不要乱放自己的衣帽，当主人允许后，才可以按照要求放好。

3.4.2　饰品

饰品是一门艺术，不光适应了人的生理与心理需要，而且反映出一定的文化修养水平。饰品佩戴有三点要求：与服装相协调、与人相协调、与环境气氛相协调。

饰品在人的整体装束中至关重要。一件用得好的饰物可以起画龙点睛的作用，使你更加潇洒飘逸。领带和领结被称为西装的灵魂，应认真选择。在正式场合穿礼服时，可配以黑色或白色领结。蝴蝶结在运动场上或比较轻松的场合里大受欢迎，打上蝴蝶结参加社交活动给人的感觉就不严肃了。

男士的腰带分工作和休闲两大类。工作中应用黑色和棕色皮革制品为佳。而配休闲服装的腰带，只要漂亮就可以。腰带的颜色和式样不宜太醒目。女士系腰带应考虑同服装相配套，还要注意体型问题。如是杨柳细腰，系上一条宽腰带，会楚楚动人。如腰围太粗，可系一条环扣粗大的腰带，使腰带的环扣成为瞩目的焦点。

纽扣在服装上的作用是很大的。女士服装上的纽扣式样可以多种多样，而男士的纽扣则不应追求新潮。西装上衣为双排扣的，穿着时一定要把纽扣全系上。如果是单排扣的，还有 2 粒纽扣与 3 粒纽扣之分。前者应系上面那一粒纽扣，后者应系中间那一粒纽扣。

眼镜选配得好，可使人显得儒雅端庄。方脸人要选大圆框、粗线条的镜框，圆脸人宜选四方宽阔的镜框，而椭圆形脸更适合选框型宽阔的眼镜。在室内不要戴黑色等有色眼镜，如遇眼疾不得而为时，应向主人说明。

女性手提包应套在手上，不要拎在手里，手包大小应与体型相适应。男士在公务活动中的公文包应以黑色、棕色上等皮革的为好。女士用的钱夹可以随手携带，或放在提包里。男士的皮夹只能放在西装上衣内侧口袋里。

钢笔、手表、打火机被看做男士的三大配件，并当做身份的象征。男士应携带至少一支钢笔，可放在公文包里，也可放在西装上衣内侧的口袋里。手表的佩戴因人而异，但在正式的场合不要戴潜水表、太空表等。打火机可作装饰品，也可作礼品。

3.4.3 化妆

女性的化妆品，常见的有眼影、眉笔、假睫毛、胭脂、粉、唇膏、指甲油、香水等。

妆容跟衣服一样，是皮肤的延伸，不同之处是妆容比较与人接近，而效果亦较强烈。化妆的范围应集中在面部，目的是重整面部焦点的特征，例如单眼皮变双眼皮，细小的眼睛变大的眼睛、扁平的鼻子变高耸的鼻子、青白的面色变得红润……将化妆推至极端的，是整容术，尝试改变整个面部轮廓，换上另一副“面孔”。

化妆有悠久的历史，可追溯到原始民族。古埃及妇女在三千年前就已懂得装饰卷曲头发，并且在眼、脸擦油以防止被太阳炙伤；新几内亚的原始部落亦擅长化妆，把身体涂得红红绿绿，是流行的习惯。

化妆是一种身体语言。一位女士精心打扮，除了令自己更好看、更健美，还“告诉”你三件事：第一，她肯花时间在化妆上，而时间就是金钱，所以她的社会地位并不简单。第二，她的化妆品是昂贵的，这反映了她的财富。第三，她与其他同样精心化妆的人是同一属群，“她们”是特别的一群，与其他人不同。

3.4.4 仪态

在不同的场合，管理者要具有大方、得体的仪态，才能显示出自己的修养和交际的技巧。

1) 办公室

无论你是主人或访客，在公务交际中最重要的是随时保持优雅、警觉以及有条不紊的态度。在接待访客时，如果没有接待人员引导访客到你的办公室，你应该亲自出去迎接，问候来客，并且带他到你的办公室去；当接待人员将访客带到你的办公室时，你应马上站起来，从桌后快步走出，热情握手，寒暄问候，表达出你很高兴见到对方，并且视他为一个重要访客。当由于一些突如其来的紧急事件打乱了你的接待时间时，如果你必须让客人等待超过 10 分钟，则应抽出一两分钟，到办公室外面跟客人问候一声，表明你的歉意，安抚访客的情绪。约定的人到达时，你如果正在打电话，应该马上结束，并告诉通话的对方，等这里的事情处理完了，会回电话给他。这样可避免让访客久等。等客人在安排好的座位上落座后，你再坐下，请客人喝茶，然后进入谈话的正题。

当你较忙，工作安排得很紧凑，而来访的人逗留时间过久，或者另有一位重要客人来了，而你必须给予特别的接待时，你可以看着你的手表说：“我很抱歉，我下面还有另一个会议，几分钟前就开始了。”同时，给对方一点时间说最后一两句话，然后起身，热忱地与对方握手，并且说：“今天的会面非常有益！”或“谢谢你的光临，一旦有消息，我会通知你。”，或采取其他适当的应对方式。然后把访客送到门口，有礼貌地道别。

2) 商业拜访

在进行商业拜访时，你要按约定时间准时到达。否则你这次拜访的开始就不太愉快，进而影响整个拜访活动。在等待期间，不要向接待人员提任何要求，避免干扰对方正常工作。如果等待时间较长，可向接待人员询问还需要等多久，但不要不停地问，抱怨你等了这么久。要保持安静、有礼貌，当你离开接待室时，记得说声“谢谢”。如果你能叫出接待

人员的名字，那么你的道谢会令他印象深刻，也不要忘记向对方的老板提起他的良好接待。当你离开办公室时，无论这次会面是否完成你的任务，都应该谢谢对方的接见，并且在离开时与对方握手道别。

3) 谈判

谈判一般选在比较正规的场合，它是谈判双方风度的一场较量，因此必须注意仪表举止，给人一种良好的修养的印象。交谈时可自我介绍，也可由第三者介绍。自我介绍时要自然大方，不必过分拘泥礼节，一般应姓、名并提，讲清自己的单位、所担任的职务等。介绍他人时，社会地位较低的人总是被介绍给社会地位较高的人。介绍时，被介绍人应起立面带微笑，向大家点头示意。介绍完之后，双方要互致问候和握手，交换名片。

问人姓名时要注意礼貌用语，比如“请问尊姓大名”，“对不起，您怎么称呼”等，对男子一般称“先生”，对女子称“小姐”、“女士”等。

在谈判过程中，讲话语气要平和、友好，不生硬、不咄咄逼人、不强加于对方。在对方发言时，要仔细聆听，不能漫不经心、四下张望，流露出轻视对方的神情，可以用点头同意或简单的“嗯”、“对”、“我明白”等语言，鼓励对方继续讲下去，并以积极、友好的手势或微笑做出反应。若在谈判过程中出现分歧，双方应平静地坐下来，找出双方观点相左之处，态度诚恳、实事求是、不伤和气地阐明自己的观点，即使谈判未获成功，也不能嫉恨对方、挖苦对方，要保持彼此的友谊。

4) 宴请

管理者在餐桌上的仪态最能体现他的风度。在宴请时，如果你是客人，等主人示意你坐下时才能坐下。如果主人径自坐下而没有示意你坐在哪里，你就坐在最靠近他的座位。如果你是主人，则以缓和的手势，示意客人落座。在主人开始用餐后，你才可以开始用餐。这个规矩对于上每一道菜都适用。如果参加自助餐的餐会，最好等到有两三位就餐者入席后，再开始享用你的餐点。

用餐时把餐巾放在你的腿上，如果用餐途中你必须离开餐桌，则把它放在你的座椅上，千万不要放在桌上。唯有用餐完毕，大家都已站起来准备离去时，才把餐巾放在桌上。用餐的坐姿应该笔直有精神，一副懒洋洋、没精神的姿态，给人一种没活力、慵懒无力的印象，不利于良好的沟通。

除了在两道菜之间的空当或者用餐完毕后，最好不要把整个手肘搁在桌上，那是对他人不尊重的一种表示。此外，只有当最后一道甜点结束后，才可以把椅子向后推，稍稍远离餐桌，交叉双腿，以一种较舒适的方式坐着。在餐后闲聊时，这样的举动没有问题。但如果在用餐当中，这样的举动便显得极不协调，同时也可能对其他人造成干扰。

5) 舞会

舞会作为一种高雅的娱乐活动，是靠较为严格的礼仪来保持其高雅性的。舞会上的礼仪很多，无论是从衣着打扮，还是从行为举止来说，都必须遵从一定的礼仪规范。进入舞场要彬彬有礼，说话要轻声细语，不宜高声谈笑，走路脚步要轻，坐姿要端正，不要跷二郎腿或做抖腿等不雅动作。

邀舞时，一般是男方邀请女方。当舞曲奏起时，男方可慢步来到被邀请的舞伴前，做出邀请姿势，面带微笑，神情诚恳。邀请时要大方适中，过分了反而不雅。女方在接受邀

请时也要有一定的礼貌，如果已答应别人，应主动向对方表示歉意。

舞会中的对话是很重要的。一句得体的话会使人产生好感；反之，会使人产生反感。舞会中对话要彬彬有礼，举止大方，交谈要亲切自然，不可油腔滑调或信口开河，更不要说些不礼貌的语言。

当一曲舞完毕后，男方应热情大方地向女方表示感谢，送女方回到原来的座位，可进行适当的交谈，也可礼貌地告辞离开。

思考题

1．什么是体态语？它有什么重要作用？

2．在面试的过程中，你要怎么表示你已经做好了工作的准备，同时怎么让面试官对你有个好的第一印象？

3．在日常生活过程中，你见到过哪些体态语？请做相关评价。

技能训练

一次非语言的自我介绍

训练目的：本游戏可用以说明沟通有时完全可以通过肢体动作完成，而且同样行之有效。

形式：全体成员，2 人一组

时间：10 分钟

材料：不需要材料

场地：教室

操作程序：

将成员分成 2 人一组，老师来声明本次游戏的目的旨在向对方介绍自己，但是整个介绍期间不可以说话，必须全部用动作完成，大家可以通过图片、标识、手势、目光、表情等非语言的手段沟通，如果需要，老师可给予适当的暗示。

一方先通过非语言的方式介绍自己，2 分钟后双方互换，然后请大家口头沟通一下刚才通过肢体语言沟通时对对方的了解，与对方希望表达的内容进行对照。

相关讨论：

(1) 你用肢体语言介绍自己时，表达是否准确？

(2) 你读懂了多少对方用肢体语言表达的内容？

(3) 你的同伴给了你哪些很好的线索使你了解他？

(4) 我们在运用这种沟通方式时，存在哪些障碍？比如，缺乏经验、缺乏支持和辅助手段。我们怎么才能消除或减轻这些障碍？

第四章　会见沟通

☞ 案例导入

刘经理：小张，有时间吗？

小张：什么事情，头儿？

刘经理：想和你谈谈，关于你年终绩效的事情。

小张：现在？要多长时间？

刘经理：嗯……就一小会儿，我9点还有个重要的会议。哎，你也知道，年终大家都很忙我也不想浪费你的时间。可是HR部门总给我们添麻烦。

小张：……

刘经理：那我们就开始吧。

(于是小张就在刘经理放满文件的办公桌的对面，不知所措地坐了下来。)

刘经理：小张，今年你的业绩总的来说还过得去，但和其他同事比起来还差了许多，但你是我的老部下了，我还是很了解你的，所以我给你的综合评价是3分，怎么样？

小张：头儿，今年的很多事情你都知道的，我认为我自己还是做得不错的呀，年初安排到我手里的任务我都完成了呀，另外我还帮助其他的同事做了很多的工作……

刘经理：年初是年初，你也知道公司现在的发展速度，在半年前部门就接到新的市场任务，我也对大家做了宣布的，结果到了年底，我们的新任务还差一大截没完成，我的压力也很大啊！

小张：可是你也并没有因此调整我们的目标啊？！

秘书直接走进来说："刘经理，大家都在会议室里等你呢！"

刘经理：好了好了，小张，写目标计划什么的都是HR部门要求的，他们哪里懂公司的业务！现在我们都是计划赶不上变化，他们只是要求你的表格填得完整好看，而且，他们还对每个部门分派了指标。大家都不容易，你的工资也不错，你看小王，他的基本工资比你低，工作却比你做得好，所以我想你心理应该平衡了吧。明年你要是做得好，我相信我会让你满意的。好了，我现在很忙，下次我们再聊。

小张：可是头儿，去年年底评估的时候……

刘经理没有理会小张，匆匆和秘书离开了自己的办公室。

点评：

绩效面谈是通过面谈的方式，由主管为员工为明确本期考核结果，帮助员工总结经验，

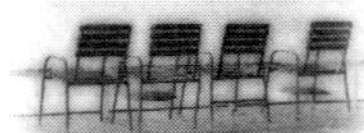

找出不足，与员工共同确定下期绩效目标的过程。通过绩效面谈，可以实现上级主管和下属之间对于工作情况的沟通和确认。发现工作中的优势及不足，并制定相应的改进方案，并减少沟通障碍。绩效面谈是绩效管理的重要环节。

案例中的绩效面谈，是一个典型的失败案例，显然这样的一个绩效面谈是起不到任何积极作用的，不仅流于形式，而且使得员工逐渐厌恶绩效面谈，造成沟通障碍。但是在实际管理工作中，刘经理在绩效面谈中所犯的错误，是很多部门经理的通病。那么，在绩效面谈的实施过程中，应该注意哪些问题呢?

针对上述案例，进行如下小结：

(1) 绩效面谈之前双方一定要做好准备工作，在约定好的时间点进行会谈，会谈持续时间和会谈的内容都需要明确。不能像刘经理这样，让员工小张对绩效面谈完全没有准备，并且也无法保证面谈时间。

(2) 保证沟通之前和谐互信的良好氛围。绩效面谈需要双方卸下防备，就工作中的表现进行较深入的沟通与分析，如果在沟通之前就已经使得沟通氛围过于严肃或者拘谨，很难通过会谈使“不知所措”的员工讲出自己工作中的问题和困惑。

(3) 避免忽视员工对自身绩效情况的总结和评述，先入为主的直接抛出自己的结论。绩效面谈本身就是一个互动的过程，需要上下级之间畅快沟通，尤其是面谈对象应该作为主要沟通人，提出自己工作过程中的问题所在，如何解决及安排等。

(4) 要有充分的数据作为基础。领导判断员工绩效好坏是否有可信的数据基础，还是像案例中讲到的经理只是通过“我对你的了解”来对员工进行打分和评价? 如果没有相关资料的数据积累，一方面很难让员工心服口服；另一方面更无法达到绩效面谈的真正目的——找出绩效不佳的缘由。

(5) 不能将绩效面谈的评估结果跟工资混为一谈。要让员工知道绩效面谈的主要目的是讨论如何更好地改善绩效，找出工作中存在的问题和解决方法，提出下一步的安排，希望获得的支持等。而不是像刘经理一样，随便跟他人的表现和工资直接作比较。这样很容易让员工摆错定位，产生由于害怕工资减少而故意隐瞒问题的现象。

(6) 面谈要以达成共识的改进计划结束。应该让员工感受到通过面谈自己梳理清了自己的问题所在，获得了有用的指导与建议，并且对自己下一步应该如何开展工作有了认识。这样才能使绩效面谈真正起到提高绩效的作用，让员工真正觉得对自己有帮助，愿意参与进来，而不是匆匆离去，草草收场。

基本知识

4.1 会见的程序

会见是两个或两个以上个体之间的碰面，本质上说它是社会性的，而且有一定的目的。会见中个体间的互动是复杂的，同时也反映了参加会见的个体在其中的角色。通常会见的过程包括准备阶段、实施阶段与总结阶段。

案例

该面谈发生在公司服务部门主管郭靖(以下简称郭)和部门职员袁晓悟(以下简称袁)之间。

郭：袁，我一直想找时间与你谈谈关于你在某些工作方面的事。也许我的话并不都是你喜欢听的。

袁：你是我头儿，既然你找我谈谈，我也没得选择，请说吧。

郭：我不是什么法官，也不可能给你什么判决，我只想要你认真对待这次谈话。

袁：可是……，是你安排了这次会谈。对了，上次我们吃午餐时你告诉我你不喜欢我那身打扮，我觉得那有些无聊。

郭：我正想和你说说仪表。我想你给客户造成了一个不太规范的印象。一个技术服务人员看上去应当是精明的。而你给人的印象好像是你买不起好衣服，你的裤子是松的，你的领带也不合时宜，经常看起来油腻腻的。

袁：公司可以向顾客要很高的价，但我的报酬不允许我买好衣服，而且我对用仪表来吸引顾客没有兴趣，也从来没有听说过来自他们的抱怨。

郭：无论如何，你的仪表应当更加稳重一点。好，让我们再谈谈另一件事。我发现你连续三周的星期三请一个客户吃晚饭，但你填写的出车单表明你每周都是在下午三点回家。对于这三次离奇的晚餐费用报销你怎么解释?

袁：出车单可以说是下午三点，但我出去后可以去约见客户，既然约见客户就不妨请他们吃饭，公司不是有规定如果工作需要可以在500元范围内自己做主请客户吃饭吗?

郭：但是你怎样解释下午三点在饭店吃的是晚饭呢?

袁：我认为所有在下午一点以后吃的饭都是晚饭。

根据上述描述，请你对郭靖和袁晓悟之间的面谈做出评判：

1. 该面谈是成功的面谈，还是失败的面谈，为什么?
2. 如果你安排这次面谈，将如何进行，应做什么准备，如何实施面谈，采取什么策略?

4.1.1 准备阶段

1) 明确会见目的

会见的目的是一切与之相关话题的出发点，如果你想成为一名成功的会见者，就必须确定会见的目的。会见的目的就是需要问自己“为什么要进行这次会见?”，是为了了解信息，或是为了说服对方转变观念，还是为了发号施令，又或者是为了咨询。只有确定了会见目的，才可以进行下一步的准备工作。

2) 确定会见信息

在会见开始之前，会见者通常根据会见目的阅读有关的文件，把会见中要获取的信息进行归类，并且按照内在的逻辑关系进行排序，剔除那些重复的问题。然后将需要收集的信息列成一览表，这样既有助于对具体问题做出决定，也可以避免遗忘。

3) 准备相应资料

在准备阶段，需要考虑对方将可能怎样回答提问，同时还要考虑对方可能会提出哪些问题、对方的人格与背景如何以及将如何影响会见的进程。在准备资料时应做到以下几点：

(1) 哪些资料是会谈所需的，如有时间可全部收集。

(2) 找出重要的资料，做仔细推敲。

(3) 确定哪些资料可支持自己的观点，找出这些证据，并做记录和整理。

(4) 确定会见环境与时间。

4) 确定会见环境与时间

(1) 会见地点对会见的气氛和结果可以产生较大的影响。

与会议的组织类似，在会见时尽可能选择一个熟悉的环境，可以使自己有更大的控制力。如果不能做到，也可以选择一个对双方来讲中性的环境，从而营造一种宽松的环境。值得注意的是，办公室的空间安排会对会见的效果产生极大的影响。研究表明，大部分办公室都可以分为两个区域：一是压力区域，是指办公桌周围的那片区域，它的设置主要是为正式交谈服务。其特点为通常是办公室的主人坐在办公桌的后面，他们是交谈的引导者；二是半社会化区域，是指稍远离办公桌的那一区域，如果是较大的办公室，其中可能还会有舒适的沙发和茶几。在这个区域内的交谈被认为是建立在比较平等的基础之上的。

另据研究表明，会见双方的相对位置也会影响交谈的气氛。交谈时，双方座位成直角时的交谈会比面对面的交谈自然 6 倍，比肩并肩的交谈自然 2 倍。

(2) 会见时间的安排也会影响会见的质量。

时间仓促的会见只能是草草收兵而难以达到预期的效果，如果是重要的会见，应该安排在双方都有比较宽裕时间的时候。因此，会见的时间应尽可能提前安排，以便双方安排好各自的工作，也使会见可以在不受干扰的情况下进行。

5) 会见构思

在决定了会见的目的和研究了有关资料后，应该对即将实施的会见进行概括性的排练，这是对准备工作的检查和进一步完善。

(1) 会见前。日程中有恰当而充实的时间安排；确定并通知对方会见的时间及地点；写会见计划；做好各种准备工作和与对方联络，建立有助于会见的关系。

(2) 会见中。如何开始，从何处着手表明目标；按计划展开主题，充分展示证据，加强所要表述的观点；总结并认可有关结论和所采取的行动；是否需要安排下次会见；是否有必要并确定何时结束会见；如何清除可能出现的尴尬；如何达到目标；计划是否实现；是否有必要按备选方案与策略进行会见而放弃手头计划；会见中如何做记录，等等。

(3) 会见后。结束会见后进行必要的回顾。对会见内容、过程按照会见记录进行回忆并整理记录；针对目标和计划评价会见结果，实施会见结果；跟踪同意采取的行动；实现承诺。

4.1.2 实施阶段

实施是一次会见的主体，任何准备工作都是为了实施的有效展开而服务的。会见的实

施过程大致可分为以下几个方面：

1) 关系的建立

会见的气氛是指会见的语气和会见的总体状况。一般来讲，会见要与对方建立良好的关系，创造舒适、和谐、开放的气氛，并且在会见的整个过程中，要不断注意这种气氛是否遭到了破坏，要有意识地维护这种气氛。对于大多数受试者而言，会见是一种独特的经历，其地位的被动性以及被置身尴尬境地的可能性使来访者不免有些紧张。营造宽松的气氛有助于使受试者放松紧张的神经，令信息流顺利通畅地互换，提高成功的概率。

当然，宽松的气氛只是一般性的常识，最终决定气氛的仍然是会见的目的。如果预期宽松的气氛会与会见目的相悖，也可以选择冲突的气氛。

2) 提问

提问是会见中获取信息的最主要手段，提出问题的不同方式会直接影响会见的气氛、来访者的情感和由此产生的会见结果。一般来讲，有以下几种提问方式：

(1) 开放式提问与封闭式提问。开放式提问给应答者提供充分的表现机会，能有效地鼓励应答者做出他/她认为全面完整的答复，从而为提问者提供了全面的信息。典型的开放式提问，如“大家对目前的考核办法是怎么看的?”封闭式问题则恰恰相反，它仅要求应答者做简短的回答，有时甚至只需以“是”或“不是”回答。如“你愿意到我们这个团队工作吗?”、“你是否对目标的考核办法感到满意?”等。

(2) 中性提问与引导性提问。中性提问不含有任何有关提问者偏好的暗示，因此应答者的回答真实性很高，所获信息也比较可靠。中性问题的示例如“你为什么离开那家公司?”、“你如何看待大学生谈恋爱的问题?”、“你对此次宣讲会有什么看法?”等。引导性提问则常常有意无意地将受试者的反应导向面试者希望的方面。在会见中，使用引导性问题应特别慎重，它虽然有助于证实一些实质性的细节，但运用不得当，极易造成信息的扭曲与偏差。当然，如果你的面谈目的就是为了说服别人，那么可以采用这种方式。引导性提问特别适用于说服工作，是推销员经常用的提问方式，通过引导性提问，推销员可以引导回答者接受他们的想法，如“你是否像大多数人一样喜欢使用××产品?”等。

(3) 深入性提问。当你对某个问题感兴趣，需要进一步了解事情的细节和始末时，可以采用深入性提问。它有助于面试者对受试者加深认识，有时也有助于辨别受试者回答问题的真实性。同时，深入性提问可以把面谈的内容从一般引向具体，也可以鼓励交往退缩的人对自己的观点进行深入表达，如“你认为自己的交际能力比较好，能够举个例子来证明一下吗?”等。

(4) 别有用意的提问。这类问题比引导性问题具有更强的诱导性，它们通常被用在需要了解受试者情绪和情感的场合，面试者通过这类问题配以适当的语气向受试者施加压力，迫使其暴露内心情感。当需要给来访者施加压力时，可以采用这种提问方式。在大多数会见中没有必要使用此种手段，因为它对面试者的技巧有很高的要求。

(5) 假设性提问。此类问题考察应答者处理具体问题的能力或者其他有关信息，如“你若是总裁，如何看待不称职的部门经理?”、“如果你是营销主管，如何处理与生产部主管的关系?”、“如果你是人事部经理，如何处理这种事情?”等。这种方式的提问可为复试者提供在具体环境下处理问题的机会，使其展示他/她的工作能力和工作方法，也可进一步

探究其对某问题的态度或者经验。

(6) 重复性提问。当需要确认某个问题时，可以采用这种提问方式，如“看来你是打算提出辞职了?”重复性提问也用以使对方了解自己在集中思想认真地倾听，以融洽气氛。

(7) 重复与停顿。严格地讲，重复与停顿并不属于提问的范围，但是它们往往能起到提问的效果，它们是面试者暗示受试者继续展开交流的信号。

3) 倾听

在所有的交流方式中，积极倾听是必备的重要技能之一。正像阿拉伯人所说的：“如果我倾听别人讲话，我就处于有利地位；如果是我讲话，别人就处于有利地位。”一般来说，一位优秀的会见者用于谈话的时间不会超过整个会见时间的三分之一，这就意味着会见者应当利用三分之二的会见时间去积极地倾听对方谈话。

4) 回答问题

人们经常强调如何倾听，如何向别人提问，但是对回答问题却探讨得很少。在事实相似的情况下，回答问题的方式会在很大程度上影响别人对你的看法，同时也会影响会见的气氛与结果。回答问题的方式大致可以分为直接型回答与委婉型回答。

直接型回答的优点在于直接、高效、清晰地表明说话者的立场，但是直接型回答的效果在很多场合不一定是好的。委婉型回答可以处理一些比较难以应对的情境，达到既回答了问题又使双方不会陷入尴尬境地的目的，同时还可以展示应答者机敏的特征。

例如，在面试的时候可能会遇到这样的情况：

“你是学艺术的，为什么来申请做管理?”。

直接型的回答为“你们已经说明‘不限专业’，所以我想来试试。”

委婉型的回答为“据说外行的灵感往往超过内行，因为他们没有思维定势。”

5) 记录问题

在多数情况下，把会见要点记下来是一种明智的做法。这一点对于重要的会见尤为重要。但是在会见中埋头做记录往往会分散提问者的注意力，打扰会见的正常进行。因此，做记录应当做到尽量不引人注目，同时也不影响自己积极倾听对方的谈话。要做到这一点，有效的方法之一就是运用一张会见前拟好的标准格式表(如附表绩效考核面谈表)。会见前根据可能利用的文件资料填写有关项目，会见中再填写内容，会见结束后，抽时间对会见的印象加以评注。

6) 结束会谈

当接见者获得了所需信息之后，他就要准备结束会谈。通常，他会直截了当地说明其意图，并感谢应答者的合作，还会提供应答者了解相关信息的机会。接见者应坦率、简洁、全面地回答对方的提问，如下次会见的时间与地点安排等。

4.1.3 总结阶段

会见实施的结束，与受试者的道别并不标志着会见的任务已经完成。此时，面试者手中掌握的只是一大堆事务性、细节性的材料，必须经过归纳、总结、整理，才能为解决问题提供依据，而解决问题才是会见的最终目标。

4.2　会见的类型

4.2.1　招聘会见

招聘会见是会见中最常见的一种类型，就是一般所说的面试。在会见中，通过面试者与应聘者面对面的接触和问答式的交谈，招聘单位可以了解应聘者的各方面情况，从而做出正确的录用选择。但是，一方面，由于面试不可避免地是一种主观性评价方法，因此面试的有效性与可信度在很大程度上取决于面试者的经验及技巧；另一方面，从应聘者的角度来看，面试多多少少与紧张的心情结伴而行，要克服不稳定的心态，避免表现失常，就要求应聘者对面试的目的、内容有一定程度的了解与准备。

1．招聘会见的一般过程

大致来讲，招聘会见的面试过程一般分为三个阶段：

1) 接触阶段

接触阶段的目的在于消除紧张和恐惧，与应聘者建立和谐的关系。接触阶段交谈的内容一般包括：应聘者明确此次会见的内容和持续的时间；询问应聘者的业余爱好；询问应聘者的个人经历(包括学习与工作经历)。

总之在这一阶段，主要是通过询问一些易于回答的、挑战性相对不强的问题来缓解应聘者可能的紧张情绪，并与应聘者建立融洽的关系。

2) 询问与回答阶段

询问与回答阶段的主要目的在于考察应聘者的能力与素质是否适合其所应聘的岗位与组织。不同的组织所关注的素质存在一定的差异，因此，所问及的问题也不同。根据 Spencer 的观点，与优秀绩效有因果关系的个体基本特征包括以下五方面的内容。

(1) 动机。它使行为指向特定的行动或目标。离开了动机，行动或目标就难以实现。

(2) 特质。特质指的是个体对情境或信息做出的一类反应。

(3) 自我概念。自我概念是指个体的态度、价值观或自我形象。

(4) 知识。知识是指一个人在某一领域所掌握的信息，这种信息的突出特征区别于学术性知识，它强调的是运用于实践工作中的专业知识。

(5) 技能。技能指的是心理或认知技能胜任力，包括分析思维(如处理知识和数据、决定因果、组织数据和计划的能力)和概念思维(如模式再认的能力)。

在询问与回答阶段，主要通过询问围绕这五个方面特征设计的问题，来获取应聘者的信息，为对应聘者的最后评价做准备。

3) 结束阶段

结束阶段的主要目的有两个：一是面试者与应聘者就今后的进程达成一致意见；二是对应聘者的素质做出大致的判断，为最终形成完整的测评报告做准备。

2．面试中面试者应该注意的沟通问题

1) 注意营造和谐的气氛

在招聘面试中，应聘者总免不了有些紧张，和谐的气氛就显得尤为重要。在一般情况

下，尽可能在面试刚开始时，问应聘者一些比较容易回答的问题，如让应聘者做一般性的自我介绍、询问其工作与学习经历等，以缓解面试的紧张气氛，使应聘者在从容不迫的情况下，表现出其真实的心理素质和实际能力。

2) 紧紧围绕面试的目的

紧紧围绕面试的目的十分重要。有的主持面试者在面试时往往会岔开主题，这样既浪费时间又达不到目标；有的时候应聘者也会主动或无意识地把目标引开。

3) 不要轻视应聘者

有时面试者在面试中会表现出对应聘者一种漫不经心的态度，这样会使应聘者感觉到自己受冷落，不会积极地做出反应，面试者也就无法了解其真正的心理素质和潜在能力。

4) 注意非语言行为

人们的语言行为往往是通过大脑的深思熟虑才讲出来的，尤其在面试的时候，应聘者往往事先做过充分准备，他讲话的时候往往会把最好的一面反映出来。在此情形下，要真正了解应聘者的心理素质，有时应该仔细观察应聘者的表情、动作、语调与非语言行为。

5) 防止与我相似的心理因素

防止与我相似的心理因素就是指当听到应聘者某种背景和自己相似时，就会对他产生好感，产生同情的一种心理活动，如老乡、校友等关系都易于引发这种心理反应。面试者应尽量防止与我相似的心理因素影响，确保面试的公正性。

6) 消除晕轮效应的消极影响

晕轮效应是指根据不完全的信息做出以偏概全的判断。许多面试者在招聘时会过度关注第一印象，往往根据第一印象做出闪电式的判断。研究表明，85% 的面试者会在面试之前，根据参加应聘者的简历和外表就对其形成了自己的看法。这种评价模式有损于面试的有效性和可信度。

7) 防止顺序效应

应聘者的次序会影响到面试者的判断。研究表明，在连续面试几个较差的人选后，接着面试一个中等的应聘者时，面试者对这个中等水平应聘者的评价会高于其实际水平。而当连续面试了几个优秀的人选后，接着面试中等的求职者时，面试者对这个中等水平应聘者的评价会低于其实际水平。

8) 注意控制说话的时间

一些面试者会利用面试的时间侃侃而谈，让应聘者做一个虔诚的倾听者，结果耽误了向应聘者提问和让应聘者回答问题的时间。还有一种错误倾向就是让求职者支配面试，面试者没有利用语言对面试的进程进行足够的控制。

9) 防止以偏概全的评价模式

所谓以偏概全的思维模式，就是指面试者基于对应聘者某一方面的好的或坏的印象而决定其总体的判断。这种评价模式是面试者将成见带入面试的过程的表现，有损于面试的有效性与可信度。

3. 面试中应聘者应该注意的沟通问题

1) 男士

男士应聘时，最好穿西装革履，配上硬领衬衫，系上挺括的领带，显得潇洒、英俊。做一个成功男子汉，应随时装扮自己，时时展现男子汉的气魄和魅力。

(1) 挺括的西装。习惯上比较正式的是三件套：上衣、西裤和马甲，两件套也可以，但衣裤要成套。

① 平时就准备好一至两套得体的西装，不要到面试前才去匆匆购买，那样不容易选购到合身的西装。

② 颜色应当以主流颜色为主，如深蓝色、咖啡色、黑色、灰色等，不要穿格、条、花样式的，这样在各种场合都不会显得失态。

③ 初入职场的大学生，不必穿新装和高档服装，七八成新的服装最自然妥帖。在价钱、档次上应符合学生身份，不要盲目攀比，乱花钱买高级名牌西装，如果用人单位看到求职者的衣着太过讲究，不符合学生身份，对应聘者的第一印象也会打折扣。

④ 西装一定要挺括，不能皱皱巴巴的，也不能太过时、老旧。西装袖口的商标一定要减掉。

⑤ 如果穿的是三粒钮扣的西装，可只系第一颗或系上面两颗，就是不能单独系最下的一颗，而将上面的扣子敞开；穿双排扣西装时所有的扣子都要扣上，特别是领口的扣子。

⑥ 长裤熨烫笔挺为好，长度以直立状态下裤脚遮盖住鞋跟的四分之三为佳。

(2) 洁净的衬衫。

① 以白色或浅色为主，经典白色衬衫永不过时，这样较好配领带和西裤。深色西装配上白色衬衫，给人以潇洒的风度；而蓝色衬衫是IT行业男士的最佳选择，能体现出智慧、沉稳的气质。

② 衬衫领的开口、皮带扣和裤子的前开口外侧应该在一条线上。

③ 衬衫应该是硬领的，领子要干净、挺括，短袖衬衫和圆领衫在正式场合不宜穿着。

④ 平时也应该注意选购一些较合身的衬衫，面试前应熨平整，不能给人“皱巴巴”的感觉。

⑤ 衣领、袖口都起毛的旧衬衫或一件还从没有下过水的新衬衫都不合适，前者太拮据，后者则有刻意修饰的痕迹。

⑥ 衬衫下摆要放入裤腰内。内衣、内裤、衬衣等都不能露出。

(3) 潇洒的领带。

① 男生参加面试一定要在衬衣外打领带，这样会倍加风采。领带以真丝的为好，领带必须干净、平整、挺括，上面不能有油和其他痕迹。

② 平时应准备好与西装颜色相衬的领带，在配色方面，以和谐为美，不要追求标新立异，以免弄巧成拙。一条价格适中、清洁整齐、色彩和谐的领带，远远胜过历经沧桑的名牌货。

③ 领结要打得坚实、端正，不要松松散散，耷拉在一边，领带尖千万不要触到皮带上，尽可能别上领带夹。

(4) 配套的鞋袜。

① 皮鞋以黑色为宜，黑色鞋好配服装。不要以为越贵越好，而要以舒适大方为度。面试前一天要上油，刷亮，擦去灰尘和污痕。穿时鞋带要系牢。

② 皮鞋也尽量不要选给人攻击性感觉的尖头款式，方头系带的皮鞋是最佳选择。

③ 皮带和皮鞋应是同一质地的，如果不是，就要在颜色上做到统一。

④ 袜子的颜色也有讲究，穿西装革履时不要穿白色袜子，尤其是深色西装，一定要搭

配同色系的袜子。如果没有配上，必须是深灰色、蓝色、黑色等深色，最好与鞋的颜色一致，这样在任何场合都不失礼。

⑤ 袜子应该保持足够的长度，以袜口抵达小腿为宜。

(5) 整洁的仪容。

① 保持仪容整洁。男士可以用点清洁类的化妆品，给人干净、阳光的感觉即可。在香水的使用上要格外谨慎，避免使用浓烈或者味道怪异的香水，淡淡的清香容易让别人产生愉快的感觉。

② 注意头发修整，不要蓬松散乱，如果稍嫌过长，应修剪一下。最好在几天前理发，尽量避免在面试前一天理发，以免看上去不够自然。但面试前一天要洗干净头发，避免头屑留在头发或衣服上，最好吹吹风。发型不仅要与脸形配合，还要和年龄、体形、个性、衣着、职业要求相配合，才能体现出整体美感。男士忌颜色夸张怪异的染发、长发和光头。将胡须剃干净，并且在刮的时候不要刮伤皮肤，刮胡水是男士香水适当的替代品，指甲应在面试前一天剪整齐。

(6) 适当的装饰。

① 文件包既是实用品又装饰品，不要太旧太破或有飞边、油垢等。新旧程度最好等于或新于西装，而不要旧于西装。装的东西也不要太多，给人以圆滚滚的感觉。

② 戴眼镜的男士，镜框的配戴最好能使人感觉稳重、温和。眼镜的上镜框高度以眉头和眼睛之间的 1/2 为合适，外边框以跟脸最宽处平行为宜。不戴眼镜的男士，切不可戴墨镜，这样会画蛇添足，反而让人反感。

(7) 切记的大忌。

① 面试前一天要好好洗个澡，身上散发出浓重的体味，如大蒜味、酒精味、其他刺激性异味及口臭、长指甲均属大忌。

② 应聘时别穿运动服、牛仔裤、T 恤衫、运动鞋、水鞋、或样式怪异的服装和鞋子，给人一副随随便便的样子或档次很低的感觉。

③ 不要将票夹、钥匙、手机、零钱等鼓鼓囊囊的放在衣袋裤袋中。从而使做工考究的西装全都走样。在票夹中只挑出必须随身携带的零钱和证件，把那些与面试无关的东西都留在家里。

④ 最好不要有纹身外露。

⑤ 不要戴项链及流行物。

2) 女士

(1) 女士面试时的服饰礼仪。庄重典雅的服装让女性更有职业气质。相比之下，女士的服装比较灵活，每位女士应准备一至两套较正规的套服，以备去不同单位面试之需。女式套服的样式可谓层出不穷，每个人可根据自己的喜好来选择，随着女性择业的广泛多元化，职业女性的着装也成为一种艺术和学问，简单的职业套装已经不再是单一的选择，从色彩与款式的多元化、细微的饰物的搭配、鞋的选择等方面，让传统生动起来，活泼又不失庄重。尽可独树一帜，穿出自己的风格，突出各人的气质，强调个人的魅力。

参考的法则是，针对不同背景的用人单位选择适合的套装，必须与准上班族的身份相符，要以内在素质取胜，先从严肃的服装入手。不管什么年龄，剪裁得体的西装套裙、色

彩相宜的衬衫和半截裙使人显得稳重、自信、大方、干练，给人“信得过”的印象。裙子长度应在膝盖左右或以下，太短有失庄重。服装颜色以淡雅或同色系的搭配为宜，穿着应有职业女性的气息，虽然服装潮流应在首选之列，颜色鲜艳的服饰会使人显得活泼、有朝气，但T恤衫、迷你裙、牛仔裤、紧身裤、宽松服、高跟拖鞋等，虽然在街面上铺天盖地，也应列为面试的编外服装，以免给面试官留下太随便的印象。

中、高跟皮鞋可使应聘者步履坚定从容，带给其一份职业妇女的气质，很适合在求职面试时穿着。相比之下，穿高跟鞋显得步态不稳，穿平跟鞋显得步态拖拉，如穿中、高筒靴子，裙摆下沿应盖住靴口，以保持形体垂直线条的流畅。同样，裙摆应盖过长统丝袜的袜口。夏日最好不要穿露出脚趾的凉鞋或光脚穿凉鞋，更不宜将脚趾甲涂抹成红色或其他颜色。穿裙装时的袜子很重要，丝袜以肉色为雅致。拉得不直和不正的丝袜缝，会给人很邋遢的感觉。

(2) 画龙点睛的装饰品。当今是一个追求和谐美的时代，适当地搭配一些饰品无疑会使应聘者的形象锦上添花，但搭配饰品也应讲求少而精，一条丝巾、一枚胸针或一条项链就能恰到好处地体现应聘者的气质和神韵。应避免佩戴过多、过于夸张或有碍工作的饰物，让饰品真正有画龙点睛之妙。否则，容易分散面试官的注意力，有时也会给面试官留下不成熟的印象。皮包大大方方地背在肩上，不要过于精美，太珠光宝器，但也不要太破旧、太脏。

(3) 仪表大方，青春靓丽。女生可以适当地化点淡妆，使自己更显亮丽。用薄而透明的粉底营造健康的肤色；用浅色口红增加自然美感；用棕色眉笔调整眉形；用睫毛膏让眼睛更加有神。但不能浓妆艳抹，过于妖娆，香气扑鼻，过分夸张，不符合大学生的形象与身份。越淡雅自然、不露痕迹越好，切记一定不要将清纯美掩盖掉。

不管长发还是短发，一定要洗得干净、梳得整齐，增添青春的活力。发型可根据衣服正确搭配，要善于利用视觉错觉来改变脸形，如脸型过长的人，可留较长的前刘海，并且尽量使两侧头发蓬松，这样可使长脸看起来不太明显；脖颈过短的人，则可选择干净利落的短发来拉长脖子的视觉长度；脸型太圆或者太方的人，一般不适合留齐耳的发型，也不适合中分头路，应该适当增加头顶的发量，使额头部分显得饱满，在视觉上减弱下半部分脸型的宽度。根据所应聘的不同职业，发型也应有所差异。

提示：服装及饰品是应聘者留给面试考官的第一印象，得体的穿着打扮能为你加分，也为自己增添一份自信，在面试中发挥更好。要达到这个目的，需要研究着装风格，注意细节修饰。

服装也要根据季节和地域来灵活掌握，例如，北方的冬天要加上厚厚的外衣，而南方许多地方一年有大半时间要穿短袖，这就不一定刻意穿西装，主要就是干净整齐，庄重大方，以显现职业人的风度为好。适当进行形象设计，塑造自身的职业形象后再去面试，成功的概率会更大些。

4．走出面试误区，还其自然本色

在求职面试中，没有人能保证不犯错误，然而有些错误即使是一些相当聪明的应聘者也难免会一犯再犯的，称之为“高级”错误。真正聪明的应聘者会不断地修正错误，走出误区、走向成熟。

4.2.2 信息收集会见

信息收集会见是组织中常用的一种会见方式，它是与信息有关的会见，通常与数据、事实、描述、评价与感受等有关。当需要收集与某个话题有关的事例或者在需要帮助时，可以进行信息收集会见。如工作分析、绩效指标的确定、薪酬体系的设计、组织战略的贯彻、员工离职原因的调查都需要进行信息收集会见。

信息收集会见的结果常常包括报告或研究文件，它们可能用于指明主要组织变革的范围，如新的人员政策、新的组织设计，同时兼顾组织变革的过程，指出变革的必要性，并把其作为有效变革管理的第一步。由此可以看出，信息收集会见通常是组织变革起始步骤中的关键一环。

1．信息收集会见的一般过程

大多数的信息收集会见过程都可以分为以下几个阶段。

(1) 收集背景信息。由于信息收集会见的目的是为以后的分析、行动打基础，并提供最原始的第一手资料，因此要求会见过程紧凑，充分利用时间，不必为本可以通过其他渠道而获得的信息在此浪费时间。收集信息时，收集者常可借助组织图表、生产记录等一系列文件，树立关于所需信息的概念性认识，并构造展开会见的一个基本的、常用的框架，用以回答“什么”、“怎么样”和“谁”等问题。

(2) 准备阶段。在这个阶段，要决定好在会见中需要获得何种信息以及如何获取这些信息，这些决定将回答如下问题：会见人是谁？顺序如何？会见的时间有多长？会见的地点在哪里？是否存在干扰提问与回答的因素？如果有，如何克服？将会问一些什么样的问题？会见结果如何记录，是笔录还是录音？将如何展开提问以获取所需信息？

(3) 会见阶段。这一阶段是面试者熟练运用各项会谈技巧，充分收集所需信息的过程。由于会见过程的主旨在于获得大量信息，因此面试者应循循善诱，调动受试者的主动性，为其创造一个畅所欲言的环境。获得信息的质量不仅取决于提出的问题，而且取决于提问的方式。一个老练的面试者将在会谈中运用一些开放性问题和沉默等技巧，较多使用追踪性提问，避免对受试者的回答做出当面评论，并掌握会谈的时间。

(4) 分析阶段。会谈结束之后，有必要分析一下所得到的信息及会谈过程的效率。同时，既然信息收集会见以获取信息为目的，那么在会见后将经过整理的会见记录交给受试者核对的做法，将大大提高所获信息的准确性，进而增进会见的效率。此外，由受试者核对记录的做法也体现了面试者对受试者的尊重，便于下一次会见的开展。

2．信息收集会见的形式

常见的信息收集会见有以下几种形式。

(1) 调研会见。当管理者想了解市场的真正需求、顾客的偏好、顾客在挑选产品时最关注的地方、产品销售群体等信息时，往往会产生调研会见的方法。此时，会见双方较多采用简洁、易记录、易分析的封闭性问题。由于调研会见的正确性与可靠性主要取决于调查问卷、受试者和面试者，因此，在这种类型的信息收集会见中，应多采用有组织、有条理的问卷调查方式。

(2) 离职会见。在信息收集会见中，员工离职会见是比较特殊的一种会见形式，其特殊性在于获取真实信息的难度。离职会见的目的主要用于调查员工主动离职的原因。若一定数量的员工因为相同的原因而离职，就说明企业内部在组织安排、激励机制等管理方面中确实存在着问题，需要调整。员工主动要求离职主要有以下几方面的原因：

① 薪酬低。

② 老板与下属人员之间的关系不融洽。

③ 同事之间的关系不融洽。

④ 工作环境恶劣。

⑤ 没有晋升机会。

⑥ 所从事的工作不能发挥自己的才能。

⑦ 徒劳无益，没有奖赏。

由于员工已经做了离开企业的决定，因此在这种情况下，员工不愿过多批评企业的不足，这种心理就造成了信息收集过程中的障碍，会见双方间的信任关系有助于克服这种障碍。作为管理者，应当运用以下技巧与离职者交谈：

① 要使离职者的情绪尽量放松。

② 对离职者不抱成见。

③ 提出无确定答案的问题时，不争论，也不提忠告。

④ 倾听离职者想说的、不想说的以及需要鼓励才能说出的话。

⑤ 对离职者的观点做出反应，不要曲解和补充离职者的谈述。

⑥ 与离职者交谈的语速保持一致。

⑦ 即使离职者焦虑不安或采取敌视态度，也要想方设法将会见进行下去。

4.2.3　考绩会见

考绩会见即绩效考核会见，又称为考绩面谈或考评会见，是指绩效考评结束后，管理人员在规定的时间内将考绩结果反馈给下属。考绩会见的目的一方面是双方对考核结果达成共识；另一方面是共同探讨工作中存在的问题，并提出改进措施。

1) 考绩会见的内容

考绩会见的内容主要包括：对考核的结果形成一致的看法、被考核者在某一特定考核期内的表现、指明被考核者的优点与存在的不足、对下一阶段工作的期望达成一致、制定个人业绩目标、讨论并制定双方都能接受的绩效改进计划与方法、制定未来的培训与发展目标。

2) 开放系统中的考绩会见

绩效考核为公司的人事调动、工资管理、培训等工作提供依据，这其中的一些目的可能会与被考核者的个人目标发生冲突。考绩会见一般在使用开放考绩系统的组织中运用。在这种类型的考绩系统中，被考核者可以看到一些文字报告，并被允许对报告进行评论，也许还能在报告上做标记。而在封闭的考绩系统中，考绩报告是保密的，被考核者看不到报告，这样可能使管理人员在进行绩效考评时更公平一些，但可能导致不严格的、无意义

的、不具挑战性的评价，而且很难看到被考核者对“秘密的”报告做出积极的反应，也很难看到这种报告会激励被考核者去提高他们的工作业绩。然而，开放的考绩系统也会存在一些问题，被考核者有其自己的目标——如前所述，其中一些目标可能会与公司的目标发生冲突。这些目标包括增加晋升与加薪的机会；影响主管的判断；使主管看到其工作业绩；找出提高的方法；接受培训、帮助或支持。对被考核者和管理者双方来说，发生目标冲突的可能性取决于他们在考绩过程中坦率与诚实的程度。如果管理者不展示他们对其下属业绩的真正评价，那么考绩过程很可能就变成了走一下形式，那些诚实汇报错误、没有弄虚作假的被考核者，将会冒着被批评的危险。如果有文字记录，这些会见记录都着重于客观地评价行为、业绩和目标而不是个性特征，那么这种危险性就可以减少。

对许多管理工作来说，结果和目标很难以客观的或定量的形式表达出来，因此，考绩会见可能趋于主观和个人的判断，其局限性与发生冲突的可能性是很明显的，必须采取措施保证工作业绩考评具有“特定的、共同设立的、适当的”目标。但是，这些目标不利于工作业绩的有效反馈。反馈是管理过程中一个极其重要的因素，它不应该仅仅局限于“每年一次”或“每半年一次”的正式会见，而应当融汇到管理者与被管理者日常的互动中。如果是这样的话，正式的考绩会见将成为一个非正式的连续过程的一部分。

3) 考绩会见的一般过程

高效的考绩会见过程主要包括以下几个阶段：

(1) 准备阶段。这一阶段包括：通知被考核者会见的时间和地点，保证地点适合于会见并有足够的时间进行会见。它还要求考核者阅读有关的背景文件，最重要的是，在会见之前要告诉被考核者对他们进行考绩的目的。在被考核者回顾业绩期间，应该给其足够的时间，让其能够准备出关于自己工作业绩的想法。

(2) 会见阶段。考核者要让被考核者回忆以前制定的目标，并告诉他们这次会见的内容和过程。为了提高被考核者的参与程度，提高考绩会见的效率，许多企业通常会准备一张自我考核表，让员工对自己的工作做出自我评价。考绩会见是一个双向沟通的过程，所以在会见的开始要鼓励被考核者谈谈他们关于自己工作业绩的观点，考核者也应当恰当地使用倾听技巧。建立在互动基础上的会见，其结果必须是双方达成的共识，以便于提高工作业绩并制定以后的目标。在考绩会见的过程中，考核者应注意以下几个方面。

① 建立彼此信任的关系，形成有利的会见气氛。

② 清楚说明考绩和会见的目的是培养和发展员工自己。

③ 鼓励被考核者多讲话，考核者要多听，不要打岔或只顾表达自己的看法。

④ 注意对方的感情，避免发生对立情绪和产生冲突。

⑤ 集中绩效本身而回避性格问题。

⑥ 集中未来而不是追究既往。

⑦ 优缺点并重，突出优点和对未来工作绩效的期望。

⑧ 以积极的方式结束会见，唤起员工的激情。

(3) 会见总结阶段。会见中记录的笔记要正式，如果是一个开放的系统，要被考核者看完后再签名。共同达成的目标也要记录下来，这其中也包括管理人员应采取的支持行动，这些行动的实施与反馈的有关信息，对会见考绩的可信度都是非常重要的。

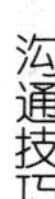

4.2.4 咨询会见

咨询会见通常涉及员工的个人问题，通过有效的咨询会见帮助员工解决这些问题。因此，在咨询会见中，参与双方相互之间的信任以及由此形成的和谐关系，对于提高会见的效率是至关重要的。这就要求会见者不能将自己的观点、反应、情感等强加给被会见者。认识不到咨询的这个基本规律，不仅会影响会见的效率，而且会使被会见者感到迷惑不解，因此为了使会见更好地进行，就需要真诚、积极、完全接受被会见者，能体会被会见者的情感。咨询会见的过程通常包括以下几个阶段：

(1) 准备阶段。咨询会见是建立在会见者与被会见者之间和谐关系的基础上的，如果管理者在会见时感到不自在，那他应该考虑换一个人代替他进行会见或由人事部门处理。但是如果被会见者特别提出要与其会谈，那么他就应该完成这个会见。准备阶段还包括准备一个安静的场所，保证会见进行时不会被打断，还要求会见者准备足够长的会见时间。

(2) 会见阶段。由于咨询会见相当耗时，如果管理者时间有限，他在会见开始前应提出来，如果有必要，他还可以考虑再另选一个会见时间进行另一部分的会见。还有一个困扰会见者的问题就是信心，如果会见双方的某一方对会见没有信心，那么会见就不要进行下去。

会见的目的是让被会见者阐述出现的问题。在会见中，会见者需要倾听被会见者讲述的问题，运用相关的技巧。在这个过程中，不需要会见者阐述自己的判断，也不必发表其观点，他只需要倾听和接受。如果需要采取行动，那么会见者的职责只限于帮助被会见者选择某种行动方案，但真正决策的是后者，因为这是他的问题而不是会见者的问题。许多咨询会谈可能达不到决策阶段，但是至少应该有所准备。

(3) 会见总结阶段。会见结束后，会见者有必要“自我评估”一下他们的咨询，并反思一下是否还有可改进的地方。在实际工作中，有效的咨询包括减少摩擦或冲突、更好地控制时间、保持高昂的士气等。

4.3 会见的技巧

4.3.1 面谈的技巧

1. 正确的态度

(1) 良好的面谈态度。热情、真诚、接纳、理解、坦率、正直和公平。

(2) 注重人际之间的影响和吸引。面谈中个人的人格魅力也能起到重要的作用。

2. 应避免的反应

(1) 判断或评价性的言论。判断或评价性的言论是指对另一个人的思想、感受或行动做出评估，这容易抑制受谈者。例如，面谈者忽略受谈者直接说：“我认为就应该是这样的，你这样做是错误的。”

(2) 探索性的言论。要求探索者提供他们不愿意提供的信息。例如，在面谈中询问受谈者取得这么好的业绩是不是由于家庭关系而受人另眼相看的。

(3) 敌意的反应。敌意的反应是指将怒气发泄在受谈者身上。例如，某日主管心情不好，导致面谈时语气不好，态度不佳。

(4) 虚假的安慰。在面谈中出于某些原因要支持或者安慰受谈者要避免使用虚假的安慰。例如，很明显受谈者犯的错是很严重的、亟须改正的，还劝他说没事、可以慢慢来、这不是大问题。

3. 有效的反应

(1) 保持面谈的流畅性。面谈者应保持面对面的接触，并满怀兴趣地倾听。在进行面谈时不要随意打断面谈，并且在面谈时要让人感觉面谈者是在认真倾听的，不能一直左顾右盼，不在状态而影响面谈进行。

(2) 注意开放式问题和封闭式问题的选择。引起面谈的一种有效方式是使用开放式问题，封闭式问题常常使谈话终止，破坏了保持面谈流畅的原则。例如，在开始面谈时，可以让受谈者就对某一方面的问题谈谈自己的看法，当然这个问题必须要和面谈的目的是相关的。

4. 保持面谈流畅的反应

(1) 保持沉默并倾听。这样能让对方有畅谈的欲望。

(2) 适当地使用一些技巧，包括使用过渡性词语、逐字重复、释义、重新陈述、总结、澄清、同理心反应或理解性反应。例如，当面谈者在倾听下属对于某件事的观点时，可以给予一定的肢体语言肯定，如点头或者回应“确实是的”以鼓励面谈流畅进行。

4.3.2 无效的面谈和有效的面谈

面谈属于面对面的口头沟通，但不是所有面对面的口头沟通都称之为面谈，如果交流对象之间没有确定的目的，随意、漫无方向的口头交流只能说是闲聊，而称不上面谈。掌握面谈技巧需要对良好的面谈行为和原则有所了解。面谈是一个容易犯错误的过程，为了能在面谈中取得良好的效果更应该注重多学习和体验。面谈还分为有效的面谈和无效的面谈，无效的面谈无法达到预期的效果甚至会适得其反，有效的面谈可以取得意想不到的效果，有效的面谈应当是有目的的、有计划的、有控制的并且会相互影响的。以下通过两个案例来进行分析。

1. 无效的面谈

业务部的王经理与业务员小张开展绩效面谈。小张进了经理办公室，王经理像平常一样随意地挥挥手并说道：“坐，坐下来。”然后开展绩效面谈，王经理一口气讲了半个多小时，从小张的绩效等级讲到平时的工作态度、与同事的合作态度直至生活习惯，总体比较肯定小张的工作，最后，王经理想起来了：“小张，对绩效评估结果如果没有意见，就在绩效评估表上签字吧。”绩效面谈就在小张签字的过程中结束了。

思考：这次面谈有效吗？

这样的面谈就是无效的。这是一个无效的绩效面谈案例。原因如下：

(1) 面谈的时间没有提前预约。王经理是随意地与小张开始绩效面谈的，这必然造成其缺乏面谈前的准备，会使接下来的面谈关键点不清晰。

(2) 面谈的时间过长地放于不必要的问题上。王经理一口气就讲了半个多小时，时间过长，话题也偏离了面谈的目的，流于形式，忽略了原本是要和小王讨论绩效评估结果谈论的内容都不在点上。

(3) 一方说的过多，另一方无法发表意见，缺乏双向沟通。王经理并没有让小张发表自己的意见，没有进行双向的沟通交流，而是直接很主观地说："如果没有意见，就直接签字吧。"整个面谈下来，都是王经理在发表意见，完全不让小张插嘴，并且替小张做决定，这必然使得小张不满意，但又不敢言。这样的面谈并不能取得预期的结果，反而可能引发小张对评价结果的不满，有害无益。

(4) 面谈在匆忙之中结束，整个过程下来都是王经理泛泛而谈，没有深入分析，没有启发员工思考，无实质意义。

总体来说，面谈失败的原因有很多种，总结起来有以下几类：准备工作没做好；没有明确指明面谈的目的；面谈者技能不足；负面反馈多于正面反馈等。要想使面谈成功，面谈者要做好各种准备，以便随时应对面谈过程中可能出现的各种情况。

2. 有效的面谈

销售部的陈主任准备和业务员小王就近期的绩效考核结果进行谈话，他们事先约定了谈话的时间、地点和谈话的内容，谈话前陈主任认真准备了面谈可能用到的材料，这期间小王也就自己的工作情况进行反思。几日后，在某宽敞明亮的包间内，他们开始了谈话。首先，确定谈话目的后，陈主任请小王谈论自己关于做绩效考核目的的见解，接着两个人在愉悦的气氛就此进行双向的沟通交流，谈话结束后，陈主任进行了总结，首先肯定了小王的工作成果和态度，其次指出其存在的不足，最后加以肯定和鼓励。小王虚心地接受了陈主任的指导，表示接下来会更努力做好工作。

可以看到上面的面谈是有效的，面谈达成了共识并且使员工认识到自己问题的所在，并且给予了有效的指导和建议，让员工接下来对工作的开展有了明确的方向。这次面谈成功的原因在于：

(1) 做好面谈前的准备工作，有计划、有目的地进行面谈。

(2) 选择合适的时机和场合确定面谈的时间长度，并事先知会下属做好准备。

(3) 选择合适的开场，让双方快速进入面谈的主题。

(4) 有意识地开展双向的沟通和交流而不是一方单独的发言，让双方的观点意见在沟通中得到反馈。

(5) 创造良好的面谈氛围，在愉悦的气氛中展开面谈。

(6) 谈话结束后对整个面谈进行总结，提出改进意见。在整个面谈中要明确目的，面谈的最终目的是帮助员工改善绩效，领导的价值是帮助员工成长，因此在面谈过程中还要注重正面反馈，让员工受到真正的激励。

4.3.3 常用会见技巧

1. 介绍的技巧

1) 介绍的规则

会见时，一般都会相互介绍，尤其对于互不熟悉的会见者，介绍就显得更为重要。在

较为正式、庄重的场合，有两条通行的介绍规则：其一是把年轻人介绍给年长的人；其二是把男性介绍给女性。在介绍过程中，先提某人的名字是对此人的一种敬意。比如，要把李明(男性)介绍给张燕(女性)，就可以这样介绍："张燕，让我把李明介绍给你好吗?"然后给双方作介绍 ："这位是张燕，这位是李明。"假若女方是你的妻子，那你就先介绍对方，然后再介绍自己的妻子，这样才能不失礼节。再如，把一位年轻的女同志介绍给一位德高望重的长辈，则不论性别，均应先向长辈介绍，可以这样说："王老师，我很荣幸能介绍王茜来见您。"

在介绍时，最好是姓名并提，还可附加简短的说明，比如职称、职务、学位、爱好和特长等。这种介绍方式等于给双方提示了开始交谈的话题。如果介绍人能找出被介绍的双方某些共同点就更好不过了。如甲和乙的弟弟是同学，甲和乙是相距多少届的校友等，这样无疑会使初识的交谈更加顺利。

2) 记住对方的称呼

人际交往离不开语言，如果把交际语言比喻成浩浩荡荡的大军，那么称呼语便是这支大军的先锋官。称呼主要是针对对方的姓名和社会职务，然而仅仅有称呼也不行，还要看你的称呼是否合适，因为人们在称呼的恰当与否这个问题上，一般来说都是很敏感的。尤其是初次交往者，它在一定程度上影响着你这次交际的成败。可见称呼语的使用是很重要的。

在交际活动中，特别是在一些慰问、会客、迎送等人们接触不多而时间又比较短暂的会见场合中，容易发生把称呼弄错或张冠李戴现象。这样不仅失礼、令人尴尬，有时还会影响交际效果。为了避免错误的称呼，应该从以下几个方面入手：

(1) 充分认识错误称呼的严重性。错误的称呼容易让人产生不信任感，特别是在人数较多的会见中，一定不要连续出现错误称呼的问题。

(2) 要有充分的准备。如果是正式的会见，事先要对会见对象的单位、姓名、职务、人物特征有个初步的了解，做到心中有数。这样，经过介绍后，印象就比较深刻。必要时，在入室落座或会谈、就餐前，再做一次详细介绍。有条件的，交换名片则更为理想。

(3) 注意观察对方的特征，掌握记忆方法。留意观察被介绍者的服饰、体态、语调、动作等，特别注意突出特征或个性特征。对统一着装的人，要格外注意观察高、矮、胖、瘦、脸形、是否戴眼镜等。最重要的，要将这些特征与对方的职务、姓名等称谓联系在一起，这样才不会张冠李戴。

3) 掌握主要人物

在人员较多，一下难以全部记住时，要首先注意了解和熟悉主要对象(带队的负责人)和与自己对等的对象(指所在单位、所从事的业务、职务、级别与自己相同者)。现在，一般都不太讲究主客、主从关系的礼节，因此仅从行为举止、座位的位置上判断是不准确的，如有的人把来客中的司机当成了经理，常常使经理倍感尴尬。

4) 做好自我介绍

有时需要进行自我介绍。进行自我介绍，要简洁、清晰，充满自信，态度要自然、亲切、随和，语速要不快不慢，目光正视对方。

2. 交谈的一般礼节

谈话的表情要自然，语言要和气、亲切，表达要得体。说话时可适当做些手势，但动作不要过大，更不要手舞足蹈。谈话时切忌唾沫四溅。参加别人谈话要先打招呼，别人在谈话，不要凑前旁听。若有事需与某人说话，应待别人说完。第三者参与谈话，应以握手、点头或微笑表示欢迎。谈话中遇有急事需要处理或离开，应向谈话对方打招呼，表示歉意。

谈话内容一般不要涉及疾病、死亡等事情，不要谈一些荒诞离奇、耸人听闻、黄色、淫秽的事情。一般不询问女性的年龄、婚否，不径直询问对方履历、工资收入、家庭财产、服饰价格等私人生活方面的问题。与女性谈话时不说对方长得胖、身体壮之类的话。对方不愿回答的问题不要追问，不小心问了对方反感的问题，应表示歉意，或立即转移话题。谈话时，不批评长辈、身份高的人员，不议论东道国的内政，不讥笑、讽刺他人，也不要随便议论宗教问题。

谈话中要使用礼貌语言，如"您好"、"请"、"谢谢"、对不起"、"打搅了"、"再见"等；一般见面时先说"早安"、"晚安"、"你好"、"身体好吗?"、"夫人(丈夫)好吗?"、"孩子们都好吗?"；对新结识的人常问"你这是第一次来我国吗?"、"到我国来多久了?"、"这是你在国外第一次任职吗?"、"你喜欢这里的风景吗?"、"你喜欢我们的城市吗?"；分别时常说"很高兴与你相识，希望再有见面的机会。"、"再见，祝你周末愉快!"、"晚安，请向朋友们致意，请代问全家好!"等。

思考题

1. 会见的形式有哪些？招聘会见的主要要点有哪些？
2. 如何进行有效的面谈会见？

技能训练

模拟面试现场，进行一次情景式的招聘会见。

第五章 演讲沟通

☞ 案例导入

今夜程默失眠了。原因是明天他要代表自己小组的成员在全班做一次演讲。

程默现在是某高校的研究生。在读研之前，他有一份很好的工作，有 4 年的工作经验。程默很爱自己的工作，非常想在这个领域大展宏图，但是让他非常苦恼的是，他非常害怕当众说话，只要一想到演讲，他就会手脚出汗，脑子一片空白。奇怪的是，当与朋友聚会聊天的时候，程默往往是大家关注的谈话中心。单位内部几次提拔年轻干部，程默都因为当众做演讲的时候过度紧张而中途停下来，最后不能入选。羞怒之下，程默从原来的单位辞掉了工作，专心考到了国内一所著名高校攻读硕士研究生，打算一边学习知识，一边改掉自己演讲恐惧的毛病。

可是，一想到明天早上要面对那么多学生和严谨的老师，程默的心就凉了半截，准备找别人代替自己，但是又非常不甘心："我离开原来的单位就是为了克服这个毛病，可是现在又要放弃……"

演讲是我们常常会遇到的一种特殊的沟通形式，也是很多人感到棘手的一件事情。在公众面前演讲是成功人士所必须具备的一项能力。我们应该主动在公众面前讲话，让自己更自如，让公众更欣赏。

活动：预设情绪演讲

预设情绪：痛苦。

表达内容：为各地的朋友不能在节日与亲朋团聚而伤感，发表自己的演讲。

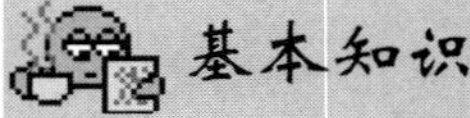

基本知识

5.1 演讲的性质

5.1.1 演讲的含义

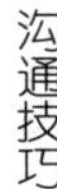

演讲，又称演说，讲演。它是一个人在公共场合向众人就某问题发表意见或阐明事理

的传播活动，其基本模式为一人讲，众人听。讲，就是陈述，就是运用口头语言把要发表的意见或阐明的事理表达出来，达到说服公众的目的。演，包含着演绎和表演两种意义，特指运用非语言行为来体现和辅助口头语言表达的内容，给人以艺术化的具体表象，强化口头语言表达的效果。因此，演讲是以讲为主，以演为辅，讲演结合的信息传播形式。从本质上看，演讲就是艺术化地发表意见或阐明事理。

5.1.2 演讲与朗诵的区别

1) 演讲通俗平易，朗诵典雅华丽

演讲语言与书面语言的差异在于是否通俗平易。朗诵的文本是诗歌、散文等文学作品，朗诵就是用口语的形式去“诵”书面语的文本。

演讲的语言要尽量选用那些口语化的词语和句式，尽量不用生僻词语、文言词语、专业术语，尽量不用倒装句和太长的句子。

朗诵语言遣词造句的特点是典雅华丽，具有文学语言色彩，如朱自清的散文名篇《荷塘月色》的语言。

2) 演讲以“讲”为主，朗诵以“演”为主

演讲以讲为主，以演为辅，所讲的是演讲者的本色口语。它是一种介乎日常生活语言和表演语言之间的口语。这种口语首先要像日常谈话那样亲切自然，但又不能像日常谈话那样语调平淡，缺乏激情，否则，演讲就会缺乏鼓动性，失去吸引力；它当然要像表演语言那样讲究抑扬顿挫，但又不能像舞台表演那样模拟角色、惟妙惟肖，否则，演讲语言就会失去真实性，失去亲和力。演讲时声音的音质要基本保持本色，是演讲者本人同听众的对话和交流，本色的声音才有可能让听众产生亲切感。

朗诵的语言纯粹是一种舞台表演语言。为了使朗诵能够吸引听众，把听众引入原作品的意境，朗诵语言要比演讲语言更加夸张。朗诵时要尽量在平淡中寻找语调的变化，大起大落、激情澎湃。

3) 演讲重在“鼓动”，朗诵重在“抒情”

演讲包含三个方面的内容：一是演讲必须发表意见，就是阐明观点和理由，即“说理”；二是演讲必须抒发情感，即“抒情”；三是演讲必须感召听众并促使其行动，落脚点在于“鼓动”。没有“说理”，演讲者的意见就难以令听众信服；没有“抒情”，演讲很难感染听众，从而引起听众的共鸣；而情理交融才能把听众“鼓动”起来。“说理、抒情、鼓动”三者融为一体才构成演讲。鼓动性是演讲语言的突出特点。

朗诵，其作用重在抒情。《现代汉语词典》对“朗诵”的解释是：“大声诵读诗或散文，把作品的感情表达出来。”朗诵的根本任务是抒情，朗诵语言要特别注重抒情。优秀的朗诵者总是力争使自己的语言句句含情。抒情性是朗诵语言的突出特点。

4) 演讲灵动地讲，朗诵照本而诵

优秀的演讲者，要根据现场的变化对原先准备的提纲、讲稿作灵活处理，增删、改换演讲的部分甚至全部内容都是允许的，在演讲过程中迸发新的思想火花，即兴发挥讲出蕴含哲理的警句、令人叫绝的妙语，是常有的事。如果出现了忘词或讲错的情况，演讲者可以临时作一些调整和纠错。

朗诵，必须照本而诵，不允许变动。朗诵的作品一般是他人写的，一定要尊重作者的原意，朗诵者无权变动文本一词一句，要做到不丢字，不添字，不改字，不读错字，还要读得连贯自然，不结巴，不重复。在此基础上，朗诵者才能根据自己的理解和感悟去发挥，去创造。在传情达意中，朗诵自由驰骋的空间要比演讲小一些。

5.1.3 演讲的过程

演讲通常被认为是由演讲者“告知”听众的单向过程。然而，演讲实际上是一个双向过程。经验丰富的演讲者能够根据反馈的信号判断出他与听众沟通的效果。反馈的信号包括眼神、身体姿态等表现形式。在演讲过程中，听众的眼神、身体姿态将向演讲者反馈这样的信息：听众是否在倾听他的讲话。在这个演讲反馈中，演讲者将把演讲取得的效果与预期的效果进行比较。如果发现没有吸引听众足够的注意力，引起的反响不够强烈，那么，在后面的演讲中将设法改换演讲方式，以获得理想的效果。这就要求演讲者具备掌握并运用各种不同的方法、知识、技巧的能力。

5.1.4 演讲的特点

1) 艺术性

这里的艺术性是现实活动的艺术。演讲的艺术性在于它具有统一的整体感和协调感，即演讲中的各种因素(语言、声音、表演、形象、时间、环境)形成一种相互依存、相互协调的美感。同时，演讲不单纯是现实活动，它还具备着戏剧、曲艺、舞蹈、雕塑等艺术门类的某些特点，并将其与演讲融为一体，形成具有独立特征的演讲活动。这种艺术性正如《演讲美学》的作者李燕杰所说：“演讲开始几分钟内，就要有相声般的幽默；在演讲过程中，贯穿着小说般的形象；讲到高潮时，必须有戏剧般的冲突；结束之前，要出现诗歌般的激情。”

2) 主体个性

演讲是性格的艺术，它不同于戏剧表演，切忌脸谱化、程式化，它必须体现自我，反映个性。所以不同的演讲家具有不同的风格。列宁的演讲总是旗帜鲜明，富有鼓动性，像高擎的火炬点燃群众的斗争热情；邱吉尔的演讲却善于把娴熟的英语和巧妙的表演结合得天衣无缝，常常刚柔相济，应变机敏，令人感动；而孙中山的演讲，庄重大方，情理交融，既有优雅谦和的文化素养，又有立志救国的英雄气魄。现实生活中的一些演讲，也是因人而异，风格各异：有的狂飙突起，战鼓催征，激荡肺腑；有的鞭辟入里，入木三分，令人警醒；有的像江河之下，一泻千里，气势磅礴；有的似绵绵春雨，浸润心田，引人深思；有的以旁征博引，知识丰富见长；有的以质朴无华，真情实感动人……总之，一切成功的演讲无不用自己的语言表达自己的思想情感，无不打上自己的烙印，因而，个性化是演讲的生命。

3) 时效性

演讲直接诉诸听众的视听感官，具有很强的时效性。首先，在内容上，古今中外的演讲名篇，都切中时代的脉搏，为时代而呐喊。如英国邱吉尔 1940 年 5 月 31 日的《出任首相后的首次演说》、斯大林 1941 年 7 月 3 日的《广播演说》，都是当时反法西斯斗争的直接果实。其次，一次演讲的时间，受听众可接受性的制约。虽然有些演讲长达几小时甚至十

几小时——像孙中山的《三民主义演讲》、鲁迅的《中国小说的历史变迁》等，都是久负盛名的长篇演讲，但大众化的演讲，终究以短居多，以短为贵，长了又没有新鲜的内容和观点，就没有人愿意听。

4) 针对性

演讲是一种社会活动，是用于公众场合的宣传形式。它为了以思想、感情、事例和理论来晓喻听众，打动听众，“征服”群众，必须要有现实的针对性。所谓针对性，首先是作者提出的问题是听众所关心的问题，评论和论辩要有雄辩的逻辑力量，要能为听众所接受并心悦诚服，这样，才能起到应有的社会效果；其次是要懂得听众有不同的对象和不同的层次，而“公众场合”也有不同的类型，如党团集会、专业性会议、服务性俱乐部、学校、社会团体、宗教团体、各类竞赛场合，演讲时要根据不同场合和不同对象，为听众设计不同的演讲内容。

5) 鼓动性

演讲是听众众多，影响广泛的一种社会活动，它具有说服力强、鼓动性大的特点。演讲中演讲者观点正确，态度鲜明，论证严密，用自己的心声去呼唤听众，用自己感情的火花去点燃听众的心，激发听众进行思考，从而接受演讲者的观点。

1940 年 5 月，纳粹德国用“闪电战”突袭拥有 300 万大军、号称欧洲最大陆军强国的法国，使其在短短的 30 天中溃败。6 月 17 日，法国最高军事统帅贝当元帅命令法军投降，他说：“为了减轻法国人民的忧愁，除向德国放下武器外，别无选择。”贝当的演说作为历史上臭名昭著“投降元帅”的演说永远钉在历史的耻辱柱上。在贝当投降的当天，法国国防部长戴高乐将军突然出走英国伦敦，贝当投降政府为此宣判戴高乐死刑。几乎与此同时，伦敦的 BBC 广播电台向全世界播放了戴高乐在伦敦发表的演说：“……我是戴高乐将军，我现在在伦敦，我向目前在英国土地上和将来可能来到英国土地上的军火工厂的一切工程师和技术工人发出号召，请你们和我取得联系。无论发生了什么事，法国抵抗的火焰不能熄灭，也绝不会熄灭。戴高乐永远和你们在一起，自由独立的法兰西万岁！”在法国人民处于屈辱、痛苦和危难的时刻，法兰西升起一颗灿烂的政治、军事明星。戴高乐的演说有力地鼓舞了法国抵抗运动的战士和人民的斗争，也使他成为法国人民和第二次世界大战反法西斯英雄，与罗斯福、邱吉尔、斯大林齐名，永垂青史。

5.1.5 演讲的基本要素

(1) 信息。信息由演讲者与听众共享。演讲中的信息，主要是言语信息。由于听众的阅历不同，观察世界的角度不同，对同一词义的理解就不可能绝对一致。因此，只有当人们在持有相同的经验或者预期相同的经验时，他们对词的理解才持有相同的意义，才能谈得上信息共享。这就要求演讲者找到共同的参照事物，达到沟通的共识。

(2) 演讲者。演讲者是信息的发源地。演讲者主要以语言传递信息，但还包括用其他形式，如动作、手势、姿态、表情等传递非语言符号的辅助信息，甚至演讲者的生理特征、衣着装束、音容笑貌等对传递信息也有影响。演讲者在演讲活动中处于主导地位，一个演讲会对听众以至社会产生怎样的影响和作用，首先取决于演讲者，取决于他演讲的内容和艺术表现。演讲者应有的修养包括：深刻的思想认识、高尚的道德情操、丰富的文化知识、

真挚的爱憎感情、高超的演讲技巧、为广大听众服务的意识、适应听众需要的意识。

(3) 听众。真正的演讲必然是演讲者与听众的两极合璧。听众作为演讲的一大要素不仅有很大的能动性，而且是演讲活动的客观基础和根本归宿。听众的临场反应，往往是演讲质量、效果的一种现实、直接的客观评价。听众对演讲美的鉴赏，对演讲艺术的发展起着极大的推动作用。听众对演讲的评论，对演讲理论建树更有实用价值。演讲者只有充分地了解听众，掌握听众的心理特点和需求，才能有效地征服听众，发挥演讲的作用，顺利达到演讲的目的。

5.1.6 演讲的目的

人们的任何社会实践活动都有明确的目的，其功利性是非常鲜明的。由于演讲活动是演讲者与听众的双边活动，所以，演讲的目的就分别体现为演讲者演讲的目的和听众听演讲的目的。而每个演讲者由于身份、地位、年龄、专长各不相同，演讲的目的也不尽相同，甚至每位演讲者的每次演讲的目的也不相同。我们可以从以下几个方面分析。

1) 从演讲的宏观目的看

演讲者演讲的目的也就决定了演讲的目的。从总体上看，演讲的目的就是演讲者与听众取得共识，使听众改变态度，激起行动，推动人类社会向理想境界迈进。演讲无论是宣传自己的政治主张、观点，或是传播道德伦理情操，还是传授科学文化知识和技艺都是为了让听众同意自己的主张、观点和立场以取得共识，并在此基础上激发听众的实际行动，向着理想境界迈进。如，美国第16任总统林肯的解放黑奴的演讲，目的就是动员美国人民为解放黑奴、废除奴隶制而斗争；杨振宁、李政道二位科学家发表的学术演讲，目的就是宣传他们的科学发现，让社会接受其正确观点，从而推动科学文化的进步。

2) 从演讲的微观目的看

迄今为止，尚未有专职演讲家。当今的演讲者都有自己的正式职业或专业，如鲁迅是文学家，闻一多是学者、诗人，林肯是总统，丘吉尔是首相。由于其职业不同、专业不同、经历等多种因素的差别，演讲的目的、内容也有所不同。闻一多在昆明的《最后一次演讲》的目的就是揭露和痛斥敌人、鼓舞听众、发展民主运动；而曲啸、李燕杰、刘吉等的演讲则是向广大青年进行理想、道德等方面的教育。因此，从微观上看，每位演讲者的每一次演讲都有不同的明确的目的。

演讲的宏观目的与微观目的并不矛盾。闻一多的个体微观目的是揭露敌人，鼓舞听众，发展民主运动，但这一目的恰与推动人类向理想境界迈进统一相一致，这是值得注意的。

3) 从听众听演讲的目的看

听众是无数个个体的集合。由于他们年龄、性别、文化程度、兴趣、职业等不同，听演讲的目的也各不相同。比如，林肯解放黑奴的演讲，听众有拥护的，也有反对的，可见其目的各有差别。即使目的都一样的听众，对同一内容的演讲也往往各取所需。但从总体上说，演讲者的个体实用目的和听众个体实用目的是一致的，紧密相连而又互为体现的。如果离开这条，演讲将很难存在。

上面我们从宏观、微观、听众三方面作了“横”的分析，下在再从“纵”的方面分析，即演讲者追求的两个目的：现场的目的和散场后的目的。

(1) 现场的目的。每一个演讲者都希望演讲能成功，这一目的完全从现场和直观效果反映出来，如听众的表情、情绪，或者捧腹大笑，或者义愤填膺，或者欢呼雀跃，或者泪水横流，或者高呼口号，或者掌声雷动，这就表明演讲者的实用目的符合了听众的实用目的，引起了共鸣，现场的效果仅是表面的，关键是演讲者的实用目的、演讲的内容打动了听众的心灵。离开这些，再有成功的欲望和目的也难奏效。

(2) 散场后的目的。任何演讲者都不会停留在只满足于现场的效果上，而是追求散场后的目的——实际行动，这才是演讲者的最终目的。比如，拿破仑率部队在远征埃及时，在金字塔附近和敌人的主力遭遇，情况危急，拿破仑立在马队前高声演讲道：“士兵们，四千年历史今天从这些金字塔的上面看着你们!”简短的演讲使远征疲惫的法军士气大作，终于大胜敌军，他的演讲产生了现场的直观效果，鼓舞了士气，士兵英勇杀敌，取得了胜利，进而实现了“散场”后的目的。

可以说，演讲现场的目的是散场后目的的前提和基础，散场后的目的又是现场目的的归宿，两者紧密相联。没有现场目的的实现，就不可能有散场后目的的实现；如果只追求散场后的目的，忽视追求现场目的，散场后的目的不过是一句空话。

演讲是一种复杂的社会实践，更是一种工具。人们拿起工具总是有目的的，没有目的的演讲是不存在的，只是目的的正确与否、高雅与否不同而已。所以，每位演讲者必须树立明确的演讲目的，做到宏观和微观的统一、表层与深层的统一、目前与长远的统一，这样的演讲才是有意义的、有价值的。

5.1.7 演讲的分类

演讲作为一种最高级和最高效的口语表达形式，作为一项包含广泛内容的自成系统的社会实践活动，可以用不同标准把它区分为性质相异的若干类型。演讲的分类标准不同，就可以有不同的分类。

下面从演讲的功能、形式、风格、内容四个角度来看演讲的分类。

1) 从功能上划分

从功能上，演讲可分为五种。

(1) “使人知”演讲。这是一种以传达信息、阐明事理为主要功能的演讲。它的目的在于使人知道、明白。如美学家朱光潜的演讲《谈作文》，讲了作文前的准备、文章体裁、构思、选材等，使听众明白了作文的基本知识。它的特点是知识性强，语言准确。

(2) “使人信”演讲。这种演讲的主要目的是使人信赖、相信。它从“使人知”演讲发展而来。如恽代英的演讲《怎样才是好人》，不仅告知人们哪些人不是好人，也提出了三条衡量好人的标准，通过一系列的道理论述，改变了人们以往的旧观念。它的特点是观点独到、正确，论据详实、确凿，论证合理、严密。

(3) “使人激”演讲。这种演讲意在使听众激动起来，在思想感情上与你产生共鸣，从而欢呼、雀跃。如美国黑人运动领袖马丁·路德·金的《在林肯纪念堂前的演说》，用他的几个“梦想”激发广大的黑人听众的自尊感、自强感，激励他们为“生而平等”而奋斗。

(4) “使人动”演讲。这比“使人激”演讲更进了一步，它可使听众产生一种欲与演讲者一起行动的想法。法国前总统戴高乐在二战期间的英国伦敦作的演讲《告法国人民书》，号召法国人民行动起来，投身反法西斯的行列。它的特点是鼓动性强，多以号召、呼吁式的语言结尾。

(5) “使人乐”演讲。这是一种以活跃气氛、调节情绪，使人快乐为主要功能的演讲，多以幽默、笑话或调侃为材料，一般常出现在喜庆的场合。这种演讲的事例很多，人们大都能听到。它的特点是材料幽默，语言诙谐。

2) 从表达形式上划分

从表达形式上划分，演讲可分为三种类型。

(1) 命题演讲。命题演讲即由别人拟定题目或演讲范围，并经过准备后所做的演讲。它包含两种形式：全命题演讲和半命题演讲。全命题演讲的题目一般是由演讲组织部门来确定的。某单位搞“让雷锋精神在岗位上闪光”主题演讲，为了让演讲员各有侧重，分别拟了《把爱送到每个顾客的心坎上》、《练好本领，为民服务》、《从一点一滴做起》三个题目，给了三个演讲者，要求以此组织材料，准备演讲。半命题演讲指演讲者根据演讲活动组织单位限定的范围，自己拟定题目进行的演讲。1986年，中央电视台和《演讲与口才》杂志社联合举办的“十城市青少年演讲邀请赛”命题演讲，即是以“四有教育”为范围，具体题目自拟。命题演讲的特点是：主题鲜明、针对性强、内容稳定、结构完整。

(2) 即兴演讲。即兴演讲即演讲者在事先无准备的情况下就眼前场面、情境、事物、人物临时起兴发表的演讲，如婚礼祝辞、欢迎致辞、丧事悼念、聚会演讲等。它的特点是：有感而发、时境感强、篇幅短小。它要求演讲者要紧扣主题，抓住由头，迅速组合，言简意赅。

(3) 论辩演讲。论辩演讲即指由两方或两方以上的人们因对某个问题产生不同意见而展开的面对面的语言交锋。其目的是坚持真理、批驳谬误、明辨是非。比如，我们生活中常见的法庭论辩、外交论辩、赛场论辩，以及每个人都曾经历过的生活论辩等。它的特点是：针锋相对，短兵相接。论辩演讲较之命题演讲、即兴演讲更难些，要求演讲者必须具备：正确的思想、高尚的品质、严密的逻辑性、较强的应变性。

3) 从表现风格上划分

从表现风格上，演讲大致可分为四种类型。

(1) 慷慨激昂型。慷慨激昂型演讲，是演讲者用火热的情感和洋溢的热情去吸引听众的演讲。它表现为节奏快、起伏大，音量对比强烈，语言深情并茂、铿锵有力，利用对听众施加感情影响的手段，去达到牵引听众理解演讲主题的目的。它适合于富有鼓动性、号召性和呼吁性为内容的演讲。它易于激发听众的感情，催人奋起，具有强大的感染力，能产生较好的鼓动性的效果。

(2) 情感深沉型。情感深沉型演讲。其感情色彩深沉浓厚，节奏较慢，平铺直叙，娓娓道来，音量对比较弱，音色较柔和，语调起伏不大。它的特点是发人深省，具有启发性，适合于正统、庄重、严肃、悲壮的演讲主题和内容的演讲。

(3) 哲理严谨型。哲理严谨型演讲，是演讲者以严密的思考和准确的逻辑推理去吸引听众，它表现为语言经过严密而又谨慎的加工，情调稳定，没有过多的语言变化；形象材料少，没有过多的记事描述；居主导地位的是对判断进行分析，使判断严密无隙，互相贯

通。热衷此种风格的演讲者，追求的是听众的通达事理，聪颖明智。由于这类演讲逻辑性很强，适合于一些哲理的陈述，是说理时常采用的一种演讲风格类型。

(4) 明快活泼型。明快活泼型演讲的明显特征是节奏明快，语言变化幅度大，情调多变，富有表情，感情热烈，表达通俗，喜用比喻，表现力强，语言幽默而形象、清新而生动，令人感到十分亲切。明快活泼型演讲能使演讲会场气氛活跃、融洽，能给听众带来欢乐和活力，让听众在轻松愉快的氛围中受到教育和得到启发。

4) 从内容上划分

从内容上，演讲大致可分为五种类型。

(1) 政治演讲。凡是为了一定的政治目的，出于某种政治动机，就某个政治问题以及与政治有关的问题而发表的演讲均属此类。它包括外交演讲、军事演讲、政府工作报告、政治宣传等。

(2) 生活演讲。生活演讲是指演讲者就社会生活中存在的各种问题、风俗、现象而作的演讲，它表达了演讲者对这些问题的看法、见解和观点。这种演讲涵盖的内容更加广泛，如亲情友谊、吊贺、迎送、答谢等均属此类。

(3) 学术演讲。学术演讲是指演讲者就某些系统、专门的知识和学问而发表的演讲。一般指学校和其他场合的专题讲座、学术报告、学术发言、学术评论。它必须具有内容的科学性、论证的严密性和语言的准确性三大要素。这是与其他类型演讲的一大区别。

(4) 法庭演讲。法庭演讲即指公诉人、辩护代理人在法庭上所作的演讲、律师的辩护演讲。法庭演讲有自己的突出特征：公正性和针对性。

(5) 宗教演讲。宗教演讲指的是一切与宗教仪式、宗教宣传有关的演讲。它主要包括布道演讲和一些宗教会议演讲。这种演讲在我国的影响不大，听演讲和作演讲的人都不多。

(6) 教育演讲。教育演讲也称课堂演讲，它是学校师生教育教学过程中的一种讲授知识、交流思想、探讨学问、进行道德和素质教育的演讲。教育演讲分为教师演讲和学生演讲两种。教师演讲是教师向学生传授科学文化知识、进行思想品德教育所作的演讲，如课堂讲授、国旗下讲话、读书讲座等，它是决定教育、教学效果优劣的关键因素之一，善于演讲是教师职业的第一要求。学生演讲是学生提高自身综合素质、练习口语表达能力所做的演讲，如班会发言、读书演讲、课前一分钟等。教育演讲要求有明确的目的性，严谨的科学性，语言的简明性和启迪性。

(7) 礼仪演讲。礼仪演讲是指在公众节假日或国家、社团、个人重要仪式和庆典上进行的讲话，既包括欢乐、愉快的节庆演说、迎新演讲、联欢演说、开业演说、婚礼演说、祝寿演说、开幕词、闭幕词、祝酒词、颂词等，也包括悲伤、难过的悼词、祭词、纪念演说、告别演说等。礼仪演讲是调节人际关系的重要手段和环节。其中祝贺性演讲通常用来颂扬国家、团体、个人的成就，在实事求是和得体的基础上，以动听的词语取悦听众。凭吊性演讲，用以表达追悼纪念之情，或缅怀死者生平，或颂扬其功绩，目的是寄托哀思，激励来者。在修辞上，它们比较接近文学语体。

5.1.8 演讲的作用

演讲作为一种社会实践活动，之所以从古到今发展得越来越兴旺，就因为它有着不可

估量的社会作用和社会价值。这种作用可以从演讲家个人和社会两方面来看。

1. 对演讲家的作用

对于演讲家个人来说，演讲具有以下三方面的作用：

(1) 促进自己迅速成材。演讲家都不是天生的，而是后天实践造就的，是经过艰苦的多方面的努力才成功的。当我们看到演讲家在讲台上口若悬河、滔滔不绝地讲述的时候，我们自然会对他那悦耳的声音、和谐的语调及优美的态势语等等由衷地赞叹，这是讲台上的功夫。而比这更重要的是演讲家讲台下的功夫，那就是他必须具备精深的思想、渊博的学识、丰富的阅历，这需要努力的学习与钻研。同时，他还必须具备敏锐的观察力、敏捷的思维力、准确的判断力、迅速的应变力和较强的记忆力，这更需要刻苦的磨练。可以说，是多方面刻苦的学习与磨练造就了一个演讲家。当他成为一个演讲家的时候，我们说：他成材了。而当他正在加倍努力学习与磨练，尚未成"家"的时候他也在思想、学识、智能等方面得到了极大的提高。所以说，演讲对促进人的成材有极大的作用。

(2) 激励自己多做贡献。一个人思想精深，学识渊博，但却茶壶煮饺子"道"不出来，未免太遗憾了。著名作家茅盾、数学家陈景润在文学和数学领域都有卓越贡献，但口头表达能力较差，在一定程度上影响了他们的贡献；而鲁迅、闻一多先生不仅能写且也能说，能充分利用演讲这个迅速直接的传播工具来宣传真理，揭露邪恶，也就能为社会做出更多的贡献。

(3) 融洽自己的人际关系。演讲家经过长期训练和实践所得的本领，不仅在演讲台上可以表现他们的文雅举止和出众口才，而且在日常交际生活中，他们的丰富的学识、敏捷的应对、良好的修养都很容易冲破种种人际关系的障碍，比一般人更能迅速、有效地与人际交往和沟通。同时，演讲家通过演讲活动可以广泛地接触各阶层、各地区人士，扩大自己的交际面。

2. 对社会的作用

演讲对自身有许多作用，但对社会的作用更大。下面分三点介绍：

(1) 祛邪扶正，形成正确的舆论，促进社会文明发展。

人类社会的文明史，就是真善美与假恶丑的斗争史。而演讲历来是这种斗争的主要工具之一。古今中外一切正义的演讲家，都是拿着演讲这个武器，宣传真理，唤醒民众，推动社会进步。我国古代演讲家盘庚为了迁都所作的演讲，将旧都比作被砍倒的树木，把新都比作刚生出的新芽，使民众深刻认识到了迁都的意义而欣然接受，实现了迁都的伟大壮举。1775年，美国演讲家帕特里克·亨利在弗吉尼亚州会议上发表了激励人心的抗英演讲，迅速唤起了千百万人民坚定地投身斗争中。他的"不自由，毋宁死"的名言，至今仍教育着千万民众为自由而战。可见，正确的演讲可以启迪人心、传播文化、宣传真理、祛邪扶正，把人类社会推向理想境界。

(2) 培养高尚美好的情感，促进人类的文明建设。

演讲家在演讲时，总是用正确的道德情感来感染和影响听众，从而培养听众的情感，诸如爱国主义情感、国际主义情感、集体主义情感、革命英雄主义情感等。古罗马统帅恺撒被以布鲁图斯和卡西乌斯为首的密谋者刺杀，布鲁图斯为了掩盖其不可告人的罪行，在当众演讲中颠倒是非，恶毒地诋毁恺撒是暴君、独裁者，轻信的听众便一致叫喊"杀得好!"

而恺撒生前的执政官安东尼在演讲中历陈恺撒的功绩，明示他是宽厚的君主。他友谊、真诚的情感影响了听众的情感，使之转变了原来的成见，并愤怒地烧了布鲁图斯的家。由此可见，演讲对培养、影响听众的情感的作用之大。

(3) 唤起听众的行动和实践。

一次成功的演讲，除了启迪人心，传播真理，培养情感外，最终目的是唤起听众的行动和实践，使之投身于改造主、客观世界的社会活动中。我国伟大的民主主义革命先行者孙中山先生在致力于民主革命 40 年间，始终以演讲为武器启迪和呼唤民众投身于民主革命。正如后来许多参加辛亥革命的老人回忆，他们之所以参加辛亥革命，就是因为听了孙中山先生激动人心的演讲所致。

案例

这是一次“我爱神州”演讲比赛中的一段演讲：

同志们，前边的同志对我国伟大祖国悠久的文明史、雄伟壮观的长城和给世界文明带来飞跃发展的四大发明进行了充分的讴歌。听到这些，我们不能不承认，我们祖国拥有这一切，的确令人自豪，感到神圣和可爱。但是，我认为，只有这些还不够！因为，长城尽管又高又长又厚，却没能挡住侵略者的铁蹄！指南针是我们祖先的发明，却引来了武装到牙齿的侵略者，引来了帝国主义的战舰，引来了毒害中国人民的鸦片！火药是我们中华民族智慧的闪耀，却使外国强盗刀剑换枪炮，争我家园国土，奸杀我华夏同胞！至于洁白纸张的创造，正好方便列强与我签订种种不平等条约，写下丧权辱国的几条乃至上百条……是的，我们的祖先，曾是何等荣耀！我们的祖国，曾是怎样的富裕、强大！但是，我们又清楚地知道，这一切终归是祖先的、是祖先的骄傲！我们，后代的炎黄子孙们，绝无权力在祖先的功劳簿上沾沾自喜，大吹大擂！古话说，好汉不提当年勇，我们怎能忘记肩上的重任？祖国，只有在我们的辛勤劳动中，在我们粗糙的大手中，变得在全世界范围内领先，变得强大、富裕，才遂了我们的意，才称了我们的心！

5.2 演讲的构思

5.2.1 确定演讲题目

演讲的题目是一篇演讲稿的有机组成部分。它与演讲的内容、风格、语调有直接关系。内容决定了题目，题目则鲜明地表现内容的特点。

一个新颖、生动、恰当而富有吸引力的题目有以下三个作用。第一，具有概括性。它把演讲的主题、内容、目的全面地反映出来。如毛泽东的《反对党八股》、《为人民服务》等演讲题目，一讲出来就让人明白内容和主题。第二，具有指向性。题目一讲出来，听众就知道你要讲的是哪方面问题，是政治性的、学术性的还是伦理道德的。第三，具有选择性。题目能在未讲之前就告诉听众你要讲什么。听众可以据此进行选择听或不听。

那么，应该根据哪些标准来选择题目呢？

标准之一，演讲的题目应能揭示主题。比如，《心底无私天地宽》，一听就知道演讲的中心思想和主题是什么。

标准之二，演讲的题目应能提出问题。比如，鲁迅的演讲题目《娜拉走后怎样》、《未有天才之前》等，听众听后就会产生浓厚兴趣进行思考，听时自然就容易理解。

标准之三，演讲的题目应能划定范围。比如《大学生的任务》、《美术略论》这样的演讲题目，听众听后就可知道演讲的内容、范围及涉及的具体问题，以选择听还是不听。

当然，要选择一个好的题目，除了按上述三条标准外，还应注意以下问题。

第一，题目要有积极性，即要选择那些光明、美好、有建设性的题目，使听众一听就有无限希望。如《自学可以成才》这样的题目，就可鼓舞听众充满信心地走自学之路。

第二，题目要有适应性。其一，要适应听众的实际，即选题要考虑听众思想修养、文化水平、职业特点、阅历等，这样才能有的放矢。其二，要适应自己的身份，即要选择与自己所从事的工作性质、专业、知识面接近的题目，因为自己熟悉的东西容易讲深讲透，容易收到好效果。其三，要适应演讲的时间，即要按规定的时间选择题目。如果规定的时间长，题目就可大些；时间短，题目就可小些。

第三，题目要有新奇性。只有“新”和“奇”，才能像磁石一样吸引听众。对于司空见惯、屡见不鲜的事物、人物，听众是不易关注的。比如《我的祖国》、《青春在岗位上闪光》等，人们听得厌倦了，很难吸引人。不妨看看鲁迅的演讲题目：《老而不死论》、《伟大的化石》、《老调子已经唱完》、《象牙塔与蜗牛庐》，这样新奇的题目怎能会不引人呢？

第四，题目要有情感色彩。演讲者的演讲总是充满强烈的情感色彩，并把这种强烈的爱憎情感注入到题目里去，从而打动听众有一种情感的导向作用和激发作用。如鲁迅的《流氓与文学》、马克·吐温的《我也是义和团》等，其爱憎情感都是很鲜明的。

第五，题目要有生动性。演讲题目生动活泼，就能给人一种亲切感、愉悦感。像前面举的《老而不死论》、《象牙塔与蜗牛庐》等，都非常生动活泼。当然，生动活泼与否主要由主题和内容而定。严肃的主题和内容就不宜用活泼的题目，用了反而会冲淡和破坏演讲的战斗性和严肃性。

选择一个好题目并非一件容易的事，需要长期锤炼，反复琢磨，久而久之就会找到规律。初学演讲者在选择题目时往往容易犯以下毛病：

(1) 冗长的题目不仅不醒目，也不易记。如《祖国儿女在为中华腾飞而拼搏》，这个题目就太长了。

(2) 深奥怪僻，艰涩费解。这样的题目往往让人摸不着头脑，自然就失去了听的兴趣。如《我对文明之管窥》、《葡萄与大学生》、《五彩石》等，晦涩难懂。

(3) 宽泛、不着边际。如《我自信》、《理想篇》、《责任》等，这样的题目听众根本捕捉不到演讲的范围和内容，也不会愿意听讲。

5.2.2 演讲的选材

“巧妇难为无米之炊”。演讲中的“米”，就是材料。演讲使用的材料及其结构对演讲有至关重要的影响。那么，在演讲中我们应选用什么样的材料呢？

1) 选择能说明主题的材料

选取材料的第一个标准就是材料要能体现说明主题。在选择材料时，一定要从主题出发，既不要滥竽充数，也不能不忍割爱。有些人在写演讲稿时，从兴趣出发，不管材料能不能说明主题，都用到讲稿中去，结果不仅不利于说明主题，反而妨碍了主题的表达。还有的人觉得自己手中的材料很好，不用太可惜，硬把它塞到演讲稿中，结果是牵强附会，也是有害无益的。所以我们在写演讲稿时，一定要避免上面两种毛病，有用则用，无用则弃，只有如此，你的演讲稿才会是一篇好的演讲稿，你的演讲才是成功的演讲。

2) 选择具有典型意义的材料

所谓具有典型意义的材料，就是指有规律性、普遍性、能说明主题的材料。选择那些有典型意义的材料用到演讲中去，不要选择那些个别的、特殊的材料，那样的材料不起支撑作用，相反会给人偏颇极端的印象。典型材料不一定非是大事、名人、伟人的事迹，相反，那些细小的普通人的事迹往往更能说服人，也更具有典型意义。

3) 选择真实可信的材料

写演讲稿不是文学创作，演讲稿中所使用的事迹也必须是真实、可信的，来不得半点杜撰，而且也不允许利用联想或想象去丰富本来就不存在的细节。因此，演讲的材料不允许虚构，它是真实可信的，是经得起论证推敲的，是不怕事实、时间检验的，尤其是事迹演讲更是如此。我们要求演讲中的事迹必须确有其事，演讲中的人物必须真有其人，千万不要将一些道听途说的东西写进演讲稿中，否则产生的恶劣后果不堪设想。

4) 选择新鲜的材料

任何事物都有新旧之分，那么材料也有新旧之分，距发生时间越久远的材料就越陈旧，相反距发生时间越近的材料也就越新鲜。材料越新，时代感就越强，离听众的现实也就越近，也就越容易引起听众的兴趣。所以，我们在选择演讲材料时，一定要选择那些新鲜的材料。

5) 选择符合听众心理的材料

在演讲之前，首先要明了我们面对的是一些什么样的听众、这些听众喜欢什么样的内容、他们关心什么，只有了解听众，我们的演讲才能有的放矢，我们选用材料才能符合听众的心理，听众才是爱听的，喜欢听的。比如，我们要讲“今天的生活像芝麻开花节节高”，歌颂我们现在的美好生活，宣传改革开放以来的成果。如果我们面对的是工厂的工人，那么就可以选用工作环境的变化作材料；如果我们面对的是街头巷尾的老人、妇女，那么就可以用我们衣食住行的变化作材料；如果我们面对的是党政干部，那不妨拿数据作材料……我们只有针对不同的对象选择不同的材料，听众才能喜欢听，否则演讲是不会取得好的效果的。

6) 根据演讲类型的不同选择不同的材料

演讲可以根据不同的标准划分出不同的类型，仅从功能上就可以把演讲划分为“使人知”、“使人信”、“使人激”、“使人动”、“使人乐”的演讲。这里，我们也可以将它们划分成两大类：一类是以说理为主的说理性演讲，另一类是以抒情为主的抒情性演讲。当然，说理性演讲并不完全排斥感情的抒发，而抒情性演讲也不完全拒绝理论的升华。这两类演讲在选用材料上是有区别的。说理性演讲更注重说明问题，因此它的提出问题、分析问题、

解决问题的思路更为清晰，它使用的材料一定要真实、严密、逻辑性强，而且演讲创作要对材料进行量性的分析、升华，使之更利于说明问题；而抒情性演讲使用的材料，则要求更具体、更生动、更具有感染力，唯有如此你的演讲才能声情并茂。

5.2.3 演讲稿的结构安排

1. 结构安排的重要性及方法

1) 结构安排的重要性

合理的结构安排是一篇演讲成功的基础。选材以后，就要谋篇布局，设计演讲的结构。演讲者在演讲之前，对如何开头、如何结尾、何处为主、何处为次、怎样铺垫、怎样承接都应成竹在胸，精心推敲。这样演讲思路清晰，顺理成章；中心突出，铺排严谨；首尾呼应，浑然一体。演讲者才能在限定的时间里讲出最多的内容，紧紧抓住听众，使之跟着演讲者的思路；同时，演讲者也能把忘记演讲内容的危险降至最低的限度，并克服由于害怕忘记内容而产生的怯场。

2) 结构安排的方法

组织演讲材料，安排结构最有效的方法，是列演讲提纲。列提纲是把整个演讲划分成几个部分，如开场白、题目、正文和结尾，把每一部分之间的关系有机地连接起来，并在两个部分之间留下适当的空白，还应当用号码和字母标出标题并反映出它们之间的从属关系。

2. 结构安排的模式

演讲的正文，要做到条理清楚、波澜起伏，关键是要安排好正文的结构。常见的正文结构模式有以下几种：

(1) 并列式。并列式即把所要演讲的几个主要问题排列起来，一个一个地阐述。可以以时间为序，也可以以空间为序，还可以以问题的逻辑结构顺序为序。这种方式眉目清楚、形式整齐，便于听众理解与记忆。

(2) 总分式。总分式即先总的提出观点或主张，然后分别加以阐述，或者反过来，先分别阐述问题，然后再归纳小结。在总分式结构中，分的部分往往就是一个并列式结构。这种方式，在集中论述一个问题时，往往具有较强的说服力。

(3) 递进式。递进式即一层深入一层地阐明问题，逐步把道理讲清楚。它可以由表入里、由浅入深，也可以由小及大、由少及多，要求既符合客观事物的发展规律，又符合听众的认识规律。这种方式，往往思维严谨、结构缜密，具有较强的逻辑力量。

(4) 对比式。对比式即运用比较法阐明问题。它可以是正反对比或新旧对比，也可以是时间对比或空间对比，还可以是问题的性质与类型对比等等。这一方式便于突出正面观点或主要问题。

以上方式，最好是综合使用，或以一种方式为主、其他为辅，或总体上使用某一种、局部使用另外几种。正文的构成，最忌讳平铺直叙。其内容构成无论采用哪种方式，总的原则是，要疏密有致、一张一弛、扣人心弦。

3. 正文的结构安排

演讲需要形成或创造现场的情绪氛围，所讲的内容应该较为集中，通常一篇演讲稿最

多只能讲两三个问题，而且这两三个问题还得很紧密地在逻辑上串连起来，以层层推演的方式，一环扣一环地展开，这时最忌讳的是平面罗列，即甲乙丙丁、1234、abcd，尤其成为大忌的是先亮论点，后举例子。这只能使听众停止思考，甚至昏昏欲睡。分散的论点和被动的(亦即无分析的，不能发展论点的)例子，无异于催眠曲。而在演讲比赛中，尤其要求集中论点，因为时间的限制更大。演讲稿的结构分开头、主体、结尾三个部分，其结构原则与一般文章的结构原则大致一样。但是，由于演讲是具有时间性和空间性的活动，因而演讲稿的结构还具有其自身的特点，尤其是它的开头和结尾有特殊的要求。

1) 开头要抓住听众，引人入胜

演讲稿的开头(也叫开场白)，它在演讲稿的结构中处于显要的地位，具有重要的作用。开场白有两项任务：一是建立说者与听者的同感；二是如字义所释，打开场面，引入正题。好的演讲稿，一开头就应该用最简洁的语言、最经济的时间，把听众的注意力和兴奋点吸引过来，这样，才能达到出奇制胜的效果。因此，只有独具匠心的开场白，睿智、新颖的诉求，才能给听众留下美好的第一印象，从而为接下来的演讲做好铺垫。

演讲稿的开头有多种方法，通常用的主要有：

(1) 开门见山，提示主题。这种开头是一开讲，就进入正题，直接提示演讲的中心。例如宋庆龄《在接受加拿大维多利亚大学荣誉法学博士学位仪式上的讲话》的开头："我为接受加拿大维多利亚大学荣誉法学博士学位感到荣幸。"运用这种方法，必须先明晰地把握演讲的中心，把要向听众提示的论点摆出来，使听众一听就知道讲的中心是什么，注意力马上集中起来。

(2) 介绍情况，说明根由。这种开头可以迅速缩短与听众的距离，使听众急于了解下文。例如恩格斯在 1881 年 12 月 5 日发表的《在燕妮·马克思墓前的讲话》的开头："我们现在安葬的这位品德崇高的女性，在 1814 年生于萨尔茨维德尔。她的父亲冯·威斯特华伦男爵在特利尔城时和马克思一家很亲近，两家人的孩子在一块长大。当马克思进大学的时候，他和自己未来的妻子已经知道他们的生命将永远地连接在一起了。"这个开头对发生的事情、人物对象作出必要的介绍和说明，为进一步向听众提示论题作了铺垫。

(3) 提出问题，引起关注。这种方法是根据听众的特点和演讲的内容，提出一些激发听众思考的问题，以引起听众的注意。例如弗雷德里克·道格拉斯 1854 年 7 月 4 日在美国纽约州罗彻斯特市举行的国庆大会上发表的《谴责奴隶制的演说》，一开讲就能引发听众的积极思考，把人们带到一个愤怒而深沉的情境中去："公民们，请恕我问一问，今天为什么邀请我在这儿发言？我，或者我所代表的奴隶们，同你们的国庆节有什么相干？《独立宣言》中阐明的政治自由和生来平等的原则难道也普降到我们的头上？因而要我来向国家的祭坛奉献上我们卑微的贡品，承认我们得到并为你们的独立带给我们的恩典而表达虔诚的谢意么？"

(4) 反弹琵琶，给人意外。有位班主任在欢送毕业生的晚会上致词："我原来想祝福大家一帆风顺，但仔细一想，这样说不恰当。"这句话一下子就把大家镇住了，同学们屏声静气地听下去——"说人生一帆风顺就如同祝某人万寿无疆一样，是一个美丽而又空洞的谎言。人生漫漫，必然会遇到许多艰难困苦，比如……"最后得出结论："一帆风不顺的人生才是真实的人生，在逆风险浪中拼搏的人生才是最辉煌的人生。祝大家奋力拼搏，在坎坷

的征程中，用坚实有力的步伐走向美好的未来！”

“一帆风顺”是常见的吉祥祝语，而老师偏偏反弹琵琶，从另一角度悟出了人生哲理。第一句话无异于平地惊雷，又宛若异峰突起，怎能不震撼人心？

(5) 借题发挥，巧妙过渡。以眼前的人、事、景为话题，引出讲题，把听众不知不觉地引入演讲之中。比如说在教师节庆祝大会上，那天恰好天气阴沉沉的，演讲不妨这样开头：“今天天气不好，阴沉昏暗，但我们却在这里看到了一片光明”，接着转入讲题，讴歌教师燃烧自己照亮他人的奉献精神，为人类的未来缔造光明。

除了以上四种方法，还有悬念式、警策式、幽默式、双关式、抒情式等。

案例

孙中山在广东大学(今中山大学)讲民族主义时，礼堂小，听众多，天气闷热，听众没精打采。这时，孙中山便巧妙地穿插了一个故事：“那年我在香港读书时，看见许多苦力工人聚在一起谈得很起劲，听得人哈哈大笑。我觉得奇怪，便走上前去。有一个苦力说：‘后生哥！读书好了，知道我们的事于你无益。’又一个告诉我：‘我们当中有一个行家，辛辛苦苦积蓄了五块钱，买了一张马票，牢牢记住那上面的号码，把它藏在日常用来挑东西的竹杠里。等到开奖，竟真的中了头奖，他欢喜万分，以为领奖后可以买洋房、做生意，这一生再也不用这根挑东西的杠子过生活了，就把竹杠狠狠地扔到大海里。不消说，连那张马票也一起丢了。因为钱没有到手先丢了竹杠，结果是空欢喜一场。’”孙中山风趣的话，使台下响起了一片笑声，那些打瞌睡的人禁不住跟着笑了起来。孙中山接着不失时机地归到本题：“对于我们大多数人，民族主义就是这根竹杠，千万不能丢啊！”

2) 主体要环环相扣，层层深入

这是演讲稿的主要部分。在行文的过程中，要处理好层次、节奏、衔接和遣词炼句等几个问题。

(1) 层次。层次是演讲稿思想内容的表现次序，它体现着演讲者思路展开的步骤，也反应了演讲者对客观事物的认识过程，演讲稿结构的层次是根据演讲的时空特点对演讲材料加以选取和组合而形成的。由于演讲是直接面对听众的活动，所以演讲稿的结构层次是听众无法凭借视觉加以把握的，而听觉对层次的把握又要受限于演讲的时间。

那么，怎样才能使演讲稿结构的层次清晰明了呢？根据听众以听觉把握层次的特点，显示演讲稿结构层次的基本方法就是在演讲中树立明显的有声语言标志，以此适时诉诸于听众的听觉，从而获得层次清晰的效果。演讲者在演讲中反复设问，并根据设问来阐述自己的观点，就能在结构上环环相扣，层层深入。此外，演讲稿用过渡句，或用“首先”、“其次”、“然后”等语词来区别层次，也是使层次清晰的有效方法。

(2) 节奏。节奏是指演讲内容在结构安排上表现出的张弛起伏。演讲稿结构的节奏，主要是通过演讲内容的变换来实现的。演讲内容的变换，是在一个主题思想所统领的内容中，适当地插入幽默、诗文、轶事等内容，以便听众的注意力既保持高度集中又不因为高度集中而产生兴奋性抑制。优秀的演说家几乎没有一个不擅长于使用这种方法的。演讲稿结构的节奏既要鲜明，又要适度。平铺直叙，呆板沉滞，固然会使听众紧张疲劳，而内容

变换过于频繁，也会造成听众注意力涣散。所以，插入的内容应该为实现演讲意图服务，而节奏的频率也应该根据听众的心理特征来确定。

(3) 衔接。衔接是指把演讲中的各个内容层次连接起来，使之具有浑然一体的整体感。由于演讲的节奏需要适时地变换演讲内容，因而也就容易使演讲稿的结构显得零散。衔接是对结构松紧、疏密的一种弥补，它使各个内容层次的变换更为巧妙和自然，使演讲稿富于整体感，有助于演讲主题的深入人心。演讲稿结构衔接的方法主要是运用同两段内容、两个层次有联系的过渡段或过渡句。

(4) 遣词炼句。演讲的语言具有艺术性，决定了演讲必须讲究遣词炼句。

演讲语言与日常口语不同，它更加精炼、优美、生动、规范。演讲语言与书面语也不同，它更注重“讲”，因而朴素、明快、简洁。书面语当中的破折号、冒号，在口语中常变为判断词“是”、“就是”。与书面语相比较，演讲语言的语气词较多，显得亲切自然，具有鼓动性。被誉为英语演讲最高典范的林肯葛底斯堡演说，整篇只有 10 个句子，演讲时间不到 3 分钟，通过遣词炼句，其语言达到了完美无疵的境界。林肯是这样演讲的：“这块土地我们不能够奉献，不能够圣化，不能够神化。那些曾在这里战斗过的勇士们，活着的和去世的，已经把这块土地神圣化了，这远不是我们微薄的力量所能增减的。我们今天在这里所说的话，全世界不大会注意，也不会长久地记住，但勇士们在这里所做过的事，全世界都永远不会忘记。”这篇演讲词的语言朴实优美、情理交融、要言不烦，具有演讲口语的鲜明特征。

要使演讲语言富有文采，必须讲究修辞。恰当地使用修辞手法，可使语言具备音韵美，达到“上口”、“入耳”的效果。比如：使用对仗，可以增加演讲的节奏感；使用排比，可以体现演讲的气势；连续发问，可以打破平板的气氛，形成一种勿庸置疑、扣人心弦的强劲节拍；使用顶针格，可以增加演讲的连贯性、严谨性且易懂易记；引用可以增加演讲的可信程度，引起共鸣。需要指出的是，演讲稿音韵美的实现始终要为演讲目的服务。因此，上述表现技巧，能用得巧妙固然是好事，一时用不上也不可生搬硬凑，以免弄巧成拙。

3) 结尾要简洁有力，余音绕梁

结尾是演讲内容的自然收束。言简意赅、余音绕梁的结尾能够使听众精神振奋，并促使听众不断地思考和回味；而松散疲沓、枯燥无味的结尾则只能使听众感到厌倦，并随着事过境迁而被遗忘。怎样才能给听众留下深刻的印象呢？美国作家约翰·沃尔夫说：“演讲最好在听众兴趣到高潮时果断收束，未尽时戛然而止。”这是演讲稿结尾最为有效的方法。在演讲处于高潮的时候，听众大脑皮层高度兴奋，注意力和情绪都由此而达到最佳状态，如果在这种状态中突然收束演讲，那么保留在听众大脑中的最后印象就特别深刻。演讲稿的结尾没有固定的格式，或对演讲全文要点进行简明扼要的小结，或以号召性、鼓动性的话收束，或以诗文名言以及幽默俏皮的话结尾，但一般原则是要给听众留下深刻的印象。

5.2.4 演讲方式的选择

在正式场合发表演讲，演讲方式的选择至关重要。

(1) 照本宣科。照本宣科地念讲稿，提出的观点是经过推敲的，材料是精心选择的，语言的组织流畅而自如。对于初学者来说，照本宣科式的演讲是最好的选择。但是，这种

方式的不利方面是演讲者只顾念稿，与听众的沟通极少，现场气氛冷淡枯燥，听众也会提出疑问：他的讲稿是不是由别人撰写的(在宣读出错时尤其如此)？因此怀疑演讲者的能力。

(2) 记忆演讲。记忆演讲是指写出完整的演讲稿，然后逐字逐句地记住它。记忆演讲会产生相当大的压力，演讲者不仅要花时间来记忆演讲，而且担心忘记。另外，使记忆演讲听起来出自本能和自然，需要相当高明的演技。这种演讲方式最好少用。除非演讲者对演讲内容非常熟悉，否则演讲者突然忘了某句话甚至某个词，就会不知所措，造成灾难性后果。

(3) 脱稿演讲。脱稿演讲是最值得推荐的方式。演讲者运用写好的提纲帮助回忆，仔细设计和组织好要讲的话，要用的关键词。偶尔翻一下提纲卡片，就可以从一个论点转向另一个论点。

(4) 即兴演讲。除非没有别的选择，否则不要做即兴演讲。出色的即兴演讲，并非随兴而发，而是演讲者深思熟虑后的见解；演讲者往往拥有深厚的思想基础和丰富的信息材料，有着熟练的演讲技巧。在演讲者准备不足的情况下，谦虚的退让要胜过鲁莽的尝试。

5.3 演讲的心理技能

演讲是一种强烈的精神劳动的产物，因此，一次演讲不仅是对演讲者思想、文化、知识、表达能力的考验，也是对演讲者心理和心理素质的严峻考验。良好的心理素质可以帮助演讲者获得演讲的成功，而心理素质差的演讲者也许还没有登场就败下阵来了，因此培养演讲者良好的心理素质，是取得演讲成功的先决条件。

5.3.1 演讲心理

演讲心理指的就是演讲者对演讲实践这个客体的反应和感受，是演讲者在进行演讲实践时所必然产生的心理活动和必然经历的心理体验过程。

5.3.2 演讲者要具有的心理素质

1. 求真的心理素质

追求真理应该是每一个演讲者演讲中所追求的目的，而也只有追求真理、弘扬真理的演讲才是最具有生命力的演讲，才会是名垂青史的演讲，恩格斯的《在马克思墓前的讲话》如此，林肯的《葛提斯堡演讲》如此，闻一多的《最后一次演讲》也是如此。这一切都是演讲者追求真理的结果，如果没有他们对真理追求的内在思想品质、良好的心理素质，那么要想产生这些名垂青史的演讲传世之作是不可能的。

因此，我们在演讲前必须要做好为追求真理而演讲的心理准备。不要去面对听众无病呻吟，也不要为了某种目的去哗众取宠，否则你永远不会成为一个优秀的演讲家。

2. 创作上的心理素质

在演讲创作中需要哪些心理素质呢？大体来说有两大方面：一是形象思维和逻辑思维；二是联想与想象。

在演讲创作中逻辑思维占主导地位，演讲创作者要通过自己的创作说明问题、解决问题，最后昭示给人们的也不是形象而是一个抽象的道理，因此，演讲辞在文体上更像是论说文或议论文。所以形象思维在演讲创作中只是暂时的、阶段性，占主导地位的是逻辑思维。但是形象思维在演讲创作中并不是可有可无的，它在演讲创作中也起着逻辑思维不可替代的作用，如事例的陈述、形象的描绘等等，离开了形象思维同样完不成任务。

那么，联想和想象在演讲创作中又起着什么作用呢？

想象是创造性的。想象可以为我们的思想插上一双展翅高飞的翅膀，没有了想象，我们的思想就飞不高、飞不远，我们的心灵就不会丰富，我们的生活也不会多彩；而联想又帮我们在错综复杂的事件之间找到联系，让我们在千头万绪中找出头绪，在千变万化中找到根本。另外，想象和联想也让我们的演讲创作得到升华，让我们的演讲主题更深刻，让我们的思维材料更丰富，让我们的演讲构思更灵活。

3. 表达的心理素质

有了演讲的动机，进行了良好的演讲创作，接下来需要的就是演讲的表达，也就是把演讲推入到最后的实施阶段。这一时期对演讲者心理素质的考验更为严峻。演讲是需要勇气的，这种勇气到了演讲的表达阶段显现得更为突出。这时演讲者一般要做好下面几种心理准备。

1) 控制紧张情绪

大多数人，甚至相当多的名人在大庭广众面前都会产生紧张情绪。其表现是面红耳赤，两腿发抖，说起话来声音颤抖走调，心里发慌。古罗马的雄辩家西塞罗曾在一次讲演后说：“演讲一开始，我就感到自己面色苍白，四肢和整个心灵都在颤抖。”演讲时出现紧张情绪是很正常的。一般在以下情况下，会出现紧张情绪：认为自己处于公众注意力的中心；以前有过演讲失败的经历；缺乏演讲经验。但是，目前还没有任何一种确定的模式能够减轻每个人演讲前的焦虑。然而，某些策略对许多人都有用，归纳起来，大致有以下几点：选择熟悉的题目或能够打动自己的题目进行演讲；要有充分的自信；在正式演讲前进行预演；选择友善的面孔，并与这些人保持目光接触；全神贯注于演讲内容。

2) 情绪饱满登台演讲

演讲者一定要想方设法在登台演讲前把自己的情绪调整到最佳状态，以饱满的情绪登台演讲。古希腊著名的哲学家亚里士多德曾经说过：“一个充满了感情的演说者，常常使听众和他一起感动，哪怕他所说的什么内容都没有。”而且，饱满的情绪也能吸引听众、感染听众、打动听众，因此我们在登台以前，一定要调整好自己的状态，给听众留下美好的第一印象，让听众对你的演讲充满信心。

3) 学会与听众沟通

演讲是一种双向交流，因此，演讲者在登上讲台之后，就要学会与听众交流，随时注意听众的反馈信息，并根据这些反馈信息及时调整自己的演讲内容，只有如此，你的演讲才会是适时的、得体的，也才会是成功的。

演讲者千万不要自恃自己高于听众，不论你知识多么丰富，阅历如何广博，准备怎样周详，但是千万不要忘了“群众才是真正的英雄”，听众中并不乏真知灼见，在演讲中，演讲者与听众往往也是可以“讲、听相长”的。

演讲心理素质的形成是一个长期的过程，但在演讲前，有针对性、目的性地做一些准备工作也是必要的。我们每一个有志于演讲的同学不妨在心理素质的培养上多下点功夫，相信这些功夫是不会白下的。

5.4 演讲的语言技巧

5.4.1 演讲语言表达的基本要求

语言的运用是演讲成功的决定因素之一。演讲者要提高演讲质量，必须符合演讲语言表达的四个基本要求。

1) 上口入耳

“上口”、“入耳”是对演讲语言的基本要求，也就是说演讲的语言要口语化。演讲，说出来的是一连串声音，听众听到的也是一连串声音。听众能否听懂，要看演讲者能否说得好，更要看演讲稿是否写得好。如果演讲稿不“上口”，那么演讲的内容再好，也不能使听众“入耳”，完全听懂。演讲稿的“口语”，不是日常的口头语言的复制，而是经过加工提炼的口头语言，要逻辑严密、语句通顺。由于演讲稿的语言是作者写出来的，受书面语言的束缚较大，因此就要冲破这种束缚，使演讲稿的语言口语化。为了做到这一点，写作演讲稿时，应把长句改成短句，把倒装句必成正装句，把单音词换成双音词，把听不明白的文言词语、成语改换或删去。演讲稿写完后，要念一念，听一听，看看是不是“上口”、“入耳”，如果不那么“上口”、“入耳”，就需要进一步修改。

2) 通俗易懂

演讲要让听众听懂。如果使用的语言讲出来谁也听不懂，那么这篇演讲稿就失去了听众，因而也就失去了演讲的作用、意义和价值。为此，演讲稿的语言要力求做到通俗易懂。列宁说过：“应当善于用简单明了、群众易懂的语言讲话，应当坚决抛弃晦涩难懂的术语和外来的字眼，抛弃记得烂熟的、现成的但是群众还不懂的、还不熟悉的口号、决定和结论。”鲁迅也说过：“为了大众力求易懂。”

3) 准确精炼

演讲用词要能够确切地表达讲述的对象——事物和观念，指出它们的本质及相互关系，以避免发生歧义和引起误解。在演讲中不要使用似是而非、模棱两可的话，如“这种事情”、“大小约是”等。不同的场合，同样的所指应使用不同的词，如“逝世”、“牺牲”、“完蛋”、“死”，说的都是“失去生命”，但其褒贬好恶却大相径庭。用词不当会引起很多麻烦。

4) 生动感人

好的演讲稿，语言一定要生动。如果只是思想内容好，而语言干巴巴，那就算不上是一篇好的演讲稿。广为流传的恩格斯、列宁、斯大林的演讲，毛泽东的演讲，鲁迅的演讲，闻一多的演讲，都是既有丰富深刻的思想内容，又有生动感人的语言。语言大师老舍说得好：“我们的最好的思想，最深厚的感情，只能被最美妙的语言表达出来。若是表达不出，谁能知道那思想与感情怎样好呢？”由此可见，好的演讲，只有语言的明白、通俗还不够，

还要力求语言生动感人。怎样使语言生动感人呢？一是用形象化的语言，运用比喻、比拟、夸张等手法增强语言的形象色彩，把抽象化为具体，深奥讲得浅显，枯燥变成有趣。二是运用幽默、风趣的语言，增强演讲稿的表现力。这样，既能深化主题，又能使演讲的气氛轻松和谐；既可调整演讲的节奏，又可使听众消除疲劳。三是发挥语言音乐性的特点，注意声调的和谐和节奏的变化。

5.4.2 演讲语言的常用技巧

1) 吐字

演讲用语，一定要吐字清晰，咬字真切。正如戏曲艺术界讲究的“吐字归音，字正腔圆”。演讲还要防止“吃字”现象。“吃字”指演讲者在情绪激动或急切时把某个音节的字漏了过去，或与其他字词混淆发生新的合并现象。例如：“答案”——“蛋”，“关爱”——“怪”，把“只要你们努力”快说成“照你们努力”。这种情况，造成演讲吐词不清，影响演讲效果。

2) 重音

对演讲者来说，利用轻重音起伏跌宕的变化来有效地传情达意，是非常必要和重要的。当然，这是指逻辑重音的运用。它既能突出演讲中某些关键的词、句和段，从而突出地表现某种思想感情，又能加强语言的色彩，美化语言。

演讲者的成功经验表明，一般的演讲，尤其是那种议论型的演讲，其结尾段往往重音较多，甚至整段都是重音，以此来造成一种强烈的气氛，突出结尾所概括的演讲的主要内容、中心议旨，把整个演讲推向高潮，给听众留下更深刻的印象。

3) 节奏

演讲时抑扬顿挫、轻重缓急的声音，形成了回复往返，构成了语言的节奏。它是演讲中的一切要素的有秩序、有节拍的变化。离开变化，节奏便无从谈起，离开了内容，节奏就毫无意义，所以节奏不是速度。

演讲节奏的快慢缓急应该怎样变化呢？主要是根据表达思想感情的需要。在表达一般内容时，语速可以适中，既不要太快，也不要太慢。当表达热烈、兴奋、激动、愤怒、紧急的思想情感时，出言吐语就要快些，势如破竹；讲到庄重、怀念、悲伤、沉寂、失落、失望的思想感情时，语速可以放慢些，娓娓道来。

演讲节奏的变化，应当是自然、顺畅的。只有音速适宜、快慢有致，才既能有效地传情达意，又能令听众感到优美入耳。如果节奏不当，缺乏快慢变化，始终保持一个速度，那就很难准确、恰当地表达出演讲者内心的思想感情，也使听众感到厌烦，难于接受。

4) 语调

语调有高低变化，或者说是抑扬变化。一般说来，高音为升调，即句子调值由低到高，句尾发音往往最高，一般用于疑问句；低音为降调，即句子调值由高到低，句尾发音往往最低，一般用于陈述句、祈使句和感叹句。

在演讲中，为了更有效地表达思想感情，就不能不对语言做高低抑扬的变化处理。既不能一味地高，破嗓裂喉；也不能一味地低，有气无力。只有使音调的高低随意而变、随

情而变，才能造成最佳的演讲效果。

5) 停顿

停顿，就是说话时的间歇。演讲不仅要有停顿，而且还应该利用停顿，使停顿变为一种表达艺术，以求更有效地表达演讲者的思想感情。

那么，究竟怎样停顿呢？一般说来，停顿有三种：一是自然停顿，即词语或句子间的自然间隔；二是文法停顿，即段、句之后的较长一点的停顿；三是修辞停顿，即由于某种修辞效果的需要而作的停顿。对演讲来说，应综合运用这三种停顿，使它们变为一种技巧性、艺术性的停顿。

具体来说，在一般情况下，可做一般性停顿。然而，在某些特殊情况下，则应做较长一些的停顿了。比如，在向听众提出某个问题之后，在提出自己的某个观点之后，在道出某个妙语警句之后，在讲清一个相对完整的意思之后，都要做较长一点的停顿。

总之，停顿是演讲的一种非常有效的表达艺术。演讲运用了停顿艺术，不但不会使演讲散乱，反而能使整个演讲抑扬顿挫、起伏跌宕、连贯畅通，让听众享受到一种语言的节奏美。

6) 句式

汉语中的句式多种多样，丰富多彩。每种句式都有其特定的表意功能，其语气、语调、气势等与别的句式都有所不同。一般说来，长句字数多，结构复杂，表意缜密严谨；短句结构简单，明快有力；口语句活泼生动，通俗易懂；文言句典雅简洁，蕴涵丰富；整句结构相同，整齐匀称，富有节奏感和形式美；散句舒缓悠远，不拘一格。法国作家莫泊桑说："我们要少用些意思难以掌握的名词、动词和形容词，而多用一些结构迥异、结尾巧妙、音调响亮、韵律精美的各式各样的文句。"写演讲稿更要根据演讲的内容和听众，有目的地交替使用各种句式，做到长句短句搭配，整句散句结合，语调起伏多变，节奏疾缓有致，句式灵活匀称。

案例

闻一多的《最后一次演讲》：

大家都有一支笔，有一张嘴，有什么理由拿出来讲啊！有事实拿出来说啊！为什么要打要杀，而且又不敢光明正大地来打来杀，而偷偷摸摸地来暗杀！这成什么话？

这段演讲词中有陈述，有疑问，有感叹。不同的句式，不同的语气语调，感情充沛，语调铿锵，短促有力，气势夺人。

5.5 演讲的非语言技巧

非语言技巧也是演讲的表达手段。非语言技巧主要配合有声语言生动形象地表达演讲者的思想感情，包括表情、眼神、手势、姿态等。在演讲中合理地运用非语言技巧能够产生较好的现场效果。

1．表情

德国哲学家 A. 斯科芬翰尔指出：“人们的脸直接反映了它们的本质，假若我们被欺骗，未能从对方的脸上看穿别人的本质，被欺骗的原因是由于我们自己观察不够。”面部表情是人的思想感情最复杂、最准确、最微妙的“晴雨表”。人往往不由自主地或自觉地运用表情来表达自己的思想感情，而其他人能够读出这种特殊的“语言”，如喜悦、悲痛、畏惧、愤怒、忧虑、怜悯、鄙夷、疑惑、失望等。它可以对听众施加影响，更好地达到演讲效果。

试验证明：人们对愉快的感情流露领会得最快最好。因为微笑最容易得到对方的认同、喜欢，所以演讲者在演讲中不妨多一点微笑，给听众带去自信、友好的信息。因此有人把真诚的微笑誉为“最好的入场券”。但是，面部表情要顺其自然，随着演讲内容和演讲者情感的变化而变化。切忌拘谨木讷、神情慌张和矫揉造作。这些都可能影响听众情绪和演讲效果。

2．眼神

眼睛是心灵的窗户，而眼神则是心灵窗户投射出的无数束阳光。眼神是演讲者在演讲中运用的重要的非语言技巧。眼睛的神色变化，倾诉着一个人的微妙心曲，帮助人们传达许多具体、复杂甚至难以言传的思想感情。它在演讲与交谈中具有重要的表情、表意和控制场面作用。在与听众的交流中，有经验的演讲者，总是能够恰如其分地、巧妙地运用自己的眼神，去表达千变万化的思想感情，去调整他的演讲和现场的气氛，去影响他的听众，以收到最佳的效果。反之，凡是不成熟的演讲者，却总是一站到台上，就把自己的眼睛“藏”起来，不是低头看着自己的讲稿，看着地板，就是抬头看着天花板，转头看着会场的外面，从不正视听众一眼，像这样的演讲，可以肯定地说，其结果只能是失败。一场精彩的演讲需要丰富的眼神装饰，一个优秀的演讲者必然是一个运用眼神的高手。

1) 眼神的运用技巧

(1) 纵向角度。纵向角度是指演讲者视线的上下角度。视线太低，只能看到前几排的听众，照顾不了大多数听众；视线太高(仰视)，又会使人感到趾高气扬，盛气凌人，似乎看不起听众。最好保持平视，把视线落在会场中排的听众身上，以此为基本落点，并在演讲中适当变动，以顾及前排和后排的听众。

(2) 横向角度。横向角度是指演讲者视线的左右角度，演讲者绝不要把视线长时间地停留在某一点上，而应当常从左边自然地扫到右边，然后再从右边移到左边。

(3) 环视法。演讲中使用眼神的主要方法之一，即有节奏或周期性地把视线从会场、教室的左方扫到右方，再从右方扫到左方；从前边扫到后边，从后边扫到前边，以便不断地观察和发现所有听众的动态。演讲人切忌眼睛老是向上翻动，瞅天花板或老盯住某一个人、某一个地方，而忘记前排及左右两边的死角；更不能经常把眼光漂向窗外。

(4) 点视法。演讲中使用眼神的主要方法之一，指演讲者的观察要有重点。在环视过程中，发现哪里不安静了，应立即投去严肃的制止性的目光；讲到重点和难点需让听众做笔记时，应向那些学习吃力、做记录慢的人投以帮助性目光；对有疑问的人，要投以启发性目光；对提高偏离轨道、说东道西的听众要投以引导性目光；对犹豫不决、欲言又止的提问者要投以鼓励和赞许性目光。

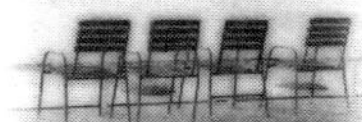

(5) 虚视法。演讲中使用眼神的主要方法之一，就是演讲者的眼睛好像盯住什么东西，但实际上什么也没有看。这种眼神既可以克服紧张的毛病，显示出端庄大方的神态，又可以把精力集中在演讲内容上。它对初次登台的演讲者十分有效。但因为它是一种转换性目光，不可常用。

2) 眼神的运用原则

(1) 要自觉赋予眼神以一定的内容，明确使用的目的性。因为眼神本身总带有一定的思想感情色彩，如果你不能有意识地使用它，或者失去自我感觉地乱用一通，势必引起听众的误解。比如，要给听众一种可亲感，以利于他们接受你的意见，就应该让眼睛闪现热情、诚恳、坦白、亲切的光芒。倘若你不能明白这一点，或甚至不自觉地让眼睛放射出一种轻蔑、冷淡、虚伪或者咄咄逼人的光芒，得到的就必然是相反的效果。

(2) 环顾或者专注不能失度。“环顾”不是不断地变换眼睛的瞄准点，让眼睛溜转个不停，而是有意识、有节制地流转。经验表明，眼睛从一个地方扫到另一个地方，又从另一个地方转回原来的地方，如此不断地循环往复，不但不能照顾全场，集中听众的注意力，而且相反，还会害得听众也跟着你乱转，从而分散了注意力，严重时甚至可能引起一种厌倦情绪，从此不再注意你的眼神。也有一些演讲者走向了另一个极端，以为专注便是固定于一点，无须变动，这样才能加深听众的印象。其实专注也是有限度的，而且一般只是短暂的停留。演讲者如果只把眼神固定在一个死点上，那么他便把大多数的听众忘了，大多数听众也不能从他的眼睛里去理解他的思想与感情。

(3) 眼睛的活动不但要和脸部的表情协调一致，而且还要同有声语言和态势密切配合，才能收到更大的交流效果。因为协调一致才容易为听众所理解，也才能有效地把眼睛的神色变化烘托出来。

3. 姿态

演讲时首先要注意自己的站姿，争取给人留下一种精神饱满、胸有成竹的好印象。著名演讲家曲啸曾在介绍演讲经验时说：“演讲者的体态、风貌、举止、表情都应给听众以协调的平衡的至美的感受，要想从语言、气质、神态、感情、意志、气魄等方面充分地表现出演讲者的特点，也只有在站立的情况下才有可能。”

演讲者站姿规范如下：

(1) 脊椎、后背挺直，胸略向前上方挺起。

(2) 两肩放松，重心主要支撑在脚掌脚弓上。

(3) 挺胸，收腹，精神饱满，气息下沉。

(4) 脚应绷直，稳定重心位置。

演讲站姿有以下几种：

(1) 前进式。这种姿势是演讲者用得最多，使用最灵活的一种站姿。右脚在前，左脚在后，前脚脚尖指向正前方或稍向外侧斜，两脚延长线的夹角成45°左右，脚跟距离在15厘米左右。这种姿势重心没有固定，可以随着上身前倾与后移的变化而分别定在前脚跟与后脚上，不会因时间长而身体无变化不美观。另外，前进式能使手势动作灵活多变，由于上身可前可后，可左可右，还可转动，这样能保证手做出不同的姿势，表达出不同的感情。

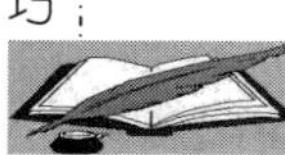

(2) 稍息式。一脚自然站立，另一只脚向前迈出半步，两脚跟之间相距 12 厘米左右，两脚之间形成 75° 夹角。运用这种姿势，形象比较单一，重心总是落在后脚上。一般适应于长时间站着演讲中的短期更换姿势，使身体在短时间里松弛，得到休息，一般不长时间单独使用，因为它给人一种不严肃之感。

(3) 自然式。两脚自然分开，平行相距与肩同宽，约 20 厘米为宜，太平会影响呼吸声音的表达，太迂则显得拘束。

需要注意的是，演讲有时也可以坐着说，运用坐姿可以使演讲显得随和，适合于那种时间较长或“拉家常”式的演讲。

4．手势

大方、得体的手势是演讲必不可少的手段。自然而安详的手势，可以帮助演讲者平静地陈述和说明；急剧而有力的手势，可以帮助升华情绪；柔和、平静的手势，可以帮助抒发内心火热的情感。

在演讲的态势语言中，手势的使用频率最高，视觉感受最强。可以这样认为，手势是演讲者的第二张脸，它能够传递奇妙的无声语言。一位演讲家曾精确地描述过演讲的手势效应。他说：“手是人体敏锐、丰富的表情器官之一。它以众多的不同态势的造型艺术，描摹着事物的复杂状貌，传递着人们的潜在心声，披露着心灵深处的微妙情感。它是激发听众积极思维的信号，它是撩拨听众感情之弦的信息。”

因此，掌握和运用好手势，不仅可以吸引听众的注意力，而且也能使听众通过视觉的帮助而获得对演讲的深刻印象，使演讲语言更显生动形象，从而增强演讲的表现力和感染力。

手势的运用没有什么固定模式，完全是由演讲者的性格和演讲的内容以及演讲者当时的情绪支配的，因人而异，随讲而变。但是手势挥动的高度却有个一般的约定俗成的范围。按演讲者的身材可分上、中、下三个部位。上位，是从肩部以上，常在演讲者感情激越，或大声疾呼、发出号召、进行声讨，或强调内容、展示前景、指示未来的时候；中位，即从腹部至肩部，常在心绪平稳、叙述事实、说明情况、阐述理由的时候运用；下位，即在腹部以下，这个部位的手势除指示方位、例举数目以外，多用于表达厌恶、鄙视、不快和不屑一顾的情感，或介绍、评说反面的事物。演讲中运用手势，应该注意以下几点要求：

(1) 精当。所谓“精”，就是精确，演讲者做出的手势要能够精确地表达出它特定的意义和内涵。所谓“当”，就是适当。在演讲中，手势既不要过多，也不能太少，要根据演讲内容的需要使用手势，让最富有哲理性和情意感的有声语言与必要的手势有机地配合在一起。力求用最精当的手势，获得最强烈的现场效应。

(2) 自然。演讲的手势贵在自然。因为自然才是情感的真实流露和体现，才能给听众以赏心悦目的美感，而任何矫揉造作的手势都只会引起听众的强烈反感。所以，演讲者的手势既要做得舒展大方，又要自然流畅，既不可过于张狂，也不能过于拘谨。总之，每一个手势都要随着演讲者的情感活动自然形成和外现。即使是预先设计的手势，也要让听众感觉是情感所致，非做不可。只有这样自然的手势，才能拨动听众的心弦。

(3) 简练。演讲的手势是从生活中提炼出来的，它追求的是简单明了、精炼生动的表达效果。因为复杂模糊的手势会让听众迷惑难解，而烦琐拖沓的手势又会使听众烦扰生厌，所以，演讲者的手势一定要尽可能地做得简捷明快，干净利落，切不可哗众取宠，拖泥带水。

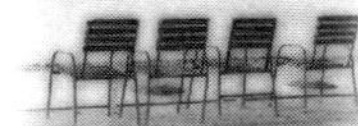

(4) 和谐。演讲的手势是不可能单独运用的。它的一举一动，总是与演讲者的声音、姿态和表情配合在一起的。这种配合必须是适当的，协调的。比如手势的起落应当和话音同时，手势动作需要同姿态结合，手势效应必须与表情一致。和谐产生美，只有和谐的手势，才能给听众以独特的美感。

思考题

1. 简要概述演讲的整体构思。
2. 回忆自己最近的一次演讲，该演讲的效果如何？哪些方面需要改善？

技能训练

创设现场情境，进行演讲练习。

1. 中秋节(或国庆节、春节)文艺晚会，学生干部在晚会开始之前的讲话。
2. 同学或亲人的生日宴会、同学多年后的聚会上的讲话。
3. 在围绕某主题开展的主题班会上的发言(主题由学生自定)。

请选择一种情境展开联想和想象，写一篇400字左右的讲话稿，并进行演讲。

第六章 书面沟通

☞ 案例导入

二〇〇六年三月某日，总经理给新来的总经理助理曹小姐布置了一个任务，要求她向各个部门下发岗位职责空白表格，并要求各个部门在当天下午两点之前上交总经办。总经理问曹小姐是否明白意思，她说完全明白，于是就去执行。

结果到了下午，事情出来了：到了规定的时间，技术部没有按时上交。总经理问曹小姐：你向技术部怎么传达的？曹小姐说，完全按正确的意思传达的。总经理又问为什么技术部没上交，曹小姐说技术部就是没上交，不知道为什么。

总经理把曹小姐和技术部人员都召集到总经办会议室，问这个事情。技术部负责人回答说，当时他没有听到曹小姐传达关于上交时间的要求。而曹小姐说，自己确实传达了，为什么公司十二个部门就技术部没听清楚？技术部负责人说，确实没有听到。

到底是曹小姐没传达，还是技术部没听到？没有书面的东西，说不清楚。

启示：办公人员在传达文件的时候，一定要严格按照ISO9001：2000的文件管理标准的要求，一定要有传达的书面函件，该签字的要求签字，该署名的要求署名。否则，出现上述情况，既耽误了工作，又难以说清责任，同时还反映了管理水平的落后和管理方式的不足。

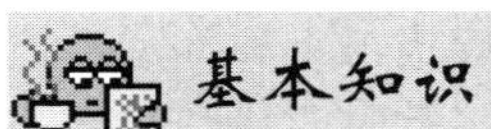

6.1 书面沟通概述

人际沟通与交流分为语言和非语言两种，在沟通过程中人们通常以语言沟通为主，以非语言沟通为辅。语言沟通与交流又分为口头和书面两种，其中口头沟通与交流的运用更为广泛，更受人们的重视，但我们决不能忽视书面沟通的作用和效果。

目前，相对于口头语言沟通来说，书面沟通的形式发展迅猛。它从单一的文件发展出多种多样的形式，包括报纸、文案、杂志、书籍、信件、报告、板报、标语、电子邮件、传真、手机短信息、电视或电脑屏幕上的文字说明、通知以及标志等等。由于书面材料的可复制、可保存、可查阅等特点，在科层制度复杂的正式企业组织中，大量的沟通都依赖

于书面沟通。书面沟通的规则性更强，写作往往比说话更让人觉得难以下手，因而，了解书面沟通的技巧显得十分必要。

6.1.1 书面沟通的特点

所谓书面沟通，就是利用书面文字作为主要的表达方式，在人们之间进行信息传递与思想交流，如企业在处理日常事务时经常使用的信函、计划书、各类报告、合同协议等都是重要的书面沟通方式。有统计表明，企业中高层领导的大部分时间花在文件审阅、传送及拟定上面，也就是说，其大部分时间花在了书面沟通上。可以说，无论企业内部沟通还是外部沟通，时刻都离不开书面文字。对企业内部而言，企业成立时需要拟定公司章程、制定规章制度、编制工作说明书等；日常管理中需要制订各种计划、签订有关合同、发放各种通知等。对企业外部而言，书面沟通更为普遍，如财务报告、市场调研报告、对外商务交往信件与函件等，这些都是企业与外部环境联系的桥梁和纽带。

1．书面沟通的优点

书面沟通在人们的生活和企业管理过程中扮演着重要角色，具有其他沟通形式所不可替代的作用。概括起来，书面沟通的优点主要表现在下述几个方面：

(1) 书面沟通可供阅读，可长期保留，并可作为法律凭证。一般情况下，信息的发送者与接收者都是通过书面文字了解信息，传递思想与情感的。这些书面文字可以长期保存，如果对信息的内容有疑问，事后对信息的查询也是完全可行的。由于书面沟通有据可查，因此在某种意义上还可以作为法律上的凭证和依据，如合同与协议书的条款一旦生效就具有法律效力。不仅如此，书面沟通还能够给读者提供更多的思考时间，使其仔细分析文字上所附有的意义，并且可圈可点。

(2) 书面沟通可使下属放开思想，避免由于言辞激烈而与上级发生正面冲突。如果下属面对面地与领导交谈，一般都会有所顾忌，不敢直言，特别是对上司的缺点，下属更不愿直接说出。采用书面形式沟通，下属可以直抒胸臆，晓之以理，动之以情，让领导理解或接受自己的观点和意见，既能使问题得到解决又照顾到双方的脸面，维护了双方的自尊，避免由于言辞激烈而与上级发生冲突与不快。反之，上级采用书面的形式与下属沟通，既能拉近彼此之间的距离，让下属感到亲切，同时下属也比较重视，能够及时改进自己的不足。同时，采用书面形式沟通，写作者可放开思想包袱，从容表达自己的想法，避免了口头沟通时说话不连贯、吞吞吐吐、欲说还休的尴尬情况。

(3) 书面沟通的内容易于复制，有利于大规模的传播。书面沟通可以将内容同时发送给许多人，给他们传递相同的信息。书面沟通的载体形式多种多样，包括报纸、杂志、书籍、信件、报告、电子邮件、传真、通知等。广泛的载体形式使得书面语可以不受时空限制，从一地转到另一地。而且，只要载体上所印制或储存的文字及其他信息符号能够保存，内容就可以长期保存下来。

(4) 书面沟通讲究逻辑性和严密性，说理性更强。人们把所要表达的内容说出来和写出来是大不一样的。一般而言，说出来要比写出来更为容易，因为说的时候不必对文字仔细推敲，也不必讲究语法和修辞，并且还可以伴随着大量的肢体语言和表情等。但要把自己口头表达的内容变成文字，就必须对其进行认真组织，既要讲究语言的运用，又要考虑

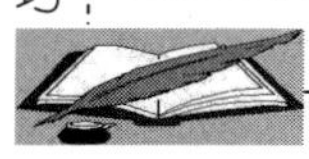

修辞、逻辑以及条理性。同时，书面文字在正式传播以前还要经过反复修改、补充、论证，以使意思表达得更为清晰。

(5) 书面沟通可以反复推敲、修改，直到满意为止。由于口头表达大多都是即时性的，不会给表达者很多的时间思考、准备。说话者一旦话已出口，则很难收回，尤其是当话语有损于对方时，即使重新表达自己的意思也无法消除之前造成的不良效果。而书面沟通则不同，人们在进行书面沟通时，时间一般是比较充裕的，可以对自己要表达的思想和观点进行反复推敲、修改，这样不仅可以避免口头表达时因个人情绪冲动而产生的不利影响，而且能够表达口头语言无法表达的内容和观点，如个人情感及内心感受等。也正因为如此，书面沟通才具有口头沟通不可替代的作用。

2. 书面沟通的缺点

任何事物都是相对的，都具有两面性。书面沟通既有优点，也有不足。书面沟通的缺点也是非常明显的。

(1) 书面沟通耗费时间较长。同样的内容，在相同的时间内，口头沟通传递的信息要比书面沟通传递的信息多得多，如花费一个小时写出的东西只需要 15 分钟就可以说完。之所以如此，是因为口头沟通不需要花费过多的时间进行构思和修改，语言也比较简洁，即使出现一些不规范的省略句、半截子话等也并不影响听众的理解；而书面沟通则不同，需要花费大量的时间和精力对文章结构、内容和逻辑顺序进行构思和修改，并要花费大量的时间做到语法规范、用词准确、语言流畅、条理清晰，可以说，有时花在构思和修改上的时间要比实际的沟通时间多得多。

(2) 容易产生沟通的障碍。由于人们知识水平、社会观念的差异，不同的人对相同的信息所理解的程度是不一样的。因此，对于书面文字传递的信息，接收者有时不能真正理解传递者的本意，从而造成沟通障碍。此外，传递者在写作过程中使用有歧义的语言，或者词不达意，也会造成双方对信息理解的不同，产生沟通障碍。

(3) 信息反馈速度较慢。口头沟通能够使接收者对其所听到的东西及时提出自己的看法，如果有不明白的地方可以及时提出疑问，反馈速度较快。而书面沟通缺乏这种内在的反馈机制无法确保所发出的信息能被读者接收到，也无法确保接收者对信息的理解正好是发送者的本意。发送者往往要花费很长的时间来了解信息是否已经被接收并被正确地理解，反馈速度较慢，有时会造成时间拖延，甚至贻误时机。

(4) 无法运用情境和非语言要素。口头表达往往是在一定的情境下进行的，双方通过互相观察，凭借某些非语言信息获得某种讲话者故意掩盖或逃避的信息，而书面表达却没有这种情境性，在口头表达中极容易理解的话语，在书面沟通中要想达到同样的效果，则需要花费大量的笔墨去做背景的交代，对于有些“只可意会，不可言传”的内容，即使传递者绞尽脑汁，恐怕也很难把它解释清楚。

6.1.2 书面沟通的原则

书面沟通应遵循以下原则：

1. 书写目的明确

从书写的角度来看，书面沟通的主要目的包括提出问题、分析问题、给出定义、提供

解释、说明情况和说服他人，因而，书写者必须明确自己如何展开文件内容，需要传达什么信息、将信息传达给谁以及希望获得怎样的结果。

2. 信息传递正确、完整

正确书写是书面沟通的重要原则，也就是说，写出的文章材料要真实、可靠，观点要正确无误，语言要恰如其分。尤其要明了书写的意图，正确传递想要传递的信息，完整地表达想要表达的思想、观点，完整地描述事实。这样在书写时就必须反复检查、思考，不断填补重要的事项。

3. 内容表达简洁

书面沟通中在正确传递信息的同时，应力求简洁。“简洁”与“完整”似乎是一对矛盾，这其实是一个度的把握问题。“完整”是为了表达想要沟通的重要方面，但并不意味着要把所有的事实、观点都罗列在纸上。可以通过排序的方法，把不太重要的事项删除，也可以进行总结，把琐碎的、没有太大价值的文字精简掉，使得文章言简意赅。

4. 书写格式清晰

在正确表达的基础上，应该力求清晰。清晰的文章能引起读者的兴趣，更能使读者正确领会作者的意图。要做到清晰，除了要选用符合文章的样式外，还应注意文章的整体布局，包括标题、大小写、字体、页边距等，尤其是要留下适当的空白，若是把所有的文字都挤在一起，则很难阅读；如果是手写的，则不能潦草，因为这不仅影响到阅读速度，还影响到读者对文章的理解。

6.1.3 书面沟通的文体类型

任何形式的书面沟通都要通过相应的文体表现出来，在沟通过程中，常用的书面文体大致可以分为以下几类。

(1) 行政公文。行政公文是指国家机关，企事业团体在公务活动中所使用的各种应用事务性文书形式，主要有命令、决定、公(通)告、通知、通报、议案、报告、请示、批复函、意见、会议纪要等。

(2) 计划类文书。计划类文书是经济管理活动中使用范围很广的重要文体形式，主要包括工作计划、战略规划、工作方案、工作安排等。

(3) 报告类文书。报告类文书是指调查主体在对特定对象进行深入考察了解的基础上，经过准确的归纳整理，科学的分析研究，进而揭示事物的本质，得出符合实际的结论，由此形成的汇报性应用文书，包括调查报告、经济活动分析报告、可行性研究报告、述职报告等。

(4) 法律类文书。法律类文书是指根据一定约定，达成某种协议，并共同遵守协议的条款，如果违约，违约方将给对方一定的经济补偿的具有法律效力的书面文书形式，包括合同书、协议书、诉讼书、招标书和投标书等。

(5) 新闻性文书。新闻性文书是指具有公开宣传与传播功能的，借助报纸、杂志、书籍等载体向大众进行报道，具有新奇性、推广性、借鉴性等特点的书面文书形式，包括新闻、通讯、消息、广告文案等。

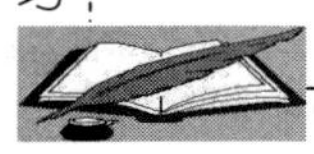

(6) 日常事务类文书。日常事务类文书是指人们在日常活动过程中经常采用的一种书面沟通形式，主要包括信函类和条据类。信函类文件包括感谢信、慰问信、求职信、介绍信、证明信、请柬、邀请函等；条据类文书包括请假条、留言条、收条、票据等。日常事务类文书形式固定，书写简单，陈述的事件单一，是人们表达情感和进行沟通的常用文体。

6.2　书面写作文体的写作技巧

6.2.1　求职信

1. 求职信的分类

求职信可以从不同的角度进行分类。不同类别的求职信，其内容、侧重点和行文语气也各有不同。

(1) 根据有无明确求职目标划分，求职信可以分为两类：一类是具有高度针对性的求职信，它是针对某单位的某一具体职位写的，表示希望面谈的要求；第二类是具有普遍适用性的求职信，它可以投向不同的单位，但不如第一类更具针对性。

(2) 根据有无实践经验划分，求职信可分为毕业者求职信与有工作经验者求职信两种。

(3) 根据求职者是否获得了招聘信息划分，求职信可分为自荐求职信和应聘求职信两种。前者是指求职者在并未获得准确用人信息的情况下，主动向自己感兴趣的单位写的带有自荐性质的求职信，以投石问路；后者则是根据用人单位在新闻媒体上刊登或播发的招聘广告，有针对性地写给单位以谋求某一特定职位及反映自身条件的求职信。前者可能会留给求职者更多展示才华的空间，因为竞争者较少；而后者则会面对众多的竞争者。

(4) 根据求职的方式划分，求职有托人求职与求职推荐两种，与此相应的求职信也有托人求职信和求职推荐信两种。

2. 求职信的基本结构

求职信的基本格式与书信无异，主要包括收信人称呼、正文、结尾、署名、日期和附录六个方面的内容。一般来说，求职信不宜过长，以 500 字左右为好。否则，煞费苦心所写的洋洋洒洒几页的内容，招聘人员很难去仔细看，但如果确实有值得一提的亮点内容，则可以作为求职信的附件。求职信也不能太短，这样会显得仓促、没有诚意，自然也就缺乏说服力。下面主要说明正文、结尾、署名、日期和附录的内容。

(1) 正文。求职信的中心部分是正文，形式多种多样，但内容都要求说明求职信息的来源、应聘职位、个人基本情况、工作成绩等事项。

首先，要写出信息的来源渠道，如“得悉贵公司正在拓展省外业务，招聘新人，且昨日又在《××商报》上读到贵公司的招聘广告，故有意角逐营业代表一职。”记住不要在信中出现“冒昧”、“打搅”之类的客气话，他们的任务就是招聘人才，何来“打搅”之有？如果目前公司并没有公开招聘人才，即并不知道该公司是否需要招聘新人，可以写一份自荐信去投石问路，如“久闻贵公司实力不凡，声誉卓著，产品畅销全国。据悉贵公司欲开拓海外市场，故冒昧写信自荐，希望加盟贵公司。我的基本情况如下……”这种情况下用“冒昧”二字就显得很有礼貌。

其次，在正文中要简单扼要地介绍自己与应聘职位有关的学历水平、经历、成绩等，令对方对你感兴趣。但这些内容不能代替简历，较详细的简历应作为求职信的附录。

最后，应说明能胜任职位的各种能力，这是求职信的核心部分。目的无非是表明自己具有专业知识和社会实践经验，具有与工作要求相关的特长、兴趣、性格和能力。总之，要让对方感到，你能胜任这份工作。在介绍自己的特长和个性时，一定要突出与所申请职位有联系的内容，千万不能写上那些与职位毫不沾边的东西。比如，你应聘业务代表一职，就不宜在求职信中大谈“本人好静，爱读小说”等与业务无关的性格特征，否则结果肯定是遭到淘汰。

(2) 结尾。结尾一般应表达两个意思：一是希望对方给予答复，并盼望能够得到参加面试的机会；二是表示敬意、祝福之类的词句，如“顺祝愉快安康”、“深表谢意”、“祝贵公司财源广进”等，也可以用“此致”之类的通用词。

最重要的是别忘了在结尾认真写明自己的详细通讯地址、邮政编码和联系电话，如果让你的亲朋好友转告，则要注明联系方式、联系人的姓名以及与你的关系，以方便用人单位与之联系。

(3) 署名。按照中国人的习惯，直接签上自己的名字即可。英文求职信中一般习惯在名字前加上“你诚挚的”、“你忠诚的”、“你信赖的”等形容词，但这种方法在中文求职信中不要轻易效法。

(4) 日期。日期应写在署名的下方，应用阿拉伯数字书写，年、月、日需全都写上。

(5) 附录。最基本的就是个人简历，将一份完整的与招聘职位相结合的个人简历放在求职信之后，供用人单位详细了解求职者的个人资料。

附录也可以包括其他一些对应聘职位有帮助的有效证件，如学历证、学位证、职称证、身份证、获奖证书、户口复印件等。除非用人单位特别强调需提交这些附件，这一类附件可以等到面试时再提供。如果有上述证件的复印件附后，需在正文左下方一一注明。

3. 写求职信的注意事项

要写好求职信，应特别重视以下几个方面：

(1) 称呼要准确、得体。一般情况下，收信人应该是用人单位的人力资源管理人员，他们有权决定是否录用你。求职信的称呼与一般书信不同，书写时须正规些，所以要尤其注意收信人的姓名和职务，因为他们第一眼从信件中接触到的就是称呼，他们的第一印象如何，对于求职的结果有着重要影响。

一般而言，称呼要根据用人单位或企业的情况而定，如果写给国家机关或事业单位的人事部门负责人，可用“尊敬的××处(司)长”称呼；如果是“三资”企业，则可用“尊敬的××经理(先生)”；如果是企业的厂长、经理，则可称之为“尊敬的××厂长(经理)”；如果写给院校人事处负责人或校长的求职信，可称“尊敬的××教授(校长、老师等)”。

求职信不管写给什么身份的人，都不要使用“××老前辈”、“××师兄(傅)”等不正规的称呼。如果打探到对方是高学历者，可以用“××博士”称呼他，则他会更容易接受。

(2) 问候要真诚。开头部分的问候起开场白的作用。即使是素昧平生的人，信的开头还是应该有问候语，这是必不可少的礼仪。问候语可长可短，即使短到“您好”两字，也体现出写信人的一片真诚。问候要切合双方的关系，交情浅不宜言深，以简洁、自然为宜。

(3) 内容须清楚、准确。正文从信笺的第二行开始写，前面空两格。书信的内容尽管各不相同，写法也多种多样，但都要以内容清楚、叙事准确、文辞通畅、字迹工整为原则。此外，还要谦恭有礼，即根据收信人的特点及写信人与收信人的特定关系进行措词。

(4) “包装”要讲究。求职信的“包装”也是十分重要的，因为看信人最先看到的不是信的内容，而是信的外观形式。因此，一封书写漂亮、布局美观的信，会让人感到愉快和舒服。求职信的“包装”主要是指：

① 最好选用标准尺寸(A4)、质地优良、白色无格的信笺。

② 最好使用打字机或打印机将信的内容打印出来，如手写的话，墨水颜色以蓝黑为佳，忌用铅笔和红色水笔书写。

③ 信文要在信笺的中间位置，书写格式要统一。

④ 信纸的折叠。这里推荐两种稳妥的折叠方式：其一，将信纸纵向三等分折叠，在换方向折叠时让信纸两端故意折成一高一低。采用这种折叠方法的人一般被认为是谦虚朴实、讲究礼仪的人；其二，将信纸纵向对折，然后在折线处再往里折一至两厘米宽，最后横扣对折。这种折法，表示发信者性格文静、有一定的文化修养。

4. 求职信的写作技巧

一封好的求职信应该表达出求职者对该职位的诚意及愿意为事业而奉献自己才智的愿望。要写一封令人满意的求职信，需注意以下几点：

(1) 根据确定好的客观的求职目标，摆正心态。一个人要客观地确定自己的求职目标并不容易，因为，在人才被看成“商品”的今天，人才市场的供求规律也在时刻影响着这种“商品”的价格。这一规律决定了求职者进入就业市场的时候，不能一厢情愿地认为单凭学历就一定应该得到什么样的工作。参与竞争前，应当对自己的实力作一个明确的估价，然后再确定应聘哪个水平的职位。只有摆正了自己的位置，确定了合理的目标，求职信才能有的放矢，才能提高应聘的成功率。

(2) 文字通顺、简明扼要、有条理。要用简练的语言把求职者的求职欲望及相应的个人条件和特点表达出来，切忌堆砌辞藻。因为，求职信的读者不会把很多时间浪费在阅读冗长的文章上。那种刻意地卖弄文采，想方设法堆砌华丽和时髦辞藻的做法只会弄巧成拙，使人反感。

(3) 稳重中体现个性。求职信不是显示文学才华的地方，最好用平实、稳重的语气来写，但这并不排除以独特的思维方式给对方造成强烈印象的做法。一封求职信，无论内容多么完备，如果吸引不了对方的注意，就会毫无用处。对方如果对求职信中的陈述不感兴趣，也将使求职者前功尽弃。

(4) 要在信中流露出自信。要把握好自我展示和谦虚之间的平衡，要想求职成功就必须推销自己，强调自己的价值，这就少不了要自我展示一番，但是这种展示一定要避免浮夸。在中国文化里，谦虚是一种美德。但对于求职者而言，过分的谦虚可能会使人觉得你什么也不行。所以，求职者应遵循“适度推销”的原则。在求职于外资企业时可多一些自我展示，而在应聘于国有企业时应多一些谦谦君子之风。

(5) 尽量不用简写词语，慎用带“我”的字眼。求职信中太多的“我觉得”、“我认为”等表达方式很容易给用人单位留下你自高自大、处处以自我为中心以及不成熟的感觉。

(6) 争取面试机会，莫提薪酬问题。求职信所要达到的目标是建立联系，争取面试机会。谈薪酬的问题为时尚早，关于薪水的要求可以放在面试阶段去讨论。求职信的最后，要特别注意提醒用人单位留意你的简历，并请求给予回音，以争取进一步联系的机会，获得面试的资格。

(7) 诚信为本，动之以情。“诚信为本”就是态度要诚恳、诚实、不卑不亢，内容实事求是，突出优点时应多摆事实而少下结论，通过自己的叙述让用人单位下结论，形容词要用比较级，不要用最高级。求职信中说的一切都必须能够在面试中得到支持和证实。写求职信时怎样做到以情动人呢？这需要进行换位思考，揣摩招聘人员的心理，从而采取相应的对策。

案例

尊敬的领导：

您好！

我是××××大学××××系的一名学生，即将面临毕业。

××××大学是我国××××人才的重点培养基地，具有悠久的历史和优良的传统，并且素以治学严谨、育人有方而著称；××××大学××××系则是全国××××学科基地之一。在这样的学习环境下，无论是在知识能力，还是在个人素质修养方面，我都受益匪浅。四年来，在师友的严格教益及个人的努力下，我具备了扎实的专业基础知识，系统地掌握了××××、××××等有关理论；熟悉涉外工作常用礼仪；具备较好的英语听、说、读、写、译等能力；能熟练操作计算机办公软件。同时，我利用课余时间广泛地涉猎了大量书籍，不但充实了自己，也培养了自己多方面的技能。更重要的是，严谨的学风和端正的学习态度塑造了我朴实、稳重、创新的性格特点。

此外，我还积极地参加各种社会活动，抓住每一个机会，锻炼自己。大学四年，我深深地感受到，与优秀学生共事，使我在竞争中获益；向实际困难挑战，让我在挫折中成长。祖辈们教我勤奋、尽责、善良、正直；××××大学培养了我实事求是、开拓进取的作风。我热爱贵单位所从事的事业，殷切地期望能够在您的领导下，为这一光荣的事业添砖加瓦，并且在实践中不断学习、进步。

收笔之际，郑重地提一个小小的要求：无论您是否选择我，尊敬的领导，希望您能够接受我诚恳的谢意！

祝愿贵单位事业蒸蒸日上！

×××
××年×月×日

6.2.2 个人履历表

一份内容完整的履历表，一般包括如下项目：个人资料、求职目标、任职资格、学历、工作经历、专长与成就、学术论著、课外活动、外语技能、社团职务、推荐人等。就具体的个人履历而言，项目的取舍应视求职者个人实际情况及履历用途酌情选用或增补，各项

内容的详略应因人、因事而异。以下对一些重要项目加以简要介绍。

1. 个人资料

履历表的第一部分是个人资料。一般应列出自己的姓名、性别、年龄、政治面貌、学校、院(系)及专业、获得何种学位及概括自己的愿望等等。

2. 教育背景

目前，随着教育体制改革的深入，学校及学科名称变化很大，适当地介绍学校和专业便于用人单位尽快地了解你的学历背景。专业包括自己所学的专业和业余所学的专业及特长；具体所学的课程；自己所受教育的阶段；各种证明材料、证书等级等教育背景的陈述。此外，要突出与招聘工作密切相关的论文、证书及培训课程等。

(1) 教育经历。列出你所接受的教育过程，提交你的主要学习成绩，你所得到过的各种奖励、荣誉及在学校曾经担任过的职务。注意，如果你的学习成绩并不优秀，或在校期间没有担任过什么职务，最好不要笨拙地暴露自己的缺点。

(2) 有关课程和知识体系。这里有两种情况：如果你的简历并没有什么特殊的针对性，在这部分应尽可能列出你所学过的全部课程，包括主修课、辅修课，因为你不知道哪一门课是用人单位最感兴趣的；如果你的简历是有针对性的，就可以只列出学过的、能使用人单位感兴趣的课程。

(3) 列出你受过的其他教育或训练。内容包括你在工作、生活及个人兴趣方面发展而来的能力。例如，现在一些大学生求职者都接受过汽车驾驶训练并获得了驾驶执照，或是有外语口语证书及计算机等级证书，或者曾获得某项体育比赛的冠、亚军等，这些情况均可列入履历表。

3. 工作经历和社会阅历

履历表的第三部分可简述自己的社会活动和阅历、工作经历。这一栏是对你以前工作的记录，是履历表中很重要的部分。用人单位尤其是外商独资、中外合资企业非常注重求职者的工作经历。

(1) 工作经历的内容。如果是应届毕业生，这部分内容应包括在学校和班级所担任的职务；在校期间所获得的各种奖励和荣誉；业余爱好和特长；社会实践和实习情况等。对于有工作经历的求职者来说，这部分内容以说明自己的工作经历和能力为主，尤其是与求职目标相关的工作经历是最主要、最有说服力的。

(2) 工作经历的写作技巧。工作经历的写作技巧主要体现在以下几个方面：

① 没有针对性的履历表上工作经历要全面。如果你的简历并没有什么特殊的针对性，应尽可能列出所从事过的所有工作。即使你工作的时间还不长，从事的工作也不多，也要把你的工作经历一一列出，写明公司名称、工作职称、职能、业绩。辞职的原因可以不写，但假如这个问题一定要谈的话，也最好延至面试时再提。

② 针对特定岗位的履历表上工作经历要分主次。如果你的简历是针对某一特定岗位的，与应聘岗位相关的经历，无论时间长短，都一定要写在履历表上。介绍工作经验时，一般是先写近期的，然后按照年代的逆顺序依次写出，因为，最近的工作经验对于用人单位来说显然更为重要。在每一项工作经历中要先写工作日期，接着是工作单位和职务。当未来的雇主对你整个工作史感兴趣时，他将特别注意最近的那份可能显示了你最高水平的

工作。因此，最近的工作应介绍得最详细。

③ 工作成果要尽可能地数字化。如果只是平铺直叙过去的工作内容，你的履历就难以从数十封、乃至数百封角逐同一职务的履历表中脱颖而出。因此，有必要清楚地陈述成就，即一定要提一提你过去对雇主的贡献。而为了让阅读者产生客观的概念，应尽可能地将工作成果用具体的事例或数字来表示。

此外，说明履历时语气要坚定、积极、有力，要提供具体工作能力等的证明材料。在这个部分还要注意的一点是，陈述了个人的资格、能力、职业经历之后，不要太多提及个人的需求、理想，应适可而止。在美国，求职履历表有三不：第一，绝对不超过一页；第二，绝对不要把私人与工作无关的事都一览无遗地写进去，如婚姻状况、家庭状况、种族等，以免企业主因其他原因而发生歧视；第三，绝不填上薪水，求职的人应认清履历表的作用，只不过是在争取面试的机会。

4．求职目标

求职目标用于表达求职者的愿望、目的与动机。要将所申请的职位作为一个独立项目列出来。有人建议迟一些讲求职目标，甚至可延至面试过程中。事实是如果连面试机会都没争取到，这种建议就没有什么价值可言。在求职信中提出一两个职位或求职倾向作为求职目标，可表明你求职的诚意和目的性，从而更有可能获得招聘单位的信任。

5．结尾部分

履历表的最后多是提供证明自己资历、能力以及工作经历的材料，例如学历证明、学术论文、获奖证明和证书、专业技术和职业证书、专家和教授的推荐信等。这些材料可以列在附页上，如有必要，可以附加证明人一项。但需要说明的是，在证明人栏中要说明证明人的姓名、职务、工作单位与联系方式。当你同时向多个单位发出履历表，而难于提供许多对方熟悉且有说服力的证明人时，也可以在简历结尾处注明“一经需要，即提供证明人”的字样。

案例

个人履历表

个人情况

姓　　名：×××	身高：172 cm
出生日期：1988 年 10 月	健康：良好
联络电话：×××××××××	籍贯：广州
地　　址：×××××××××××××	邮编：512500
	学历：本科

学业情况

*1992 年 7 月毕业于××××小学

*1995 年 7 月毕业于××××中学

*1998 年 7 月毕业于××××无线电技工学校

*2001 年—2006 年××××大学就读涉外文秘专科

*2006 年—现在××××大学就读商务英语本科

工作经历

1997 年 07 月—1998 年 01 月　广州市广信麦当劳餐厅任餐厅推广代表；

1998 年 02 月—1998 年 05 月　联合饼干有限公司任促销员，主要负责货物促销、宣传、整理等工作；

1998 年 06 月—2000 年 07 月　广州市柏辉广告有限公司任文员；

2000 年 08 月—2003 年 2 月　广州市恒进信息工程公司任行政助理；

2003 年 08 月—2009 年 2 月　中天浩大科技贸易有限公经理秘书。

特长

熟悉电脑基本操作、办公室文本处理，善用 Word 和 Excel 等办公软件；

能操简单英语口语、流利的国语和粤语；

有较强的沟通及协调能力，处事踏实周密；

诚实负责，为人谦虚谨慎，待人彬彬有礼；

人际关系良好，工作作风较细致；

能冷静地处理问题，同时具有较好的社会责任感。

6.2.3　计划类文书的写作

在当今这个科技高度发展的信息社会里，文字作为信息储存、传播、交流的一种重要手段，在社会经济和文化建设中起着日益重要的作用。计划类文书是经济管理活动中使用范围很广的重要文体，当组织或部门要对未来一段时期的工作预先做出安排和打算时，都需要制订计划。所谓计划，就是企业对未来生产经营活动及所需的各种资源在时间、空间上所做出的具体安排和部署。根据实际情况，计划可以分为许多不同种类，具体来讲，时间上长远、牵涉面较广的称为“规划”；比较繁杂、全面的设计称为“方案”；比较深入、细致，带有明显行动性的称为“计划”；较为具体、直面一个现实问题的称为“安排”。这些文体都属计划类文书的范畴。尽管分类有所不同，但计划类文书在内容上的共同点是都涉及了“做什么”、“怎么做”和“做到什么程度”三个部分。

1．工作规划

工作规划具有以下特点：时间一般都要在五年以上；范围大都是全局性工作或涉及面较广的重要工作项目；在内容和写法上比较概略。规划是为了对全局或长远工作做出统筹部署，相对其他计划类文书而言，规划带有方向性、战略性、指导性的意味，因而其内容往往要更具有严肃性、科学性和可行性。这就要求写作者必须首先进行深入的调查和周密的测算，在掌握大量的可靠资料的基础上，确定组织的发展远景和目标，并反复经过多种方案的比较、研究和选择，最终确定规划的各项指标和措施。

规划的具体写法：格式由“标题＋正文”两部分组成，一般不必再落款，也不用写成文时间。规划的标题采用“四要素”写法：主体名称＋期限＋内容＋“规划”二字，如“×××公司 2009—2014 年战略发展规划”。规划的正文内容如下：

(1) 前言，即背景资料，也就是制订规划的起因。应把诸多背景资料认真地加以综合

分析，而不能简单地罗列事实，这样才会使人相信规划目标是可靠的和言之有据的。

(2) 指导思想和目标要求。这属于规划的纲领和原则，是在前言的基础上提出的，因此要用精炼的语言概要地进行阐述，使人读来感到坚定有力、受鼓舞。

(3) 具体任务和政策、措施。这是规划的核心部分，是解决“做什么”和“怎么做”的问题，因此任务要明确，措施要具体。

(4) 结尾，即远景展望和号召。这部分要写得简短、有力，富有号召性。

2．工作方案

方案是计划类文书中内容最为复杂的一种。由于一些具有某种职能的具体工作比较复杂，不作全面部署不足以说明问题，因而，文书内容的构成势必要繁琐一些，一般有指导思想、主要目标、工作重点、实施步骤、政策、措施、具体要求等项目。

方案的具体写法：方案的内容由于是上级对下级的要求或涉及面比较大的工作，一般都用带“文件头”的形式下发，所以不用落款，只有标题、成文时间和正文三部分内容。

(1) 方案的标题有两种写法：一个是“三要素”写法，即由发文机关、计划内容和文种三部分组成，如“×××公司五年发展规划总体方案”；一个是“两要素”写法，即省略发文机关，但这个发文机关必须在领头的“批示性通知”的标题中体现出来。为郑重起见，方案的成文时间一般不省略，而且要注在标题下。

(2) 方案的正文一般有两种写法：一是常规写法，即按指导方针、主要目标、实施步骤、政策、措施及要求几个部分来写，这个较固定的程序适合于一般常规性单项工作；二是变项写法，即根据实际需要加项或减项的写法，适合于特殊性的单项工作。但不管哪种写法，主要目标、实施步骤、政策、措施这几项是必不可少的，实际写作时的称呼可以不同，如把“主要目标”称为“目标和任务”或“目标和对策”等，把“政策、措施”称为“实施办法”或“组织措施”等。在“主要目标”一项中，一般还要分总体目标和具体目标；“实施步骤”一般还要分基本步骤、阶段步骤和关键步骤，关键步骤里还有重点工作项目；“政策、措施”的内容里一般还要分政策保证、组织保证和具体措施等。

3．工作计划

这里的计划指狭义的计划，计划期限一般在一年或半年，且大多是以一个企业的工作为内容，只在单位内执行。计划一般不以文件形式下发，因而，除标题和正文外，往往还要在标题下或文后标明“×年×月×日制订”的字样，以示郑重。计划的标题也采用“四要素”写法。计划的内容一般包括以下几个方面：

(1) 开头。开头要通过概述情况来阐述计划的依据，要写得简明扼要，同时要明确表达目的。

(2) 主体。主体即计划的核心内容，包括阐述“做什么”(目标和任务)、“做到什么程度”(要求)和“怎么做”(措施和办法)三项内容。

(3) 结尾。结尾或突出重点，或强调有关事项，或提出简短号召。

4．工作安排

工作安排是计划类文书中最为具体的一种格式。由于某些工作比较确切、单一，不作具体安排就不能达到目的，所以其内容要写得详细一些，这样容易让人把握。工作安排的具体写法如下：

(1) 发文方式。安排的内容由于涉及范围较小的工作或单位内部的工作，所以一般有两种发文形式：一种是上级对下级安排工作，尽管涉及面较小，也要用“文件头”形式下发，格式是“标题”和“正文”两部分。另一种是单位内部的工作安排，格式由“标题”、“正文”、“落款及时间”三部分组成。但不管哪种形式，安排本身都不该有受文单位，如果必须有，则或者以“文件头”形式下发，或者以“关于……安排的通知”名义下发。

(2) 安排的标题可以是“三要素”写法，也可以是“两要素”写法(省略主体名称)。

(3) 安排的正文一般由“开头”、“主体”和“结尾”三部分组成；也有的省略“结尾”，“主体”结束，正文即随之结束。“开头”同计划的开头差不多，或阐述依据，或简明扼要地概述。“主体”是正文的核心，一般包括任务、要求、步骤、措施四个方面内容。在结构上可按这四个方面内容分项来写；也可把任务和要求合在一起，把步骤和措施合在一起来写；还可以先写总任务，然后按时间先后顺序一项一项地写具体任务，每一项有每一项的要求及措施，要依据工作性质及具体内容来定。但不管是怎样的结构，其任务都要具体，其要求都要明确，其措施都要得当。

总之，写好计划类文书可能是公文写作中比较难的事。因为，这不仅仅是文字表达上的事，还涉及具体工作及业务的组织和安排问题，需要有长远的眼光和领导魄力，这种写作是一个人综合能力的表现。但是在写作上也有一些章法。首先，写作者必须分清这个计划的内容属于哪一类，适合用哪一个具体的计划种类来表达，从而确定具体文种，即是规划、计划、方案、安排中的哪一种。然后，再根据具体内容和文种写作要求进行写作。如果是时间较长、范围较广的计划，就要用“规划”。因为，规划不必也不能写得太细，只要能起到明确方向、鼓舞人心、激发热情的作用也就差不多了。当然，这并不是说规划就可以写得不切实际，但规划的切合实际问题的确只是个大致的。如果计划的内容是某一项工作，一般用“方案”或“安排”，工作项目比较复杂者用“方案”，较简单者用“安排”。因为，方案和安排都必须写得很细，否则工作就没法开展。如果计划的内容既不是单项工作，又不是很宏大的，这就该用真正的“计划”了。因为，狭义的计划是广义计划中最适中的一种。当然，若只想把这份计划的摘要加以公布，则可用“要点”来写。

6.2.4　报告的写作

所谓报告，是一种搜集、研究事实的人与由于某种目的而要求看报告的人之间的信息或建议的交流形式。

1．调查报告

调查报告是为解决某些问题而调查分析实际情况、研究对策，然后向有关部门和上级领导所作的报告。一般有两种：一是主动报告。某项工作进展得如何，以及一个企业、一个部门发生了什么事件需要有关部门掌握、了解，都需要及时写出情况报告。二是被动报告。组织因工作需要，安排人员就某个方面、某个问题进行调查研究，事后提交的报告即为被动报告。调查报告的意义在于总结经验，发现、研究、解决问题。

调查报告的标题一般有两种写法：一种是一般文章标题式写法，如“×××公司腾飞之路”；另一种是公文标题式写法，如“×××产品市场状况调查分析”。调查报告的正文一般包括四方面内容，即前言、事实、分析、意见(对策或建议)。

(1) 前言。前言部分简要地说明调查目的、调查时间、调查范围以及所要研究和报告的主要内容等。有的前言中还包括调查方法及调查的整体思路等。

(2) 事实。事实即阐述调查得来的主要内容或主要问题。这部分是调查报告的主体，容量较大，所以要进行归纳，以自然情况为序或以内容的逻辑关系为序，分条列项地进行书写。每一条都要有一个中心，用序码标明或用小标题的方式来概括，以便表达清楚。具体内容的写法主要是叙述，多用事实和数据说明，做到材料和观点相统一；表达上则要灵活一些，提出论点并以充分的论据证明，或以调查材料归纳出论点。

(3) 分析。分析是调查报告的研究部分。通过分析，指出问题的性质，或找出产生问题的原因。分析可以是理论分析，也可以是实践例证，但不管如何分析，都必须基于事实和数据，要具有针对性，揭示实质，不能凭主观想象，更不能主观臆断。

(4) 对策和建议。调查研究的主要目的在于发现问题、分析问题，最终是为了解决问题。因此，在调查分析的基础上，还必须提出解决问题的对策和建议。所提对策和建议可以是原则性的或带有方向性的，也可以是具体的、可操作的。

调查报告容量较大，而且要对事物进行全面的分析、研究，从而提高人们的认识，指导实际工作，这就要求写作时不仅要具有科学的世界观和方法论，而且要深入实际，掌握第一手资料，同时还要具有驾驭题材、组织材料的能力。在具体写作时应注意以下几点：

第一，要实事求是。在调查所得的全部材料中找出能揭示事物规律的结论，不论是成绩还是问题，不论是经验还是教训，不论是建议还是对策，都应是实事求是的结果，并据此来选用比较恰当的报告结构方式。不能先入为主地用事先拟好的结论来套用或改造事实，或者为了采用某种熟知的结构方式对号入座地去找材料甚至迁就某些材料。

第二，要突出本质。要在众多的由材料得出的观点中选用最能突出事物本质的观点来说明问题，并据此来选择恰当的、具有代表性的材料来作为论据。

第三，要在观点和材料的表述上下工夫，做到既要有观点，又要多提供客观的依据。比如，运用一组材料来说明一个观点；或者运用一种方法来说明一个观点；或者运用统计数字来说明一个观点。

2. 工作报告

工作报告，就是将最近发生、发展与变动的各种工作情况写出来反映给有关部门和上级领导的一种公文，属于组织内部反映情况的一种公文。工作报告的显著特点之一是时间要求比一般公文要求要高。这是因为工作报告强调的是工作动态，工作报告如果不能及时将工作情况反映出来，上级就不能及时掌握与工作状况有关的信息，这样的工作报告也就失去了意义。工作报告一般是就一个事件或事情的某一个侧面、某一个部分进行及时反映，主要强调单一事项的进程。

书写工作报告应注意以下几点：

(1) 工作报告以发布信息为主。

(2) 工作报告一般是一事一报，目的是将事件的进展情况说清楚，因此，文字越简单越好。

(3) 工作报告一般采用开门见山的写法，不对细节做过多描述，一般不加撰写者的认识和评论。

(4) 工作报告强调动态性，书写中一般多用动词。

3．述职报告

述职报告是管理者向所属部门和员工以及上级组织和领导对自己在一定时期内的任职情况进行自我评述的报告。

述职报告的写作格式：

(1) 标题有四种写法：一是只写“述职报告”四个字；二是“××年任××职务期间的工作汇报”的公文写法；三是“×××(姓名)×××(职务)××会议上的汇报(或报告)”的写法；四是新闻标题式的写法。

(2) 正文包括三部分内容：

① 任职概况和评估。该部分包括述职范围、任职时间、工作变动情况、岗位职责、工作目标及对个人工作的自我评估。

② 尽职情况。这是述职报告的主体，主要写工作业绩、经验和问题，多数是按工作性质不同分成几个方面来写，每个方面可先写业绩后写认识和做法，也可先写认识和做法后写业绩。但不管怎么写，都要体现个人的工作能力和管理水平，尤其是在处理敏感和棘手问题以及应对突发事件和重大事件方面，要写出表现自身素质、才能和领导水平的内容。

③ 今后的设想和信心。要从实际出发，对今后工作在科学分析的基础上做出战略性规划，以表明尽职的态度。

(3) 署名及日期。署名和日期可以写在标题下，也可以写在正文后。

由于述职报告的目的在于向人们汇报自己在职期间取得的业绩和存在的问题，因此，在书写时必须紧紧围绕自己的工作来进行。写作时应注意以下问题：

第一，思路清晰。述职报告是讲给别人听的，除了题目和称呼外，基本有一个较固定的“四步曲”。其一，介绍自己的职务和职责，以简短的话语拉开述职的序幕；其二，有条理地叙述自己在职期间所做的工作及所取得的业绩，这是述职的重点部分，要有理有据、有血有肉地详细介绍；其三，摆出工作中存在的不足和一些具体问题；其四，针对存在的问题，提出自己今后努力的方向和改进的措施。

第二，以职责为中心，突出典型业绩。述职报告有很强的“自我”性，即“述”工作时要以自己的职责为中心；摆业绩时绝不贪他人之功，而且应选择那些有影响的、人们认可的典型业绩；谈存在的问题时，则要诚恳地讲出自身的不足，不能是“我们”的不足。

第三，问题要具体。述职报告除了讲述自己的业绩外，还必须找出工作中存在的不足。讲问题时应该实事求是地讲出具体存在哪些不足，而不是用模糊性语言，说一句“当然，工作中还有很多不足之处”来搪塞。不管有多大的问题，都要具体摆出来，这样才能树立自己的形象，赢得人们的认可。

4．协议书

协议书是社会组织或个人之间对某一问题或事项经过协商，取得一致意见后，共同订立的明确相互权利、义务关系的契约性文书。协议书的书写格式如下：

协议书一般由标题、立约当事人、正文、生效标识四部分组成。

(1) 标题。一般只需要在“协议书”之前写明该协议书的性质即可，如“赔偿协议书”、

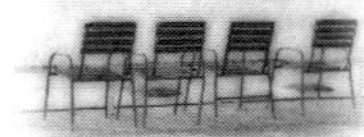

“委托协议书”、“技术转让协议书”等。

(2) 立约当事人。在标题下方写明协议各方当事人的单位名称或个人姓名。如果是单位，可在单位名称后注明法定代表人姓名、地址、邮编、电话号码等内容；如果是个人，可在姓名后注明性别、年龄、职务等内容。注明的项目可视协议书的性质而定。在立约各方当事人的前面或后面，一般应注明“甲方”、“乙方”等，以便使协议书正文的行文简洁方便；“甲方”、“乙方”放在立约当事人名称或姓名前面时应在其后加冒号，放在后面时可加括号。

(3) 正文。正文一般由立约依据及双方约定的内容两部分组成。立约依据和立约原因是正文的开头，其作用主要是引出下文。正文是协议书的主体部分，一般用条款分条列项写出双方协商确定的具体内容。不同性质的协议书所包括的条款不同，具体应写哪些条款要视协议书的性质和双方协商的结果而定。

(4) 生效标识。协议书正文结束后，署上立约各方当事人的单位名称或个人姓名。如果是单位，应同时署上代表人的姓名，然后署上协议书的签订日期，并加盖单位印章或个人印章。如果协议书有中间人或公证人的，也应署名、盖章。重要的协议书可请公证处公证，由公证人员签署公证意见、公证单位名称、公证人姓名、公证日期，并加盖公证机关印章。

5．商务信函

随着电信技术和网络技术的发展，人们已渐渐习惯通过电话、互联网、录音等来传递交流信息，但在商务活动中，信函仍是人们应用最多也最为普遍的沟通工具。作为一名管理者，应当具备信函书写的一般知识，掌握信函书写的技巧，努力写好各种信函，将有助于事业的成功。

(1) 开头。“良好的开端是成功的一半”，商务信函写作也不例外。因为，开头的好坏决定了能否吸引读者阅读、能否满足读者需求、能否实现信函的目的。开头应遵循以下原则：

① 符合信函的目的和读者的需求。在肯定性的信函中应以主题和好消息开始；在负面性的信函中应以主题缓冲的表述开始；在劝说性的信函中应以主题和容易激发兴趣的陈述开始。

② 给人以周到、礼貌、简洁明了的感觉。一般开头段比较短，以积极的口吻，运用礼貌且谈话式的语言，避免不必要的重复。

③ 检查信函的完整性。必须从复函日期及事宜的准确性上，从句子的结构、段落本身的逻辑性上来检查开头段是否完整。

(2) 中间。中间段是在开头所提及的主要内容的基础上，对有关信函中涵盖的资料、数据进行富有逻辑性的、简要而清晰的描述。比如，投诉的准确程度、在销产品的益处、支付程度等。此外，也可以提供表格或图片以支持有关表述。

(3) 结尾。除了对整篇信函作全面归纳之外，结尾的主要作用是简明扼要地从 5W 和 1H 出发，阐明撰写者希望读者采取的行动，即何时(When)、何处(Where)、由谁做(Who)、做什么(What)、为何做(Why)、如何做(How)。应鼓励读者付诸行动，如支付有关款项、订购某种产品、接受某项服务或满足加薪的要求等。由于行动陈述是商务信函的整个理由，

因此，要求采取行动的要求一般出现在信函结尾处以达到加深印象的效果，最后应表示真诚的赞扬并以友善的口吻结束。

(4) 信封书写。信封有一定的格式，一般应按规定格式写。信封地址要写得工整、清楚。字迹潦草模糊、涂涂改改，不仅影响信件的投递，对于收信人来说也是不礼貌的。书写信封一般应写明收信人的详细地址，收信人的姓名或公司、企业、团体的全名，寄信人的详细地址和姓名。

6.2.5　其他公文和信函的写作

1. 工作总结

工作总结是组织、部门或个人对过去一个时期内的工作活动做出系统的回顾、归纳、分析、评价，并从中得出规律性认识，用以指导今后工作的事务性文书。

工作总结的基本写法：

(1) 标题。标题通常有以下三种类型：

① 文件性标题。一般由单位名称、时限、内容、文种名称构成，如“××公司 2013 年度新产品开发的工作总结”。

② 文章式标题。通常以单行标题概括主要内容或基本观点，而不出现“总结”字样，如某企业的专题总结“技术改造是振兴企业之路”和某高校的专题总结“我们是如何实行教学与科研相结合的”。

③ 双行式标题。例如，“知名教授上讲台教书育人放异彩——××大学德育工作总结”。

(2) 正文。正文包括四个部分：

① 前言。一般介绍工作背景、基本概况等，也可交待总结主旨并对工作做出基本评价。前言书写要力求简洁，要开宗明义。

② 主体。主体包括主要工作内容和成绩，工作目标及任务的完成情况，经验和体会、问题或教训等内容。这些内容是总结的核心部分，可按纵式或横式结构撰写。纵式结构是指按主体内容从所做工作、方法、成绩、经验、教训等方面逐层展开；横式结构是指按材料的逻辑关系将其分成若干部分，各部分加小标题，逐一来写。

③ 结尾。结束语可以归纳、呼应主题，指出努力方向，提出改进意见，也可表示对今后工作的决心、信心。结束语要求简短、利索。

④ 落款。一般在正文右下方署名。

2. 会议记录

会议记录是正式会议进行过程中的记录，通常在会后形成相应的文件。一份完整的会议记录资料对于会后执行会议决议、检查会议效果，甚至对下一次会议的召开都起着至关重要的作用。正式会议记录的内容包括下列基本要素：

(1) 会议名称、会议召开的时间、地点及会议主持人。

(2) 所有出席会议者及缺席人员。

(3) 讨论过的所有议程和议题，制订的所有决策。

(4) 会议结束的时间。

(5) 下次会议的安排，包括日期、时间、地点、主题。

通常会议记录的任务由会议秘书担任。会议记录并非易事，要做好这项工作必须注意以下几点：

(1) 充分了解会议主题、目的及议程。

(2) 可以采用笔记方式记录，也可以采用手提电脑直接录入，或同时采用录音、照相或摄影方式记录。

(3) 记录时应紧跟会议进程。

(4) 及时确认要点，澄清含糊不清的观点。

(5) 避免夹杂自己的主观意识。

(6) 会后应将记录及时打印并校对。

案例

介绍信

1. Dear Mr/Ms, This is to introduce Mr Frank Jones, our new marketingspecialist who will be in London from April 5 to midApril on business.We shall appreciate any help you can give Mr Jones and will always be happy to reciprocate.

尊敬的先生/小姐，现向您推荐我们的市场专家弗兰克·琼斯先生。他将因公务在四月五日到四月中旬期间停留伦敦。我们将非常感谢您向琼斯先生提供的任何帮助，并非常高兴施以回报。

2. Dear Mr/Ms, We are pleased to introduce Mr Wang You, our import manager of Textiles Department. Mr Wang is spending three weeks in your city to develop our business with chief manufactures and to make purchases of decorative fabrics for the coming season.We shall be most grateful if you will introduce him toreliable manufacturers and give him any help or advice he may need.

尊敬的先生/小姐，我们非常高兴向您介绍我们纺织部的进口经理王有先生。王先生将在您市度过三周，他要与主要的生产厂家拓展商务并为下一季度采购装饰织品。如能介绍他给可靠的生产厂家，向他提供所需的任何帮助或建议，我们将不胜感谢。

感谢信

Dear Mr/Ms, Thank you for your letter of June 4, enclosing an account of the organization and work of your Chamber of Commerce and Industry.We are very grateful for such a detailed account of your activities. This information is certain to help increase our future cooperation.

尊敬的先生/小姐，谢谢您六月四日的来信及随信附上的说明书，该说明书描述了您们工商总会的工作与组织结构。对给我们一个你们活动如此详细的描述，我们表示非常感谢。这一信息一定能帮助促进我们未来的合作。

祝 贺 信

1. Dear Mr/Ms, on the occasion of the 35th anniversary of your National Day, please accept our heartiest congratulations.May the trade connections between our countries continue to develop with each passing day!

尊敬的先生/小姐，值此国庆三十五周年之际，请接受我们最真诚的祝贺。愿我们两国之间的贸易联系持续发展。

2. Dear Mr Minister, allow me to convey my congratulations on your promotion to Minister of Trade. I am delighted that many years service you have given to your country should have been recognized and appreciated.We wish you success in your new post and look forward to closer cooperation with you in the development of trade between our two countries.

尊敬的部长先生，请允许我向您升任贸易部长表示祝贺。多年来您对国家的贡献被认可、欣赏，我非常高兴。我们祝愿您在新的职位上取得成功，期待我们两国在贸易发展上进一步合作。

回 复 信

Dear Mr/Ms, Thank you for your letter conveying congratulations on my appointment.I wish also to thank you for the assistance you have given me in my work and look forward to better cooperation in the future.

尊敬的先生/小姐，感谢您来信对我的任命表达的祝贺。我也感谢您对我的工作给予的支持，并期望未来能有更好地合作。

邀 请 信

Dear Mr/Ms, We should like to invite your Corporation to attend the 2012 International Fair which will be held from April 29 to May 4 at the above address. Full details on the Fair will be sent in a week.We look forward to hearing from you soon, and hope that you will be able to attend.

尊敬的先生/小姐，在上述地址，我们想请贵公司参加于四月二十九日到五月四日举办的 2012 国际商品交易会，关于交易会的详情我们一周内将寄给您。希望不久能收到您的来信，并能来参加。

答 复 信

1. 肯定答复：Dear Mr/Ms, Thank you for your letter of March 20 inviting our corporation to participate in the 2012 International Fair. We are very pleased to accept and will plan to display our electrical appliances as we did in previous years.Mr Li will be in your city from April 2 to 7 to make specific arrangements and would very much appreciate your assistance.

尊敬的先生/小姐，感谢您三月二十日来信邀请我们公司参加 2012 国际商品交易会。我们乐于参加并计划展示我们前几年生产的电子设备。李先生将于四月二日至七日去您市

做具体安排，非常感谢您的协助。

2. 否定的答复：Dear Mr/Ms, Thank you very much for your invitation to attend the 2012 International Fair. As we are going to open a repair shop in your city at that time, we are sorry that we shall not be able to come.We hope to see you on some future occasion.

尊敬的先生/小姐，非常感谢您邀请我们参加 2012 年国际商品交易会。由于我们将于同一时间到您市新开一家维修店，非常抱歉不能前去。希望以后有机会见到您。

思考题

1．书面沟通有什么特点？

2．书面沟通的原则是什么？

技能训练

请在智联招聘网上找到某公司的招聘信息，选择招聘的职位中适合你的职位，而你也非常希望能够在该公司工作。请你写一份求职信并附上你的个人简历，要求：求职信的字数在 500 字左右，个人简历的字数在 800 字左右。

第七章 电话沟通

☞ 案例导入

“陈先生吗？您好！我姓林，是大大公司业务代表。您是成功人士，我想向您介绍……”

陈先生直率地说：“对不起，林先生。你过誉了，我正忙，对此不感兴趣。”说着就挂断了电话。

小林放下电话，接着又打了半个小时，每次和客人刚讲上两三句，客人就挂断了电话。

姜经理问他：“小林，你知道为什么客人不肯和你见面吗？”

小林想，约见客人难，大家都知道，我约不到，有什么奇怪的。

姜经理见他不吱声，便解释起来。“首先，你应该说明来意，是为会面而打电话的；其次，捧场话讲得太夸张不行。你开口便给对方带了个‘成功人士’的大高帽，对方会立刻产生一种抵触感。和陌生人见面，太露骨的奉承令人感到你是刻意推销，也容易给人急功近利的感觉。最后一点，也是最重要的一点，电话是方便我们约见客人的。你要“介绍”产品，见面是最佳途径。隔着‘电线’，有些事是说不透的。就算客人肯买，难道能电传支票给你吗？”

姜经理说完亲自示范给小林看。

“邹先生？您好！我姓姜。我们没见过面，但可以和您谈一分钟吗？”他有意停一停，等待对方理解了说话内容并做出反应。

对方说：“我正在开会！”

姜经理马上说：“那么我半个小时后再给您打电话好吗？”

对方毫不犹豫地答应了。

姜经理对小林说，主动挂断与被动挂断电话的感受不一样。尽可能主动挂断，可以减少失败感。

半个小时后，姜经理再次接通电话说：“邹先生，您好！我姓姜。您叫我半个小时后来电话……”他营造出一种熟悉的回电话的气氛，以缩短距离感。

“你是做什么生意的？”

“我是大大公司的业务经理，是为客人设计一些财经投资计划……”

邹先生接口说：“教人赌博，专搞欺骗？”两人都笑了。

“当然不是！”姜经理说。“我们见见面，当然不会立刻做成生意。但看过资料印象深些，今后您有什么需要服务的，一定会想到我啊！”

邹先生笑了笑，没说什么。

"这两天我在你附近工作。不知您明天还是后天有时间？"姜经理问。

"那就明天吧。"

"谢谢。邹先生，上午还是下午？"

"下午吧！4点。"邹先生回答。

"好！明天下午4点钟见！"姜先生说。

姜经理放下电话，小林禁不住拍手欢呼。

信息时代，电话已成为最快捷的销售工具之一。假设两个人同时掌握到一个准确的商业信息，请问是通过电话马上推销快还是去登门造访销售快呢？毋庸置疑，今天，讲究销售的速度已显得是多么地重要，稍有贻误便会失去商机，而电话推销就能做到这一点。这是一则成功的电话营销案例，其中有很多的技巧。身处信息时代，有必要全面了解使用电话的基本礼仪、接打电话的技巧，以便于自己的生活和工作都能顺利地展开。

基本知识

7.1 电话沟通需要注意的问题

一般来说，电话沟通对象主要是企业外的人员，电话所反映的应该是企业的风貌、精神、文化、甚至管理水平、经营状态等等。因此，你如果在电话应对上表现不当，就会导致外部人员作出对企业不利的判断。所以，在许多大型企业中，电话的礼仪和技巧往往是新进员工上岗培训的一个必备内容。

(1) 重要的第一声。当我们打电话给某单位，若一接通，就能听到对方亲切、优美的招呼声，心里一定会很愉快，使双方对话能顺利展开，对该单位有了较好的印象。在电话中只要稍微注意一下自己的语言就会给对方留下完全不同的印象。同样说"您好，这里是××公司"，但声音清晰、悦耳、吐字清脆，给对方留下好的印象，对方对你所在单位也会有好印象。因此要记住，接电话时，应有"我代表单位形象"的意识。

(2) 要有喜悦的心情。打电话时我们要保持良好的心情，这样即使对方看不见你，但是从欢快的语调中也会被你感染，给对方留下极佳的印象，由于面部表情会影响声音的变化，所以即使在电话中，也要抱着对方看着我的心态去应对。

(3) 端正的姿态与清晰明朗的声音。打电话过程中绝对不能吸烟、喝茶、吃零食，即使是懒散的姿势对方也能够听得出来。如果你打电话的时候，弯着腰躺在椅子上，对方听你的声音就是懒散的，无精打采的；若坐姿端正，身体挺直，所发出的声音也会亲切悦耳，充满活力。因此打电话时，即使看不见对方，也要当作对方就在眼前，尽可能注意自己的姿势。声音要温雅有礼，以恳切之话语表达。口与话筒间，应保持适当距离，适度控制音量，以免听不清楚、产生误会。或因声音粗大，让人误解为盛气凌人。

(4) 迅速准确的接听。现代工作人员业务繁忙，桌上往往会有两三部电话，听到电话铃声，应准确迅速地拿起听筒，接听电话，以长途电话为优先， 最好在三声之内接听。电

话铃声响一声大约 3 秒种，若长时间无人接电话，或让对方久等是很不礼貌的，对方在等待时心里会十分急躁，你的单位会给他留下不好的印象。即便电话离自己很远，听到电话铃声后，附近没有其他人，我们应该用最快的速度拿起听筒，这样的态度是每个人都应该拥有的，这样的习惯是每个办公室工作人员都应该养成的。如果电话铃响了五声才拿起话筒，应该先向对方道歉，若电话响了许久，接起电话只是“喂”了一声，对方会十分不满，会给对方留下恶劣的印象。

(5) 认真清楚的记录。随时牢记 5 W1H 技巧，所谓 5 W1H 是指：① When(何时)；② Who (何人)；③ Where(何地)；④ What(何事)；⑤ Why(为什么)；⑥ How(如何进行)。在工作中这些内容都是十分重要的。打电话、接电话具有相同的重要性。电话记录既要简洁又要完备，有赖于 5W1H 技巧。

(6) 有效电话沟通。上班时间打来的电话几乎都与工作有关，公司的每个电话都十分重要，不可敷衍，即使对方要找的人不在，切忌粗率答复“他不在”即将电话挂断。接电话时要尽可能问清事由，避免误事。对方查询本部门其他单位电话号码时，应迅即查告，不能说不知道。我们首先应确认对方身份、了解对方来电的目的，如自己无法处理，也应认真记录下来，委婉地探求对方来电目的，就可不误事而且赢得对方的好感。对对方提出的问题应耐心倾听；表示意见时，应让他能适度地畅所欲言，除非不得已，否则不要插嘴，期间可以通过提问来探究对方的需求与问题。注重倾听与理解、抱有同理心、建立亲和力是有效电话沟通的关键。接到责难或批评性的电话时，应委婉解说，并向其表示歉意或谢意，不可与发话人争辩。电话交谈事项，应注意正确性，将事项完整地交待清楚，以增加对方认同，不可敷衍了事。如遇需要查寻数据或另行联系之查催案件，应先估计可能耗用时间之长短，若查阅或查催时间较长，最好不让对方久候，应改用另行回话之方式，并尽早回话。对方电话索取书表时，应把握时效，尽快地寄达。

(7) 挂电话前的礼貌。要结束电话交谈时，一般应当由打电话的一方提出，然后彼此客气地道别，应有明确的结束语，说一声“谢谢”、“再见”，再轻轻挂上电话，不可只管自己讲完就挂断电话。

(8) 通话时间的选择。选择何时打电话是一种基本的礼貌，也是取得成功的前提。在打电话之前要非常清楚对方的工作性质和时间，否则时间选择不当，即使自身的业务水平再高，也不能达成预期目的。

小资料

打电话的时间

1. 以职业来分

会计师：切勿在月初和月尾，最好是月中才接触。

推销员：10 点以前或者下午 4 点以后。

行政人员：10 点前后到下午 3 点为止。

股票行业人员：避免在开市后，最好在收市后。

银行家：10 点前或下午 4 点后。

公务员：工作时间内，切勿在午饭前和下班前。

饮食业人员：避免在用餐时间，最好是在下午3点到4点。

律师：10点以前或下午4点以后。

零售商：避免周末和周一，最好在下午2点至3点。

2. 按星期来分

星期一：这是假期刚结束上班的第一天，客户肯定会有很多事情要处理，一般公司都在星期一开会或者安排工作，所以大多会很忙碌。如果要洽谈业务，尽量避开这一天。

星期二到星期四：这三天是电话营销最合适的时间。

星期五：一周的工作结尾，如果这时打电话过去，多半得到的回复是："等下个星期我们再联系吧！"，这一天可以进行调查和预约的工作。

3. 按一天来分

8:00～10:00：这段时间大多客户会紧张地做事，电话营销人员不妨也安排一下自己的工作。

10:00～11:00：这时你的客户大多不是很忙碌，一些事情也处理完毕，这段时间是营销的最佳时段。

11:30～14:00：午饭和休息时间，不要轻易打电话。

14:00～15:00：这段时间人会感觉到烦躁，尤其是夏天。

15:00～18:00：努力打电话吧，你会在这段时间中取得成功。

(9) 通话地点的选择。良好谈话的氛围可以促使双方尽快进入角色，在有限的时间内达到通电话的目的。如果在一个嘈杂的环境里面，可能彼此交谈的话都不能听清楚，这会使另一方产生反感的情绪而结束电话交流；在有电话或者打电话给对方的时候马上结束和同事朋友的嘻笑和谈话也是为了尊重对方，创造良好的谈话氛围，促成通话目的的实现；和对方通话时，如果是比较重要的商业信息，最好能在一个私人的空间里进行，以免泄露信息，这是选择通话地点时应该注意到的基本问题。

(10) 确定通话对象。在通话前要知道你准备和谁交谈，通话时要弄清楚是谁在和你交谈，因此在接通电话向对方表明身份之后要先确认对方身份，如果出现拨错电话的情况，就要有礼貌地进行道歉；如果打电话的目的是想找决策者，但接听的是秘书或者其他人，不能因为对方没有决策权就摆出居高临下的态度，在措辞和语气上盛气凌人。切勿在介绍过自己以后不管对方是谁，就开始介绍自己的产品或者服务，这会给人感觉你强迫别人在接听电话，浪费双方的时间。

7.2 接听、拨打电话的基本技巧和程序

一个人接听、拨打电话的沟通技巧是否高明，常常会影响到他是否能顺利达成本次沟通的目标，甚至也会直接影响到企业、公司的对外形象。因此，应多动脑筋，千方百计让对方从声音中感受到你的热情友好。要想给对方留下诚实可信的良好印象，学习和掌握基本的电话沟通技巧和办公室电话礼仪是很有必要的。

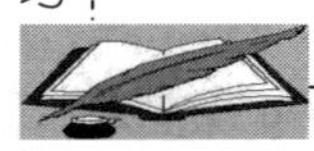

7.2.1 接听、拨打电话的基本技巧

为了提高通话效果、正确表达思想，请注意以下几点：

1．电话机旁应备记事本和铅笔

即使是人们用心去记住的事，经过 9 小时，遗忘率也会高达 70%，日常琐事遗忘得更快。试回忆本周前 4 天晚饭的内容，大概不少人想不起吧！所以不可太相信自己的记忆。重要事项可采取做记录的措施予以弥补。在电话机旁放置好记录本、铅笔，当他人打来电话时，就可立刻记录主要事项。如不预先备妥纸笔，到时候措手不及、东抓西找，不仅耽误时间，而且会搞得自己狼狈不堪。

2．先整理电话内容，后拨电话

给别人打电话时，如果想到什么就讲什么，往往会丢三落四，忘却了主要事项还毫无觉察，等对方挂断了电话才恍然大悟。因此，应事先把想讲的事逐条逐项地整理记录下来，然后再拨电话，边讲边看记录，随时检查是否有遗漏。另外，还要尽可能在 3 分钟之内结束。实际上，3 分钟可讲 1000 个字，相当于两页半稿纸上的内容，按理是完全可行的。如果打一次电话用了 5 分钟甚至 10 分钟，那么一定是措辞不当，未抓住纲领、突出重点。

3．态度友好

有人认为，电波只是传播声音，打电话时完全可以不注意姿势、表情，这种看法真是大错特错。双方的诚实恳切，都包含于说话声中。若声调不准就不易听清楚，甚至还会听错。因此，讲话时必须抬头挺胸，“言为心声”，态度的好坏，都会表现在语言之中。如果道歉时不低下头，歉意便不能伴随言语传达给对方。同理，表情亦包含在声音中。打电话表情麻木时，其声音也冷冰冰。因此，打电话应微笑着讲话。

女性在对着镜子说话时，会很自然的微笑，人在微笑时的声音是更加悦耳、亲切的。根据这一原理，在一些大公司的总机或者前台，管理者有意在接线员的桌上放置一面镜子，以促使她们在接听电话的时候自然的微笑，然后通过语言把这一友好的讯息传递出去。

4．注意自己的语速和语调

急性子的人听慢话，会觉得断断续续，有气无力，颇为难受；慢吞吞的人听快语，会感到焦躁心烦；年龄高的长者，听快言快语，难以充分理解其意。因此，讲话速度并无定论，应视对方情况，灵活掌握，随机应变。

打电话时，适当地提高声调显得富有朝气、明快清脆。人们在看不到对方的情况下，大多凭第一听觉形成初步印象。因此，讲话时有意识地提高声调，会格外悦耳优美，就像乐谱中 5(梭)的音域。

5．不要使用简略语、专用语

将“行销三科”简称“三科”这种企业内部习惯用语，第三者往往无法理解。同样，专用语也仅限于行业内使用，普通顾客不一定知道。有的人不以为然，得意洋洋地乱用简称、术语，给对方留下了不友善的印象。有的人认为西洋学及外来语高雅、体面，往往自作聪明地乱用一通，可是意义不明的外语，并不能正确表达自己的思想，不但毫无意义，有时甚至会发生误会，这无疑是自找麻烦。

6．养成复述习惯

为了防止听错电话内容，一定要当场复述。特别是同音不同义的词语及日期、时间、电话号码等数字内容，务必养成听后立刻复述、予以确认的良好习惯。文字不同，一看便知，但读音相同或极其相近的词语，通电话时却常常容易搞错，因此，对容易混淆、难以分辨的这些词语要加倍注意，放慢速度，逐字清晰地发音。如 1 和 7、11 和 17 等，为了避免发生音同字不同或义不同的错误，听到与数字有关的内容后，务必马上复述，予以确认。当说到日期时，不妨加上星期几，以保证准确无误。

7.2.2 接听和拨打电话的程序

1．注意点

1) 电话铃响两次后，取下听筒

电话铃声是响 1 秒，停 2 秒。如果过了 10 秒钟，仍无人接电话，一般情况下人们就会感到急躁："糟糕!人不在。"因此，铃响 3 次之内，应接听电话。那么，是否铃声一响，就应立刻接听，而且越快越好呢？也不是，那样反而会让对方感到惊慌。较理想的是，电话铃响完第二次时，取下听筒。

2) 自报姓名的技巧

如果第一声优美动听，会令打或接电话的对方感到身心愉快，从而放心地讲话，故电话中的第一声印象十分重要，切莫忽视。接电话时，第一声应说："你好！这是××公司。"打电话时则首先要说："我是××公司××处的×××。"双方都应将第一句话的声调、措词调整到最佳状态。

3) 轻轻挂断电话

通常是打电话一方先放电话，但对于职员来说，如果对方是领导或顾客，就应让对方先放电话。待对方说完"再见!"后，等待 2 到 3 秒钟才轻轻挂断电话。

无论通话多么完美得体，如果最后毛毛躁躁"咔嚓"一声挂断电话，则会功亏一篑，令对方很不愉快。因此，结束通话时，应慢慢地、轻轻地挂断电话。

2．接听电话的程序

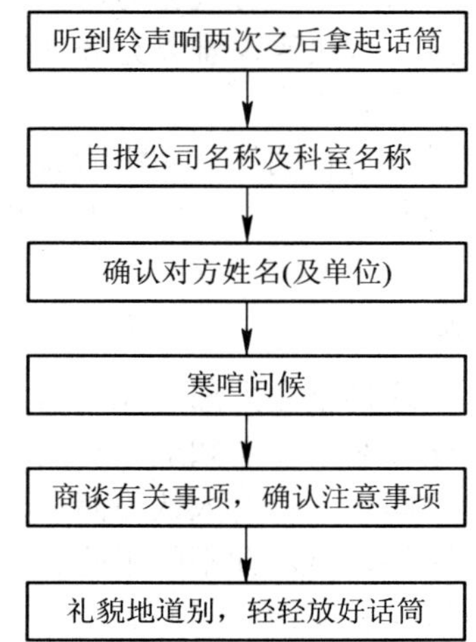

3．拨打电话的程序

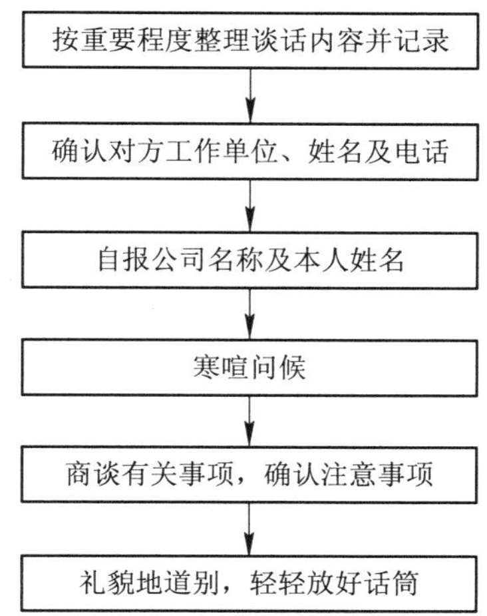

7.3　与客户电话沟通技巧

7.3.1　电话销售业务员电话沟通注意事项

(1) 作为一个业务员，首先要有素质，有内涵。“要推广产品，先推广自己。”别人都是先了解你，之后才会了解你的产品，对你产生认同，才会认同产品。

(2) 保持一个非常平稳的心态。这个问题，是一个老业务员跟新业务员最大的不同，也是新业务员一直在摸索在不断升华的部分。心态的问题有很多。

① 面对客户很紧张。很多业务员开始的时候，对着客户就不知道说什么了，预想好的话一句都不记得了，需要重新组织语言，有时讲错就更加紧张了，表达不清，沟通就没有效果。此时，需要舒一口气，说话语速放慢，让自己有足够思考的时间，保持一种平和的心态，不管对方是什么人物。

② 遇到挫折要平和对待。做业务在很多时候是遭到白眼甚至辱骂，此时必须要有阿 Q 精神，不管对方怎么对待，自己不要伤自己，相信自己是优秀的，他们只是不懂得尊重人罢了。他在筛选人时，我也在筛选客户。

③ 对业绩的提升不能心急。对于做业务的人，大家都想赶紧提升业绩，拿高工资，但往往越急越浮躁，对人对事反倒不好，甚至会产生反效果。做久了，认识的人多了，熟悉的人多了，自然生意做成的几率就大很多。

④ 保持乐观积极向上的心情。心情是可以传染的，悲观和忧伤是一般人都不愿意看到的，保持一种乐观的心情，能给人勇气的感觉。

(3) 充分的专业知识。话不相关，无法卖产品；话不投机，无法做生意。必须不断充实自己的产品知识，行业知识，甚至收集现实生活中与所做产品相关的事务信息。这都是一种学习。

(4) 清晰的表达。思维清晰，有很强的沟通能力是做业务员所必需的能力之一。跟别人

做生意，要互相了解，让别人了解自己，也需要一个最好的自我表达以及产品信息的传达。

(5) 专注。专注于一个业务方向，自然自己会去重视它，会去考虑如何做好它。三心二意，很多时候都是做不好事的。

(6) 用自己的思维去解释你的产品和业务。包括跟客户的沟通，开拓客户的方式方法，业务流程和业务标准。

(7) 计划和总结。制定目标，制定发展的路线，细分顾客群体(包括老客户和潜在客户)，每天、每周或每月要对现时业务拓展进行思考，即对未来发展要进行构思。

7.3.2 与客户打电话的技巧

业务员打电话给客户的前期必须要做好以下几个方面的准备，否则你的电话销售工作就是一个失败的过程。

1．准备

心理准备。在你拨打每一个电话之前，都必须有这样一种认识：你所拨打的这个电话很可能就是你职业上的一个转折点。有了这种想法之后你才可能对待你所拨打的每一个电话，有一个认真、负责和坚持的态度，才能使你产生一种必定成功的积极动力。

内容准备。在拨打电话之前，要先把你所要表达的内容准备好，最好是先列出几条在纸张上，以免对方接电话后，自己由于紧张或者兴奋而忘了自己的讲话内容。另外和对方沟通时要说的每一句话该如何表达，都应该有所准备，提前演练到最佳。

2．时机

打电话时一定要掌握时机，要避免在吃饭的时间里与客户联系，如果把电话打过去了，也要礼貌的征询客户是否有时间或方便接听。如“您好，王经理，我是×××公司的×××，这个时候打电话给您，没有打搅您吧？”如果对方有约会恰巧要外出，或刚好有客人在的时候，应该很有礼貌的与其约好再次通话的时间，然后再挂上电话。

如果老板或要找的人不在，需向接电话人索要联系方法，“请问×××先生/小姐的手机是多少？他/她上次打电话/来公司时只留了这个电话，谢谢您的帮助。”

3．接通电话

在电话接通后，业务人员要先问好，并自报家门，确认对方的身份后，再谈正事。例如：“您好，我是×××公司，请问×××老板/经理在吗？”，“×××老板/经理，您好，我是×××公司的×××，关于……”

讲话时要简洁明了。无论是打出电话或是接听电话，交谈都要长话短说，简而言之，除了必要的寒暄或客套之外，一定要少说与业务无关的话题，杜绝电话长时间占线的现象。

挂断前的礼貌。打完电话之后，业务人员一定要记住向顾客致谢，“感谢您用这么长时间听我介绍，希望能给您带来满意，谢谢，再见。”另外，一定要让顾客先挂断电话，业务人员才能轻轻挂下电话。以示对顾客的尊重。

挂断顾客的电话后，有许多的业务人员会立即从嘴里跳出几个对顾客不雅的词汇，以此来放松自己的压力，作为一个专业的电话销售人员来讲，这是绝对不允许的。

7.3.3　听客户电话的技巧

有时一些顾客图省力、方便，用电话与业务部门直接联系，有的是订货，有的是了解公司或产品，或者是电话投诉。电话接听者在接听时一定要注意，绝对不能一问三不知，或敷衍了事推诿顾客，更不能用不耐烦的口气态度来对待每一位打电话的顾客。接听客户电话的技巧如下：

(1) 电话接通后，接电话者要自报家门，如“您好，这里是全程管理公司业务部”或“您好，很高兴为您服务”绝对禁止抓起话就问：“喂，喂你找谁呀？”“你是谁呀？”这样不仅浪费时间还很不礼貌，让公司的形象在顾客心中大打折扣。接听电话前一般要让电话响一到二个长音，切忌不可让电话一直响而缓慢的接听。

(2) 记录电话内容。在电话机旁最好摆放一些纸和笔，这样可以一边听电话一边随手将重点记录下来，电话结束后，接听电话者应该对记录下来的重点妥善处理或上报相关部门认真对待。

(3) 重点重复。当顾客打来电话订货时，会说出产品名称或编号、取货时间等。这时不仅要记录下来，还应该向对方复述一遍，以确保正确无误。

(4) 让顾客等候的处理方法。如果通话过程中，需要对方等待，接听者必须说：“对不起，请您稍等一下。”之后要说出让对方等候的理由，以免对方因等候而焦急。再次接听电话时必须向对方道歉：“对不起让您久等了。”如果让对方等待时间较长接听人应告知理由，并请他先挂掉电话待处理完后再拨电话过去。

(5) 电话对方声音小时的处理方法。如果对方语音太小，接听者可直接说：“对不起，请您声音大一点好吗？”“我听不太清楚您讲话。”绝不能大声喊：“喂喂，大声点。”要大声的是对方，不是你。

(6) 电话找人时的处理方法。若遇找人的电话，应迅速把电话转给被找者，如果被找者不在，应对对方说：“对不起，他(她)现在出去了，我是×××，如果方便的话，可不可以让我帮你转达呢？”也可以请对方留下电话号码，等被找人回来，立即通知他给对方回电话。

无论是拨打电话，还是接听电话，都可以反映出一个人或公司的形象。电话是公司对外交流的一个窗口。一个好的拨打、接听电话过程，传递给对方的是一个好的印象，反之亦然，因此无论是拨打或接听电话，都应该特别注意你的言词与语气，一个电话有可能会改变你目前境况甚至是你的一生。

案例

一次失败的电话销售

数月以前，一家国内IT企业进行笔记本电脑的促销活动，我是接到推销电话的一个他们认为的潜在客户。

“先生，您好，这里是HR公司个人终端服务中心，我们在搞一个调研活动您有时间我们可以问两个问题吗？”(点评一)

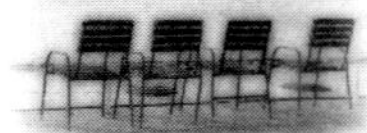

我说："你讲。"

销售员："您经常使用电脑吗？"

我说："是的，工作无法离开电脑。"

销售员："您用的是台式机还是笔记本电脑？"

我说："在办公室，用是台式机，在家就用笔记本电脑。"

销售员："最近我们的笔记本电脑有一个特别优惠的促销活动，您是否有兴趣？"(点评二)

我说："你就是在促销笔记本电脑吧，不是搞调研？"

销售员："其实，也是，但是……"(点评三)

我说："你不用说了，我现在对笔记本电脑没有购买兴趣，因为我有了，而且，现在用的很好。"

销售员："不是，我的意思是，这次机会很难得，所以，我………"

我问："你做电话销售多长时间了？"

销售员："不到两个月。"

我问："在开始上岗前，HR 公司给你们做了电话销售的培训了吗？"

销售员："做了两次。"

我问："是外请的电话销售的专业公司给你们培训的，还是你们的销售经理给培训的？"

销售员："是销售经理。"

我问："培训了两次，一次多长时间？"

销售员："一次大约就是两个小时吧，就是说了说，也不是特别正式的培训。"

我问："你现在做这个笔记本电脑的电话销售，成绩如何？"

销售员："其实，我们遇到了许多的销售中的问题，的确，销售成绩不是很理想。"(点评四)

这番对话没有终止在这里，我们继续谈了大约半小时，我向她讲解了销售培训中应该提供的知识以及她们的销售经理应该给她们提供的各种工作中的辅导。

点评与分析：

类似的推销电话，许多人都有类似的体验，然而多数电话销售的销售成绩都不理想，其中一个重要的原因就是对销售队伍的有效培训不到位。这是客气的说法。其实，许多企业就根本没有科学的、到位的电话销售培训。虽然许多企业已经意识到电话销售其实是一种降低销售成本的有效的销售方式，避免了渠道问题，也有机会直接接触到客户，所以，电话销售越来越普遍了，尤其是戴尔取得了直销成功以后，追随戴尔搞电话直销的 IT 公司风起云涌，层出不穷，导致中国已经成为世界上呼叫中心成长最快的国家。然而，电话销售的要点又是什么呢？不妨从对上面的对话开始分析。

点评一：回避在电话接通的开始就露出销售的目的显然是经过周密策划、精心布置和培训的，让电话销售人员可以用巧妙的方法建立与没有见过面的、本来就疑心深重的潜在客户的最初的沟通，既有好处，又有弱点。岂不知，间接引入法对销售人员的要求相当高，一旦潜在客户识别出来以后，销售人员要有高超的沟通水平来挽回客户更加强烈的抵抗心理，所以，从这个细节来看，HR 公司的确培训了，从后面的对话还可以看出来该销售人员的不足。

点评二：潜在客户已经陈述了自己有了笔记本电脑，而该销售人员没有有效地响应客户的话题，只顾按自己预先设计好的思路来推进，会取得什么效果呢？其实，在客户的回答以后，恰恰应该是发问的最好的时机，既可以有效地呼应开始设计的调研的借口，又可以逐渐来挖掘客户在使用笔记本电脑时的主要困惑，从而来揭示客户潜在的需求，可惜，这个销售人员不过是简单、机械地按照培训的套路来说话。这是个严重错误。

点评三：严重缺乏随机应变的培训，在这个关键转折点上，恰好就是切入对潜在客户的有效赞扬的时机，从而来获取客户充分的信任，结果，这个销售人员的回答暴露了一切弱点，并导致潜在客户完全失去了耐心。如果不是我，这个客户已经挂机了，这个销售员可能不过碰到了与98%客户一样的挂机而已。

点评四：这个对话中已经可以确认了××公司对电话销售的培训有多么薄弱。所以，像××公司这样的世界500强企业在电话销售上都是如此之差，就不要责怪和埋怨中国其他的企业对电话销售的努力探索的精神和执著的热情了。

仅仅凭借经验、热情、努力和勤奋，电话销售无法获得实在业绩。成功需要方法！电话销售需要明确的技能，可操作的技巧，可以应用的流程，这才是电话销售成功的核心。

7.4 转达电话的技巧

7.4.1 听清关键字句

经常有这种情况存在：顾客打电话找科长，科长却不在办公室。这时，代接电话者态度一定要热情，你可用下面的方法明确告诉对方科长不在。

告诉对方科长回公司的时间，并询问对方："要我转达什么吗？"对方可能会说出下列几种愿望：(1) 稍后，再打电话；(2) 想尽快与科长通话；(3) 请转告科长……

如果科长暂时不能回公司，则可告诉对方："科长出差在外，暂时无法联系，如有要紧事，由我负责与科长联系行吗？"

另外，当不便告知具体事项时，要留下他的姓名、电话、公司的名称。

若受顾客委托转告，则应边听顾客讲边复述，并按5W1H要求，认真记录。

给科长打电话联系时，应告诉科长：顾客的姓名、公司名称、电话号码、打来电话的时间，并与科长一一确认。

无论如何，都必须复述对方姓名及所讲事项。通话结束应道别："我叫××，如果科长回来，定会立刻转告。"自报姓名，其目的是让对方感到自己很有责任感，办事踏实可靠，使对方放心。

7.4.2 慎重选择理由

通常，被指定接电话的人不在时，原因很多，如因病休息、出差在外、上厕所等等。这时，代接电话的你，应学会应付各种情况。

告诉对方，××不在办公室时，应注意不要让对方产生不必要的联想，特别不能告诉对方××的出差地点，因其出差所办事情，或许正是不能让对方觉察知晓的商业秘密。

另外，如果我们遇到领导正在参加重要会议，突然接到客户的紧急电话，这时应正确判断，可以按照以下方法妥当处理：

如果领导有约在先："开会期间，不得打扰。"那转告之类的事，当然不能例外。

要想谋求一个两全其美的办法，既不中断会议，又不打扰领导，那么，就活用纸条吧。如在纸条上写到："××先生电话找您，接电话( )，不接( )，请画勾。"然后悄悄走进会议室，将纸条递给领导看，领导一目了然，瞬间即画好勾。如此这般，既对会议不影响，领导又能当场拍板，是一种很适合的方法。

自检

你在转接电话时是否注意了以下要点。

转接电话的要点	是√　否×	改进计划
听清楚关键字句		
选择恰当的理由		
选择恰当的时机		

7.5 应对特殊事件的技巧

7.5.1 听不清对方的话语

当对方讲话听不清楚时，进行反问并不失礼，但必须方法得当。如果惊奇地反问："咦?"或怀疑地回答："哦?"对方定会觉得无端地招人怀疑、不被信任，从而非常愤怒，连带对你印象不佳。但如果客客气气地反问："对不起，刚才没有听清楚，请再说一遍好吗?"对方定会耐心地重复一遍，丝毫不会责怪。

7.5.2 接到打错了的电话

有一些职员接到打错了的电话时，常常冷冰冰地说："打错了。"最好能这样告诉对方："这是××公司，你找哪位?"如果自己知道对方所找公司的电话号码，不妨告诉他，也许对方正是本公司潜在的顾客。即使不是，你热情友好地处理打错的电话，也可使对方对公司抱有初步好感，说不定就会成为本公司的客户，甚至成为公司的忠诚支持者。

7.5.3 遇到自己不知道的事

有时候，对方在电话中谈及自己不知道的事，职员碰到这种情况，常常会感到很恐慌，虽然一心企盼着有人能尽快来接电话，将自己救出困境，但往往迷失在对方喋喋不休的陈述中，好长时间都不知对方到底在说什么，待电话讲到最后才醒悟过来："关于××事呀！很抱歉，我不清楚，负责人才知道，请稍等，我让他来接电话。"碰到这种情况，应尽快理清头绪，了解对方真实意图，避免被动。

7.5.4 接到领导亲友的电话

领导对部下的评价常常会受到其亲友印象的影响。打到公司来的电话，并不局限于工作关系。领导及前辈的亲朋好友，常打来与工作无直接关系的电话。他们对接电话的你的印象，会在很大的程度上左右领导对你的评价。

例如：当接到领导夫人找领导的电话时，由于你忙着赶制文件，时间十分紧迫，根本顾不上寒暄问候，而是直接将电话转给领导就完了。当晚，领导夫人就会对领导说："今天接电话的人，不懂礼貌，真差劲。"简单一句话，便会使领导对你的印象一落千丈。可见，领导及前辈的亲朋好友对下属职员的一言一行非常敏感，期望值很高，请切记时刻严格要求自己。

7.5.5 接到顾客的索赔电话

索赔的客户也许会牢骚满腹，甚至暴跳如雷，如果作为被索赔方的你缺少理智，像对方一样感情用事，以唇枪舌剑回击客户，不但于事无补，反而会使矛盾升级。正确的做法是：你处之泰然，洗耳恭听，让客户诉说不满，并耐心等待客户心静气消。其间切勿说："但是"、"话虽如此，不过……"之类的话进行申辩，应一边肯定顾客话中的合理成分，一边认真琢磨对方发火的根由，找到正确的解决方法，用肺腑之言感动顾客。从而，化干戈为玉帛，取得顾客谅解。

面对顾客提出的索赔事宜，自己不能解决时，应将索赔内容准确、及时地告诉负责人，请他出面处理。闻听索赔事宜，绝不是件愉快的事，而要求索赔的一方，心情同样不舒畅。也许要求索赔的顾客还会在电话中说出过激难听的话，但即使这样，到最后道别时，你仍应加上一句："谢谢您打电话来。今后一定加倍注意，那样的事绝不会再发生。"这样，不仅能稳定对方情绪，而且还能让其对公司产生好感。正所谓："精诚所至，金石为开。"对待索赔客户一定要诚恳，用一颗诚挚的心感动客户，以化解怨恨，使之从这次处理得当、令人满意的索赔事件中理解本公司，甚至成为公司产品的支持者。通过对索赔事件的处理，你也能了解公司的不足之处，并以此为突破口进行攻关。当你经过不懈努力，终于排除障碍、解决问题，甚至使产品质量更上一层楼，使企业走出困境，不断繁荣昌盛。这时，谁又能说索赔不是一件好事呢？

自检

电话沟通活动中你曾遇到过什么样的突发事件？你是如何应对的？有何改进的心得？

突发事件	以前如何应对	改进计划
①听不清对方的话语		
②接到打错了的电话		
③遇到自己不知道的事		
④接到领导亲友的电话		
⑤接到顾客的索赔电话		
补充：		

思考题

1．小周做电脑推销，他打电话给一位客户，电话中客户告诉他，客户已经有了一台台式机，而且表示目前没有购买笔记本电脑的打算。如果你是小周该怎样与客户进行电话沟通呢？

2．与总机人员通话失败的案例：

销售员：“请转采购部。”

总机人员：“你找哪一位？”

销售员：“采购部经理。”

总机人员：“你是做什么的？”

销售员：“我是某某公司，我们公司主要从事某某业务的。”

总机人员：“我们暂时不需要，谢谢，再见。”

销售员：“……”

如果你是销售人员该如何打这通电话？

技能训练

以下是一个营销人员与接线人的电话沟通记录，请填写完整。

营销员：“您好，我是宏达公司，请您告诉我一下总经理的电话。”

接线人：“你谁呀？他不在。”

营销员：____

____

接线人：“不在不在，你这人怎么回事？告诉你他不在，你还打什么？”

营销员：____

____

接线人：“干什么？”

营销员：____

____

接线人：“干嘛告诉你！以为你是谁呀？”

营销员：____

____

接线人：“说了又怎么样？”

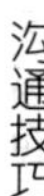

营销员：____

____

接线人：“是啊，我说了又怎么样？”

营销员：____

____

接线人：“我为什么要告诉你？”

营销员：____

____

接线人：“你问总经理电话干什么？”

营销员：____

____

接线人：“噢，是这样，你不是说你是宏达公司的吗？”

营销员：____

____

接线人：“是的是的。”

训练目标：让态度恶劣的接线人帮助我们得到拍板人的信息。

第八章 会议沟通

案例导入

翔达公司是一家汽车零部件企业，其主要客户是A公司、B公司和其他一些汽车总装厂，如C公司、D公司等。

2005年上半年期间，翔达公司在轿车外饰件产品供货的质量和供货的及时性方面受到了来自A公司和B公司的巨大压力，A公司和B公司一直对翔达公司在提高产品质量和供货能力方面所作的努力表示怀疑，总是抱怨翔达公司对外服务质量差，不重视客户意见，纠错措施不力等等，因此，翔达公司在整个轿车制造业内声誉受到了不良影响。

翔达公司的执委会(总经理、三名副总经理)对当时的处境很是不安，他们清楚地认识到造成目前这种局面的根本原因：一是翔达公司在轿车外饰件领域产品开发能力和生产制造能力的匮乏，对生产工艺研究不够深入，相关的技术专业人员紧缺，从而对产品质量的控制缺乏手段，产品质量不稳定，产品合格率较低；二是生产线的紧缺，现有的生产线只能满足产品开发初期的产量预计，然而因为市场需求的增加，A公司和B公司的需求量大大超出翔达公司当初的产量预计。这两种因素的叠加造成了目前这种四面楚歌的尴尬局面。

翔达公司的执委们在广泛听取下设各相关部门(如生产制造部门、产品开发部门、质量部门和市场部门等)的意见后，基于对目前客户意见的分析和对未来轿车市场以及相关的零部件市场发展趋势的总体研究，一致决定尽快筹建新外饰件生产线，扩充其生产制造能力，以解决目前在供货质量、供货能力方面所存在的问题。

经过预测分析，新生产线的总投资要2000万美元，根据该公司财务规定，超过10万以上的投资必须要经过董事会批准。而翔达公司的董事会一年2次，分别在每年的4～5月和10～11月召开，而当时已到了6月份，当年的第一次董事会刚开过，第二次要到11月份才召开。可是，目前的形势是十分火急，这个决策不能再等，所有执委会申请召开紧急董事会，专题讨论新生产线投资事宜。

7月中旬紧急董事会如约召开，董事会决议：一是要求执委会加大对现有生产线产品质量的监控力度，组成技术质量攻关专题小组，以提高产品质量和生产合格率；二是加强与客户的交流沟通，了解客户所需，请客户理解并相信翔达公司在产品质量提高方面所作出的努力，以及翔达公司在对客户负责方面所作的承诺。加强现场服务，采取更加行之有效的能缓解目前用户抱怨和担心的一切措施。三是组织新生产线项目组，要求各部门为项

目组提供一切支持，包括人员、工作程序等方面。同时要求项目组必须在2006年8月新生产线全面投产。这是一份军令状，因为翔达公司的所有员工当时都清楚自己公司所面临的处境：根据市场预测，翔达公司的原生产线只能满足轿车总装厂2006年7月份的生产量。而2006年8月份的产量比7月份将有很大的提升，原生产线根本无法满足2006年8月份的销售需求。所以，如果一旦新生产线不能如期投运，那么意味着因翔达公司产品质量和生产能力不足的问题，将造成A公司和B公司等轿车主机厂全面停线。这对整个轿车工业来说影响非同小可，而且，更重要的是，A公司和B公司的停线，将直接影响到D市的生产和销售等经济指标，从而间接影响D市在国内的影响力。这很有可能会转化为一个带有政治色彩的经济运作问题。

翔达公司在董事会后，马上行动，全面出击。并在公司范围内进行宣传动员，把新生产线的筹建工作作为公司第一号工程来抓。新组建的项目组成员来自公司各相关部门，公司执委会任命工厂工程部经理张凌飞担任新生产线项目负责人，全面掌管整个项目的费用、项目进度、项目技术，包括基建、公用动力、生产线设备等。张经理接受任命后，马上挑选项目组工作人员。一天后，一份项目组工作计划就到了执委们的手中，上面详细描述了项目组组织机构和各工作小组人员名单及其工作职责。经得执委会同意后，张经理就召集所有项目组成员召开动员会。

在会上张经理首先向大家简单分析了翔达公司目前所处的危机，以及解除危机的措施。然后他把整个项目的规模、时间进度等要求向与会者作了详细说明。最后宣布了项目组人员名单，以及各工作组分组情况。工作组下设四个专业小组：规划组——由规划科科长王剀高工担任，主要负责项目审批工作；生产设备组——由外饰件生产厂工艺主管刘先生担任，主要负责设备的技术参数要求的制定，该小组成员来自工业工程科(车间平面布置)、设备技术科和设备维修组(提供设备机械和电气方面的支持)和现场工艺组提供的生产工艺方面的支持；基建环保组——由工程部基建环保科李开为工程师担任组长，主要负责新生产线所需厂房的建设和项目环境保护方案的制定和落实；第四组——公用动力组，组长由动力科蔡科长担任，主要负责为新生产线的准时投运提供公用动力保证。同时，张经理还预先考虑了另外一个小组，即生产启动小组，因时机还没到，张经理在会上没有公布。

张经理向大家介绍完后，向在座各位成员征询意见。规划组组长王剀高工是一位老者，白发苍苍，很有学者风度，面对张经理这样一位年轻气盛的领导很有些想法。他首先发言："今天是7月15日，该项目是2000万美元的投资，其审批权是在北京，而不是上海。从以前的经验来看，可行性文本编写至少需要2周，组织上级主管部门内审至少1周，文本修改后再送D市主管部门(外资委、计委、经贸委、规划局、环保局、消防局、劳动局、供电局、用水办等)审查需要2周，再到北京国家外经贸委、经委、环保总局等审批至少2个月，然后再进行设计文本编写需要1个月，组织上级主管部门内审1周，送D市相关部门外审2周，再送到北京相关部门审批又2周，总共需耗时至少4个月(从过去的经验来看，这确实是最快的速度了)。再加上开工前的前期工作，如基建开工手续、办理执照、招投标、报检等至少1个月，即该项目至少要到12月中下旬才能正式启动，你现在要求9月17日厂房开始打桩，这是不可能的。"

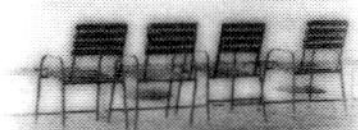

张经理沉着地对王剀说："王工，能否把基建项目单独立项，使其列入D市审批范围？而且针对此事，上级主管部门和市经委、规划局等都表示全力支持，审批工作可以从简操作。王工，你们组的工作进度是我们项目进度的首道关卡，相信你能够在这件事上与政府部门通力合作，尽快办妥项目立项审批工作。你在这方面有足够的阅历，相信你会出色完成任务。"

此时基建组李开为工程师插话了，他是一位老资格人士，老练有余。他说："即使是由D市来审批厂房这个单项，最快也要1个半月，即要到9月的上中旬完成审批，等批文下达到办理开工前期手续也要一个月，也就是要到10月的中旬才能开工，9月中旬开工是不可能的，而且即使是9月17日开工，但要求在2006年2月底开始安装设备是绝对不可能的，简直是天方夜谭，你们要知道这是将近2万平方米的钢结构厂房。"他的话很坚决，不容质疑。

李开为工程师是张经理的手下，因为时间匆忙，张经理还没来得及就进度计划与李开为工程师沟通。张经理想了想说："是的，大家都觉得时间很紧，都认为这个计划是不现实的。是的，我承认这个计划有点脱离'目前'的现实，但'目前'的现实我们是否可以去改造它？我们大家一定要建立一种特事特办的工作思维方式，和制度赛跑，和时间赛跑。我们可以在文本送批的同时，施工设计同步进行，然后征得相关政府部门的支持，简便操作手续，如减少审批等待时间，政府各部门同时审批，而不是像以往一个一个相互传递的审批方式，这样至少可以节省2周时间。当然有些必要的过程决不能省，尤其不能违规操作。我相信我们的目标是能够实现的。至于2006年2月底设备进场安装一事，我想只要我组织好厂房现场施工管理，和设备安装管理人员加强交流沟通，协调好厂房施工和设备安装进度，统筹管理，这个时间节点我还是有信心的。李开为工程师你在这方面有着足够的经验，2月底对你来说不是不可能。"

张经理尽管这样讲，但他清楚，这个目标只有在最理想的施工条件下也许才有可能实现，但在2005年9月到2006年2月这段时间要经历一个寒冬和初春，冰冻天是无法进行混凝土浇筑的，而且冬天的施工进度明显要慢于春夏秋季节，更何况还有一个春节假期。张经理之所以这样说，无非是要建立大家的信心。紧接着，设备组组长刘工也表达了自己的担心：从主机厂A公司和B公司的生产线筹建的整个过程来看，他们从项目组开始运作到设备投运都费时将近3年。我们的第一条生产线建设，从项目组成立，到出国考察、技术交流、方案确认、设计、施工、安装调试，历时18个月。长春H公司的轿车外饰件生产线规模要比我们的小，厂房、设备、工艺都要比我们的简单，他们用时15个月。沈阳的H公司的外饰件生产线，其厂房、设备的规模和先进程度根本无法和我们本项目相提并论，可他们历时16个月。这些公司完成这些项目的时间都是指施工和安装周期，还不包括项目前期技术准备，如与设备供应商的技术交流和谈判等。而我们的施工安装期却只有10个月，整个项目周期也只有12个月。我们还有一个困难就是设备负重与厂房的设计问题，这是我们亟待解决的问题，因为我们首先要进行技术交流，制定方案，然后进行商务谈判，确定签订合同，然后进行技术交底，提供设计参数，进行厂房设计。可我们厂房设计能等这么长时间吗？再者公司要求在10月份签订供货合同，时间不够。一般从技术交流到方案确定，再到签订合同至少需6个月以上。

刘工是一位年轻有为的年轻干部，技术出色，工作认真，只是不善于和下属进行有效交流，下属对其评价不高。他刚才提出的问题也是张经理所担心的。因为，他知道这么大的投入，选择一个有信誉的、有雄厚技术支撑的、价格合适的设备供应商是项目成败的关键。而技术方案的制定又是最关键的。可要在2～3个月时间里完成，谈何容易，更难的是要在没有确定供应商的前提下，要把设备的布局、设备的各种参数进行风险确认，因为厂房设计等着这些信息。

张经理点点头说："刘工的担心是正确的，可我们现在是在制定战略，我们的战略目标要一致，具体的战术，会后我们单独再谈。但我还是相信，只要战术得当，我们战略目标还是会实现的。"

张经理已经有了一套完整而有效的谈判思路，这在以后的技术和商务谈判过程中得到了验证。

动力科科长蔡先生随后发言，大致意思都相同：时间还是时间！计划要求 6 月份提供动能供给，可锅炉房、冷冻房要到五月完工。锅炉、冷冻设备安装调试的时间不够，另外厂变电间要到四月份才交付设备安装，时间实在太紧了。

蔡先生是张经理的部下，张经理对他的个性了如指掌，蔡先生的脾气比较暴躁，说话响亮，但办事很尽责。张经理对他的话不置可否，因为他相信蔡先生会尽力做好每一件工作。只是张经理提醒蔡先生一句，"6 月份是夏天了，你现有的锅炉能力在夏天是有大量富余的。我想冷冻设备和电力供给是你的重要任务。"

张经理见大家不再说话，就问："大家还有什么问题？"

设备组组长刘工说："我们组是比较特殊的，成员来自各个部门，我们需要集中办公，希望能解决场所和办公设施的问题。"

张经理说："你的问题，公司领导都已经想到了，你们设备组的临时工作办公室设在质保部楼的办公区域内，你们的办公用品需要移动的，请与李开为工程师协调解决，他会提供搬运帮助。"

稍停片刻，张经理说道，"以后我们项目组每周召开一次协调会，由各组通汇报一周来的工作进展情况和下一步工作计划以及需要支持的内容，等等。会议通知会在每周广播上公布，各工作组之间如有什么问题，请各组长及时协调解决。"

张经理继续说："希望各小组成员振作精神，团结一致，为公司献策献力。你们是我们公司的栋梁和精英，相信你们能够出色完成公司交给你们的任务。"

会议在张经理的鼓动声中结束。

思考题

(1) 工程部经理张凌飞是在怎样的情况下主持召开由所有项目组成员参加的动员会的？

(2) 在会上规划组组长王剀为什么反对工程马上启动？张经理是如何应对反对意见的？

(3) 刘工在会上提出了什么问题？为什么张经理在回答时建议会后再细谈？这样处理有什么好处？

(4) 试评价张经理主持会议的风格以及对控制会议进程的把握力。

(5) 谈谈你对会议主持者、会议参与者的基本要求的认识。

(6) 试述成功召开一次基层各部门领导参与的工作协调会应该做好哪些准备？

基本知识

8.1 团队沟通概述

从目的上讲，沟通是磋商共同的意思，即队员们必须交换和适应相互的思维模式，直到每个人都能对所讨论的意见有一个共同的认识。沟通的技巧对团队的成功非常重要。

8.1.1 团队沟通的涵义

1．团队沟通的定义

所谓团队沟通，是指按照一定的目的，有两个或两个以上的雇员组成的团队中发生的所有形式的沟通。团队成员之间和谐的关系有利于团队任务的完成，而他们之间的沟通则有利于关系的建立和维持。

2．团队沟通的构成要素

(1) 团队成员的角色分担。每个团队都有若干个成员组成，这些成员在团队成立之后到团队解体之前都扮演着不同的角色。我们按照团队成员扮演的角色是否能对团队工作起到积极的作用，将角色分成两大类：积极的角色和消极的角色。

第一，积极的角色：领导者——能确定团队目标任务并激励下属完成的成员。

能为团队工作设想出最初方案的成员，其行为包括明确问题，为解决问题提出新思想、新建议。

信息搜寻者——能为团队工作不断澄清事实、证据提供相关信息的成员。

协调员——能协调团队活动、整合团队成员不同思想或建议并能减轻工作压力、解决团队内分歧的成员。

评估者——分析方案、计划的成员。

激励者——起到保持团队凝聚力作用的成员。

追随者——按计划实施的成员。

旁观者——能以局外人的眼光评判团队工作并给出建设性意见的成员。

第二，消极的角色：绊脚石——固执己见，办事消极的成员。

自我标榜者——总想通过自吹自擂、夸大其词寻求他人认可的成员。

支配者——试图操纵团队，干扰他人工作以便提高自己地位的成员。

逃避者——总是跟他人保持距离，对工作消极应付的成员。

团队中一个成员可能扮演着几个角色，也有可能几个成员扮演同一个角色。另外，各成员所扮演的角色不是一成不变的。

(2) 团队内成文或默认的规范、惯例。“规范”系指团队成员所共同遵守的一套行为标准，其可以以明文规定的方式存在。

(3) 团队领导者的个人风格。领导者角色在团队中的作用举足轻重。领导者个人的性格特征、管理风格同团队沟通是否有效密切相关。

8.1.2 团队沟通的技巧

1. 语言沟通

团队成员必须进行对话，即成员们必须交换和适应相互的思维模式，直到每个人都能对所讨论的意见有一个共同的认识。

(1) 坦诚。坦诚指的是开放性的沟通，了解自己，关注他人，关注你的需求或明确要他人知道的事情。一个坦诚的陈述通常很直接，但它同时很谦恭有礼，顾及他人的感情，而不是攻击他人，坦诚是为你自己的沟通负责，不让别人来操纵你的反应。

(2) 负责的语言。如果每个人都能对团队共同的感受和想法负责，一切则会容易的多，因为负责的语言为他人改变其观点和观念留下余地。

(3) 肯定。当别人通过承认你的想法和感受，真正倾听你并做出回应时，你会有被认可的感觉。而当你被肯定时，就容易出效率，也容易对团队做出贡献。

(4) 恰当。恰当是指使用适合团队成员、你自己，适用团队情况的语言。选择恰当的语言取决于你是否对他人的敏感，以及你如何判断你想要达到的目的。这种选择同时需要心和大脑。恰当包括你能考虑到的知识层次、背景和感受。

2. 非语言沟通

所谓非语言沟通，是指人们从语言中包含的指示或语言之外的提示中解析出的含义。这种沟通非常复杂，要解析一个人的含义有时会非常困难。

(1) 运用肢体语言，促使团队成员参与沟通。你通过保持目光接触和用让他人感到舒服的姿势，为他人着想，面向说话人，往前靠这样的方式，对成员表示你的反应。

(2) 表现出强烈的自信心，使同伴倾听于你。当你沟通时需要你的脸、身体、声音、演讲能力的全力支持，使你传递的信息有趣、可信。

3. 倾听和提问

语言沟通和非语言沟通都传递信息，只有倾听和提问才能提供一些必要的及时的反馈，使人理解别人传达的信息。倾听和提问可以为个人及团队进行成功的沟通引发对话，创造氛围，并互相合作进行分析。毫无疑问，作为团体，成员的倾听能力是保持团队有效沟通和旺盛生命力的必要条件。

(1) 构建团队规范。有效的倾听在团队中特别难以实现。在一对一的对话中，你可能有一半的时间在倾听；而在团队中，你倾听的时间可能会达 65%～90%。如此多的人在交流，倾听就会变得较为困难，而让别人倾听却较为容易，这就是为什么团队需要形成一些清楚的沟通惯例，以便让团队成员在交流时遵循。这些惯例包括轮流发言，倾听，提一些问题来帮助他人理清想法和信息，以支持的立场提问题。遵循这些惯例，你就可以创造一个有益的沟通氛围。

(2) 排除障碍。许多因素会妨碍有效的沟通和提问。要求你做一个听众，这本身就是一个难题。信息超载和需要理清多个头绪会妨碍你整理、加工和保留你所听的内容；焦虑或者为某事、某个信息或生活中的其他事情担忧也会影响你倾听；积极做出反应的倾听和提问需要开动脑筋，还要动用体力。

(3) 掌握倾听的艺术。其实学会倾听并非很难，只要克服心中的障碍，从小节做起，肯定能够成功。

8.1.3 团队沟通中的冲突管理

冲突是指两个及两个以上相关联的主体，因互动行为所导致的不和谐的状态。冲突常会使人们惊惶失措，而且其发生是不可避免的且具有周期性。冲突的性质可能会随着团队向目标的迈进而有所变化。好的领导常常使冲突明朗化，这样做不是为了让人们进行正面交锋，而是弄清冲突双方不同的观点和方法，以及其想法、信息和价值观是如何产生冲突的，进而处理冲突。

1．产生冲突的原因

冲突的起因可能很简单，也可能很复杂。冲突之所以发生可能是利害关系人对若干议题的认知、看法不同，需要、利益不同，或是基本道德观、宗教信仰不同等因素所致。

2．冲突的分类

当两人或更多的人发现他们的个人目标互为排斥，也就是说，他们发现个人目标会妨碍另外一个人实现其目标时，冲突就出现了。分歧可能会通过互相协商来解决，但也可能演变成一场毫无意义的冲突。因此，我们可以把冲突分为两类：有成效的冲突和失去功用的冲突。有成效的冲突有其典型特点，往往是积极的、非个人化的、实质性的、合作的；而失去功用的冲突则为消极的、个人化的、有影响的、竞争的。

3．应对冲突的方法

应对冲突常采用直接处理法，这种方法强调通过面对面的交流来解决问题。直接处理法鼓励团队成员不通过管理部门而直接解决他们之间的问题，同时避免了纠纷，节省了时间和精力，并最大可能地减少了对问题的曲解。为了淡化冲突，当你面对团队伙伴时应遵循以下步骤：

(1) 告诉你的同事，你对他(或她)所作的事有些疑问，暗示这一问题可能是误解并表示你听他(或她)的解释，要认真听，不要做出任何争论。

(2) 计划与团队伙伴开个会，重提这个问题，更加详细地来探讨它，采用直接处理法的指导方针。

(3) 拿着这一问题面对你的伙伴，假设他(或她)在处理这一问题时会需要些帮助。

(4) 将这一问题提到整个团队面前，向所有的团队成员征询意见。

直接处理法授予团队成员一定的权力，帮助他们通过个人承担责任、个人成长以及给予他们决定的工具来做出许多有价值的决定。这一方法将成为团队处理他们所有冲突时所采用的有效方法。

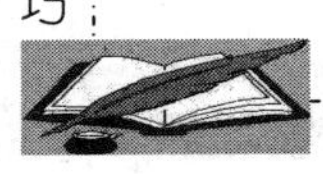

4．减少冲突

直接处理法是解决冲突的一个非常好的方法，但处理冲突的最佳方法是了解冲突的原因，以及如何减少冲突。团队成员应该知道冲突产生的原因并知道他们的行为是会减缓还是会加剧冲突，这就要求团队成员在处理问题时要做到以下几点：

(1) 为个人和团队着想。考虑他人倾向，考虑为每个人带来双赢的结果，坚持互利互惠。

(2) 公平和平等。如果团队成员在为平等、正义和公正而努力，他们会感觉良好，知道一套职业道德在起着约束作用，而且能够彼此很好地相互适应。

(3) 好情绪。好情绪是一种态度，可使他人感到轻松。好情绪可以影响他人，使其仁慈慷慨，助人为乐；可以增加亲和力；可以减少故意和挑衅性；还能有助于产生创造性的解决方法。

(4) 幽默感。它与好情绪有关，但两者不同。幽默感是一种在具体情况下发现幽默的能力，一种欣赏反话的能力，以及以适当轻松的方式缓解压力的能力。需要指出，开玩笑也会被用来掩盖人们的挑衅性或避免冲突。在这种情况下，就需要有人找出问题并使团队将注意力集中到处理问题上。

8.2 会议沟通概述

会议是一种围绕特定目标开展的、组织有序的、以口头交流为主要方式的群体性活动，同时会议也是为发挥特定功能进行的一种多项沟通方式。

自检

你在会议沟通活动中是否具有以下行为要点。

你的会议沟通表现	是√	否×
1．总是在会议开始前3天就已经安排好了会议的日程并将该议程通知到每位与会者。		
2．当与会者询问议程安排时总是回答：“还没定呢，等通知吧。”		
3．对于会议将要进行的每项议程都胸有成竹。		
4．会议开始前半小时还在为是否进行某几个议题而犹豫不决。		
5．提前将每一项会议任务安排给相关的工作人员去落实，并在会议开始前加以确认。		
6．临到会议开始前才发现还有一些会议设备没有安排好。		
7．预先拟定邀请与会的人员名单，并在开会前两天确认关键人士是否会出席会议。		
8．自己记不清邀请了哪些人出席会议，会议前才发现忘了邀请主管领导参加会议。		
9．会议时间安排恰当，能够完成所有的议题。		
10．会议总是被一些跑题、多话者干扰，难以顺利进行。		
11．会议室布置恰当，令与会者感觉舒适又便于沟通。		
12．会议室拥挤不堪，令与会者感觉不快，大家都盼望着早点结束会议。		

以上12个问题，可能是会议沟通活动中常见的表现，如果选择了题号是单数的行为表现，请给自己加上一分；如果选择了题号是双数的行为表现，请给自己减去一分。最后看看自己的总分吧！

8.2.1 会议的类别

1. 根据目的进行分类

(1) 谈判会议。谈判会议用于解决争端或冲突，讨论是双向进行的，旨在达成双方的协调一致。

(2) 报告会议。报告会议的信息流往往是单向流向，不允许讨论，否则会影响信息的有效传递。

(3) 解决问题会议。解决问题会议要求充分发挥与会人员的主观能动性，使问题得以解决。此类会议的组织形式灵活多变，应当展开广泛的讨论。

(4) 制定决策会议。制定决策会议只限于特殊人员参与，旨在制定决策。制定的决策应当被每一个会议参加者所了解，并为此承担责任。此类会议的组织非常严密。

(5) 收集和交换意见会议。收集和交换意见会议用于发表意见，发布消息，了解对意见的反应。此类会议鼓励广泛的讨论和踊跃的提问。

2. 根据会议的型号进行分类

(1) 大型会议。参与人员可以达到成百上千人。这类会议实际演讲者不可能太多，只能是有限的几位，大多数人都只是听众。大型会议在告知信息时运用得较多，但如果有一些简单的程序，亦可以进行选举或表决某项议案。大型会议应注意到其组织难度较大、维持秩序不易的特点。大型会议大多设计会标、会徽，甚至有会议旗帜，以营造与会者的群体感受。

(2) 中型会议。人数一般在几十人之内。大型、中型会议一般都是例行会议，不可能有太自由的辩论，否则秩序将十分混乱。中型会议的几十位参与者可能都有机会发言，但是也必须有严格的秩序，并且有时间限制，以免会议失控。另外一种形式，就是由主导的几个人发言，其他人加以补充。但是，这样不易调动大家的积极性，会导致会议气氛沉闷，得不到发言机会的与会者会三五成群地“开小会”。

(3) 小型会议。这种会议应用最广泛，意义也最大。这是因为小型会议沟通非常方便，气氛也相对活跃，大家可以畅所欲言，贡献自己的智慧，容易产生很好的创意。由于参与人数较少，一般在10人以内，或者刚刚超过10人，因此会议便于控制。主持人可以较随机地调控会议的内容和议程，以达到最佳会议效果。

3. 根据会议的召开方式进行分类

(1) 现场会。现场会是在事情发生现场召开的会议。现场会有助于说明该会议的主题，强化会议效果。

(2) 观摩会。观摩会即演示会，是通过观摩操作演示，相互切磋交流的会议。

(3) 电话会。电话会是利用电话系统连接各个分会场而召开的会议。

(4) 电视会。电视会分为两种情况：一种是单向传播电视会，即利用电视实况转播组织各分会场的与会者收听收看，分会场无法参与主会场；另一种是双向传播电视会，是指通过电视电话系统将主会场和各分会场连接起来，实现图像和声音双向传递和多向传递，

任何一个分会场的图像和声音都能够传到其他所有会场，又称电视电话会议。

(5) 广播会议。广播会议是通过有线或无线广播召开的会议。

(6) 网络会议。网络会议是以计算机和通信网络为技术手段的会议。

(7) 座谈会。座谈会是以围坐交谈的方式召开的会议。

(8) 茶话会。茶话会是略备饮料、水果、茶点的会议。

(9) 招待性会议。招待性会议是以宴请的方式招待客人、商谈工作或发表演说的会议，如欢迎宴会、早餐会等。

(10) 普通会议。普通会议是会场中专设有主席台的会议。

8.2.2 会议的职能

1. 传递信息

传递信息的方式有以下几种：

(1) 书面宣传；

(2) 面对面个别宣传；

(3) 通过会议宣传。

2. 满足情感的需要

会议活动是一种互动性的交往方式，在人们交流思想、互通情况的同时，会议还有助于与会者们在感情上的沟通。有时还可以将联络感情作为会议的主要目的，如举行联谊会、茶话会、招待会等，对内增强组织的凝聚力，对外树立良好的公关形象。每个人都有与人沟通和表达自我的需要，会议沟通可以有效满足人们的这种需要，为人们提供情感的支持。

3. 提高决策的可接受性和可执行性

社会心理学与组织行为学的研究表明，许多决策做出之后，因为不为人们所接受而最后失败。但是，如果那些会受到决策影响的人和将来要执行决策的人能够参与到决策过程中去，他们就更愿意接受决策，并鼓励别人也接受决策。这样，决策就能够获得更多支持，执行决策的员工的满意度也会提高。

4. 解决问题及障碍

在任何计划进行的过程中，问题、障碍的产生是无法避免的，会议无疑是一种最有效的解决之道。个人的思考能力毕竟有限，但两人以上聚在一起商讨问题则往往会有完全不同的新观点出现，并经常因此寻得解决之道。高绩效的团队可以产生一加一大于二的效果。

5. 产生新的创意

群体能够给决策者带来更大的异质性，这就为多种方法和多种方案的讨论提供了机会。新的构思是业务成长与发展不可或缺的因素。任何机构若长期执行某一种制度，势必导致僵化现象，以至于新创意难以出现。要打破僵局，脱离陈旧观念，同时发掘多人的不同观点，会议无疑是最佳出路之一。

6. 培育与训练

随着人力资源开发的重要性日渐被企业界所确认，员工的培训与开发得到了广泛应用。大多数企业在进行培训与开发的过程中采用专门会议的方式，为其员工实施培育与训练。通过会议进行培训与开发，有效地节约了人力、物力及财力，提高了培训与开发的效率。

8.3 会议的准备与组织技巧

8.3.1 确认会议的必要性

会议往往占用人们很多时间，对于许多管理者来说，会议几乎成了吞噬时间的黑洞。《哈佛商业评论》的研究报告指出，一般行政主管每周用于开正式会议的时间是3.5小时。另外，主管人员每周还得用一天时间参加非正式会议或者从事顾问工作。史都华通过对160位英国经理人的调查发现，一般主管参加正式和非正式会议的时间差不多是所有工作时间的一半，而高级主管比初级主管更多地奔波于会场之间，大部分人对这样的说法似乎都有同感。因此，除了迫切需要的会议应照常举行外，不随便开会是最好的原则。

8.3.2 会议主题及目标确定

开会的原因：一是工作中出现了问题，然后需要开会研究问题的解决方案；二是前瞻性的会议，解决将来工作中可能发生的问题。

良好的会议目标应符合以下三项要求：

(1) 书面确认会议的目标。用书面方式写下会议目标，可以带来三点效果：

① 有助于澄清目标内涵；

② 书面目标较不容易被遗忘；

③ 当目标种类繁多时，以书面形式写下各目标，比较容易调和它们之间的潜在矛盾。

(2) 会议目标必须兼顾挑战性和可实现性。可实现性是指会议的目标经过努力可以实现，但是可实现并不意味着会议目标应该是容易实现的。事实上，一种适度的、不能够轻易实现的目标，对目标的追求者才具有真正的挑战性。这也就是说，会议目标不但应具有可实现性，同时还应具有相当的挑战性。

(3) 会议目标必须具体而且可以衡量。组织行为学的研究表明，具体目标本身就是一种有效的激励，含糊笼统的目标极难充当行动的指南。例如，某单位主管因感到该单位产品不良率过高而决定开会研讨“如何在十月底之前将产品不良率由目前的5%降低至3%”，这样可以避免目标含糊的缺点。

8.3.3 会议发言的技巧

会议发言的技巧如下：

(1) 严格控制发言时间，在最短的时间内充分表达。

(2) 突出要点，先说结论，再作解释，然后再重复一遍结论。

(3) 注意听众的反映，自信表达自己的意见，有条不紊地回答听众的提问。

(4) 随时保持礼貌。

(5) 有幽默感。

(6) 注意语言因素，如声调、速度、措词等。

(7) 听从会议主持人的指示。

(8) 讲究说服的技巧，赢得听众好感。

(9) 灵活运用数据，引用名言，增加发言论点的可信度。

8.3.4　会场布置

会场布置要点如下：

(1) 非正式会议最好用圆桌。

(2) 确保所有参加者能互相看到。

(3) 使参加者保持一臂间距。

(4) 不要用太舒适的椅子。

(5) 对有争议的问题避免观点相反或十分相近的人比邻而坐，以分散对抗。

(6) 尽量让声音最响、最直言不讳的人坐主席对面。

会议布局类型图如图 8-1 所示，与会者的座次方式图如图 8-2 所示。

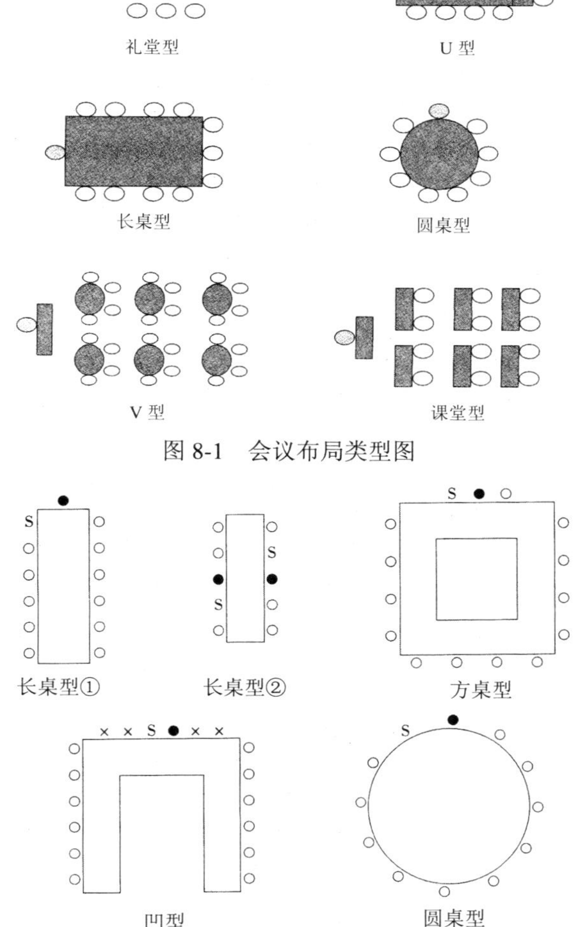

图 8-1　会议布局类型图

图 8-2　与会者的座次方式图

8.3.5 会议进程的控制

会议能否顺利进行，很大程度上依赖于主持人对会议的节奏和方向的把握。具体来说，控制会议进程，大致可以按以下步骤进行：

(1) 宣布会议的主题和目的。

(2) 根据会议议程提出每个议题，然后征求有关与会者的意见。

(3) 给每人表述自己意见的机会。

(4) 控制讨论进程。如果发现讨论与议题无关或深入到不必要的细节，应该及时引导到议题本身。

(5) 如果会上出现各种不同的见解，主持人应该根据自己的理解将各种观点加以概括。

(6) 遵守预定时间，不要拖延。

(7) 在每个问题讨论结束后加以概括，以便达成共识或作出决策。

(8) 在会议结束时，对已取得的结果进行概括。部分问题如确有必要作进一步讨论，可以安排下一次会议。

(9) 确定下一次会议的议题和时间。

会议的安排表如表 8-1 所示。

表 8-1 会 议 安 排 表

会议安排	说　明
制定议程安排	(1) 充分考虑会议的进程，写出条款式的议程安排 (2) 确定会议的召开时间和结束时间，并和各部门主管协调 (3) 整理相关议题，并根据其重要程度排出讨论顺序 (4) 把议程安排提前交到与会者手中
挑选与会者	(1) 首要原则是少而精 (2) 信息型会议，应通知所有需要了解该信息的人都参加 (3) 决策型会议，需要邀请能对问题的解决有所贡献，对决策有所影响的权威人士，以及能对执行决策做出承诺的人士参加 (4) 需要对某些未在会议邀请之列的关键人士说明原因
适宜沟通的会议室布置	(1) 现场会议室一般比较方便且费用低廉，因此是首选地点。但如果涉及公司的对外公共关系形象或者与会人数很多，则可以考虑租用酒店或展览中心的专用会议室 (2) 与会者的身体舒适需求不能忽略，应注意会议室的空调温度、桌椅舒适度，灯光和通风设备也应和会议的规模和安排的活动相适应 (3) 根据沟通需要来选用适当的桌椅排列方式。信息型会议的与会者应面向房间的前方，而决策型会议的与会者应面向彼此

8.4 会议的主持技巧

8.4.1 成功地开始会议

和其他的很多场合一样，准备工作是避免表现紧张的关键。如果知道自己将会说些什

么来作为开场白，就会放松下来。更重要的是，可以给整个会议带来一个富有组织的、卓有成效的开始。会议开场秘诀有以下几点。

1．准时开会

对于每一位职业的商务人士而言，最头疼的事情莫过于对方不准时、不守时。在高速运转的信息社会，时间意味着抢占的商机，时间意味着金钱和财富，时间意味着一切。我们说“浪费别人的时间就等于谋财害命”也是毫不夸张的。对于会议而言就更是如此，因为不准时召开的会议浪费的是所有与会者的时间，这不仅会加剧与会者的焦躁抵触情绪，同时也会令与会者怀疑组织者的工作效率和领导能力。

2．向每个人表示欢迎

用宏亮的声音对每个人表示热烈的欢迎。如果面对的是一队新的成员，可让他们向大家做自我介绍。如果他们彼此已经见过面了，也要确保把客人和新来的成员介绍给大家。

3．制定或者重温会议的基本规则

会议的基本规则是会议中行为的基本准则，可以使用“不允许跑题”、“聆听每一个人的发言”以及“每人的发言时间不能超过 5 分钟”这样的规定。如果准则是由与会者共同制定的而不是由主持人强加给与会者的，效果要更好一些。可以向与会者询问“我们都同意这些规定吗?”，要得到每一个人的肯定答复，而不要想当然地把沉默当成是没有异议。

4．分配记录员和计时员的职责

如果可能的话，让大家志愿来担任这些职责而不要由主持人指定。计时员负责记录时间并保证讨论持续进行，记录员则负责做会议记录。对于一些例行会议而言，不妨由所有人轮流担当这些职责。

8.4.2 会议主持人的沟通技巧

一个优秀的会议领导者总是经常提出他们简短的意见以指引会议讨论的进程。比如说“让我们试试”，“这是一个好的思路，让我们继续下去”。事实上，如果我们仔细观察，就会发现优秀的会议主持人最常用的引导方式是提问题，针对目前所讨论的问题引导性地提问，会使与会者的思路迅速集中到一起，提高工作的效率。

我们常用的问题大致可以分为两类：开放式的问题和封闭式的问题。开放式的问题需要我们花费更多的时间和精力来思考回答，而封闭式的问题则只需一两句话就可以回答了。比如说：“小王，你对这个问题怎么看？”这就是开放式的问题；“小王，你同意这种观点吗？”这就是封闭式的问题。作为一名有经验的会议主持人，应该善于运用各种提问方式。下面再介绍几种提问方式。

(1) 棱镜型问题。棱镜型问题是指把别人向你提出的问题反问给所有与会者。例如，与会者：“我们应该怎么做呢？”你可以说：“好吧，大家都来谈谈我们应该怎么做。”

(2) 环型问题。环型问题是指向全体与会者提出问题，然后每人轮流回答。例如：“让我们听每个人的工作计划，小王，由你开始。”

(3) 广播型问题。广播型问题是指向全体与会者提出一个问题，然后等待一个人回答。如：“这份财务报表中有三个错误，谁能够纠正一下？”这是一种具有鼓励性而没有压力的

提问方式，因为没有指定人回答，所以大家不会有压力。

(4) 定向型问题。定向型问题是指向全体提出问题，然后指定一人回答。如：“这份财务报表存在三个错误，谁来纠正一下？小王，你说说看。”这种提问方式可以让被问及的对象有一定的准备时间。

8.4.3 圆满地结束会议

无论是什么样类型的会议，在会议结束的时候重新回顾一下目标、取得的成果和已经达成的共识，以及需要执行的行动都是很必要的。一般可以从下面几个方面进行总结：

(1) 总结主要的决定和行动方案以及会议的其他主要结果。

(2) 回顾会议的议程，表明已经完成的事项以及仍然有待完成的事项；说明下次会议的可能议程。

(3) 给每一位与会者一点时间说最后一句话。

(4) 就下次会议的日期、时间和地点问题达成一致意见。

(5) 对会议进行评估，在一种积极的气氛中结束会议。对每一位与会者的表现表示祝贺，表达赞赏，然后大声地说“谢谢各位”来结束会议。

8.5 灵活地应对会议的困境

会议依赖于与会者的相互作用。开会时出现问题是不可避免的。有时问题因为人而产生，有时因为程序或逻辑而产生。在任何情形下，主持者都有责任令讨论热烈，确保与会者都参与讨论，并保持讨论的正确方向。

1. 某些人试图支配讨论的局面

在会议中，常常会出现“一言堂”的局面。如果会议的目的是找出不同观点，那么广泛的参与是会议成功所必不可少的因素。有时有些人可能因为经验丰富或职位较高而处于支配地位。当这种情形发生时，其他人通常就会只是坐着听。这时，主持者就应该提一些直接的问题，将与会者调动起来。

如果其他办法都不能奏效，不妨尝试在中间休息时与那个人私下谈一谈，也许会有所帮助。

2. 某些人想争论

这种人可能自称无所不知，或者掌握的信息完全是错误的，或者是个吹毛求疵的家伙，喜欢插话打断主持者。在任何情形下，主持者都要保持清醒的头脑。通过提问，主持者可以引出这些人愚蠢的或牵强的发言，然后不再理睬他们。通常，这种人会激怒全体，会有人讲出不欢迎他们的话，然后一片沉默。这时，主持者可再问其他与会者一些直接的问题，从而维持会场讨论气氛的平衡。

通常，这个喜欢辩论的人会意识到情况，然后不再提出问题。但如果这个人不敏感，主持者就必须直截了当地向他指出，他这种吹毛求疵的做法扰乱了会议的进程，浪费了大家宝贵的时间。然后主持者立即向另一个人提问，以便让讨论继续下去。

3. 某些人和身边的人开小会

当与会者人数很多时，经常会发生这种情形。开小会往往是因为某个人想讲话，但又没有机会，或者某个谨慎的与会者在向大会提出某种想法前，想先试探别人的看法。通常，会议中有人开小会是不可避免的。不过这种小会一般比较简短。只有当小会时间持续长了才会成为一个问题。

一个办法是请这个人告诉大家他刚才所讲的内容；另一个办法就是沉默，然后看着那个破坏秩序的人。通常，这样就会恢复会议的秩序。

4. 习惯性的跑题者

我们可以运用 FAST 法来解决这个问题。其中：

F——面对造成问题的人；

A——感谢或肯定这个人以及他/她的良好意图；

S——建议一种新的行为方式；

T——多做几次尝试，可以逐步改变或者提高你的要求。

这一谈话技巧可以训练一个习惯性跑题者采取一些更富有建设性的行动。

案例

假设小王总是喜欢在开会的时候讲笑话。他是个很风趣的人，但是他总是会让会议跑题。为了管住他：

F，注视他，说："小王，我有个建议……"

A，"首先，你的笑话都棒极了……"

S，"但是我仍然不清楚你那聪明的脑袋对这个问题真正是怎么看的？说真的，你是否能够告诉我们你的建议？"

T，如果他还是没有改变，或者你可以更加严厉一些："别这样了。我们已经乐过了，但是现在的要点究竟是什么呢？"

如果这些公开的干预仍然不能够见效，你可以问小王是否可以在休息的时候和他单独谈一谈。私下里告诉他：你看到了他做的那些事情，你如何评价他的这些做法，你的感受是什么和你希望他做些什么。这样的谈话可以比公开场合中的语气更为坚定和严厉。

思考题

1. 请根据左栏的问题，从右栏挑出相应的对策，将问题和相应的对策用直线连接起来。通过该练习学习如何更好地控制会议。

问题	对策
① 你想令讨论热烈。	A. 问小组一个开放式的问题。
② 你想打断某项讨论。	B. 请某个与会者总结讨论。
③ 几个与会者在开小会。	C. 问与会者一个具体的问题。
④ 两名与会者就一个观点争执。	D. 请每个与会者总结其他人的发言。

⑤ 与会者问了你一个难以回答的问题。 E．把问题转回给小组。
⑥ 你想调查对一个观点的支持程度。 F．问小组一个具体的问题。
⑦ 你想知道自己是否是个成功的会议主持人。 G．询问小组的反馈意见。

2．作为主持人，你将如何处理以下的困境？为什么？

小张喜欢拖拖拉拉，开会总是迟到。

小王在会上默不作声。

小李和老陆在会上争吵起来。

在讨论中，与会者缺乏参与意识。

大家讨论得很热烈，但在会议结束时，五个议题只完成了两个。

技能训练

一次未开完的会议，请组织完成此次会议。

问题情景：

最近，A 公司的客户对产品质量提出了许多批评意见，有的甚至要求退货，形势很严峻。这样的事以前从未发生过，这不仅影响到企业的声誉，而且涉及全厂的生产计划。目前 A 公司正面临着上半年的工作总结，如果这一环节处理不好，不仅企业经济效益要受影响，而且会使全厂上半年的成绩前功尽弃。

问题是从销售部开始的。客户的意见反映到销售部，销售部找到质量控制部，质量控制部的人认为是生产车间的责任，而生产车间认为事情并不那么简单，各部门之间很有扯皮的倾向。为了尽快解决这个问题，厂领导经过商量，决定由销售副厂长主持、生产副厂长辅助，召开由销售部长、生产车间主任、质量控制部副主任、技术开发部部长、该产品的设计小组负责人等参加的联席会议，会议主题为如何解决这次产品销售中出现的问题。会议通知在两天前经过厂办电话或口头传达到各部门和车间。

参加会议人的基本情况如下：

- 销售副厂长，男，49 岁，15 年厂龄，从销售员干到销售科长，两年前被提拔为分管销售的副厂长。此人工作经验丰富，善于和人打交道，属于八面玲珑式的人物。
- 生产车间主任，男，39 岁，机械制造专业大学本科毕业，7 年厂龄。此人技术过硬，责任心强，工作认真踏实，群众威信很高，性格直爽，快言快语。
- 技术开发部部长，42 岁，20 年厂龄，多年从事设计和工艺工作，对全厂的技术状况十分熟悉，工作经验丰富，为人诚实，遇事三思而后行。
- 质量控制部副部长，女，43 岁，夜大毕业，20 年厂龄，工作经验丰富，不多管闲事，平时说话不多，对领导唯命是从。

第九章 上下级沟通

☞ 案例导入

公司为了奖励市场部的员工，制定了一项海南旅游计划，名额限定为 10 人。可是 13 名员工都想去，部门经理需要再向上级领导申请 3 个名额，如果你是部门经理，你会如何与上级领导沟通呢？

部门经理向上级领导说："朱总，我们部门 13 个人都想去海南，可只有 10 个名额，剩余的 3 个人会有意见，能不能再给 3 个名额？"

朱总说："筛选一下不就完了吗？公司能拿出 10 个名额就花费不少了，你们怎么不多为公司考虑？你们呀，就是得寸进尺，不让你们去旅游就好了，谁也没意见。我看这样吧，你们 3 个做部门经理的，姿态高一点，明年再去，这不就解决了吗？"

沟通失败的原因：

(1) 只顾表达自己的意愿，忽视了对方的表象及心理反应。

(2) 切不可以自我为中心，更忌讳出言不逊，不尊重对方。

基本知识

9.1 与上级沟通技巧

9.1.1 与上级沟通概述

1. 执行过程中的沟通

与上级沟通时，不能用问答题方式，尽量少用判断题方式，要使用选择题方式。

(1) 执行前的充分准备。对于提出的方案，在执行前要对上级做全面的汇报，包括方案目标、计划方案、完成期限、衡量评估标准和需要的资源、权力、政策等。需要注意的是，要将辅助资料准备齐全。

(2) 执行中及时反馈与回复。方案在执行过程中，要及时、恰当地向上级反馈进展情

况，设置检查点，要注意准备好以下几个问题：① 项目是否在按计划执行；② 如果项目不是按计划执行，其原因是什么；③ 项目执行过程中该如何调整；④ 下一步可能出现的问题与准备的措施；⑤ 需要上级提供哪些支援等。需要注意的是，向上级表达观点时要简洁明了，用词要准确且谨慎。

2. 与上级沟通的要点

与上级领导沟通时，要充分注意以下要点：

第一，准确理解上级的意思和真实意图；

第二，主动询问不理解、不明确之处；

第三，用自己的语言复述上级讲过的话；

第四，随手记录，抓住重点，明确目标；

第五，把笼统的事项分成几个步骤或小块；

第六，要针对上级的性格类型进行沟通。

3. 与上级沟通的原则

与上级沟通时，注意遵循一定的原则：

第一，多问选择题，少问判断题，不要问问答题；

第二，有问必答，清晰、明确、具体、书面；

第三，接受批评，不推卸、不辩解，敢于承担责任；

第四，调整好心态，无怨言地接受任务，服从执行和劝戒建议；

第五，主动积极地帮助上级解决困难，完成绩效。

需要注意的是，下级接受指令时，与其不情不愿，不如满心欢喜、愉快地接受任务。

4. 与上级沟通时的具体注意事项

在与上级沟通时应该注意的具体问题，主要包括以下几个方面。

1) 事前的准备工作

在与上级沟通前，要做好充分的准备工作。

第一，整理好要谈的话题，切不可流于贫乏；

第二，当问题有多个时，应事先归纳、整理；

第三，搜集掌握既知的事实，归纳事实间的相关性；

第四，针对问题提出多个解决方案，即使是不太高明的方案也可以，因为上司或许能够根据此方案想出奇妙的办法。

2) 审视公司和上级的要求

对于公司和上级的要求要全面审视，主要包括：

第一，正确理解公司的经营理念、企业文化等概念性内容；

第二，深入了解经营策略、年度计划等真正含义；

第三，真正了解上级的想法，以拟定自身的方针；

第四，站在上级、公司角度主动、积极地自动补位；

第五，好下属应当是善解人意及好意见的提供者；

第六，好好听取和理解上级的暗示与真实意图。

3) 选择适当的沟通时机

与上级沟通时，要把握好时机：

第一，选择上级比较空闲方便时；

第二，避免上级面有倦色之时；

第三，事前将内容浓缩成简报。

4) 与上级意见相反时

在沟通中，与上级意见相反时，要站在公司的立场、战略上，多角度思考问题，同时注意以下方面：

第一，问明理由，仔细周全思考，认真努力理解；

第二，若有疑问或不同意见，应及时与上级讨论；

第三，提出的书面报告包括背景、结果预测、解决方案；

第四，讨论后应该服从上级的决定；

第五，解决问题以后，提出书面报告。

5．建立上下级的沟通系统

在企业中，要建立起上下级的沟通系统，建立跟上级畅通的沟通渠道、恰当的沟通方式和模式，以及上下级定期的沟通机制。

作为上级领导，希望了解下面各部门之间的工作进度和工作状态，如果上级领导跳过自己，突然造访基层部门，可能会给上级留下不好的印象，从而为自己带来麻烦，所以应该主动积极地提前与上级领导进行必要的沟通。往往事前的沟通称为请示，事后的沟通称为解释，一般解释都显得苍白无力，因此事前的沟通非常重要。

9.1.2　向领导请示汇报的技巧

1．请示与汇报的基本态度

1) 尊重而不吹捧

作为部下一定要充分尊重领导，在各方面维护领导的权威，支持领导的工作，这也是部下的本分。首先，对领导工作上要支持、尊重和配合；其次，在生活上要关心；再次，在难题面前解围，有时领导处于矛盾的焦点上，部下要主动出面，勇于解除矛盾，承担责任，排忧解难。

2) 请示而不依赖

一般说来，作为部门领导在自己职权范围内应该大胆负责、创造性地工作，这是值得倡导的，也是为领导所欢迎的。部下不能事事请示，遇事没有主见，大小事不作主，这样领导也许会觉得你办事不力，顶不了事。该请示汇报的必须请示汇报，但决不要依赖、等待。

3) 主动而不越权

对工作要积极主动，敢于直言，善于提出自己的意见，不能唯唯诺诺、四平八稳。在处理同领导的关系上要克服两种错误认识：

一是领导说啥是啥，叫怎么着就怎么着，好坏没有自己的责任；

二是自恃高明，对领导的工作思路不研究，不落实，甚至另搞一套，阳奉阴违。

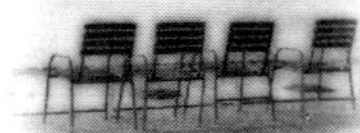

当然，部下的积极主动、大胆负责是有条件的，要有利于维护领导的权威，维护团体内部的团结，在某些工作上不能擅自超越自己的职权。

案例

与领导沟通不一定非要在他的房间，更不是非要到会议室去。相反，在领导的房间和会议室与他沟通效果最差，因为那里气氛太严肃了。这里有一个经验值得借鉴：领导很忙，但再忙总得下班回家吧。有些只需要简单回答“YES”或“NO”的问题，就可以采取这种方法。到公司停车场等候领导，这时他一定会看到你，他就说：“好吧，就这么办。”这些只需要领导讲一句话的沟通，不需要到领导的房间去谈个半天，或是坐在会议室讲半个钟头。

有一次我们董事长要去打球，中午他拎着球杆，我就知道他要去打球了。我就跟他说：“董事长打球啊。”他说：“哎。”

“我跟你一起去。”

“你也打球啊？”

“不，见习见习。”

你以为我真的想见习啊？跳上车以后，我就把笔记本打开了，我说：“反正坐车子闲着也是闲着，董事长，上次您说那个加薪的案子，原则上同意，但是您一直没有确定百分比，您看百分之五怎么样？”他说多了一点，“那百分之四点五呢？”

“好吧，加薪百分之四点五。”

“董事长，你说我们的车床应该换新的，那么有日本的、德国的、美国的，根据我的调查，德国的最贵但是性能最好，美国的最差但是价格最便宜，你看我们干脆买一个不上不下的日本的，还是买一个德国的呢？”

“就德国的好了。好，德国的。”

“董事长，我还有一个问题，我们打算派五个人出国考察。你看这五个人是我来决定呢，还是你告诉我名单？”

“好吧，你决定！”

“那董事长要不要告诉你呢？”

“跟我讲一下好了。”

“那董事长我明天早上把名单给你。”

我一共与他沟通了七件事情，车子就到了高尔夫球场门口了。

“董事长，祝你打球愉快！”

“你不是要见习吗？”

“董事长，我今天突然有别的事情，改天见习。祝你打球愉快！”

董事长可能这辈子都没有看到该下属见习，下属真的想去见习自己不会去，非得跟他去不可？问题是要跟他沟通，坐在车子里面也能沟通。所以在任何地点都可以沟通，只要能够有机会跟领导讲话，就叫做沟通。问题是时间、地点要统统自己设计，不是等他下命令，等领导下命令永远都不会有机会。

2. 向领导请示汇报的程序

1) 仔细聆听领导的命令

一项工作在确定了大致的方向和目标之后，领导通常会指定专人来负责该工作。如果领导明确指示你去完成某项工作，那你一定要用最简洁、有效的方式明白领导的意图和工作的重点。此时你不妨利用传统的5W1H方法来快速明确工作要点，即弄清楚该命令的时间(When)、地点(Where)、执行者(Who)、为了什么目的(Why)、需要做什么工作(What)、怎么样去做(How)。在领导下达命令之后，立即将自己的记录进行整理，再次简明扼要地向领导复述一遍，看是否还有遗漏或者自己没有领会清楚的地方，并请领导加以确认。如领导要求你完成一项关于 ABC 公司的团体保险计划，你应该根据自己的记录向领导复述并获得领导的确认。你可以说："总经理，我对这项工作的认识是这样的，为了增强我们公司在团体寿险市场的竞争力(Why)，您希望我们团险部门(Who)不遗余力(How)于本周五之前(When)在 ABC 公司总部(Where)和他们签订关于员工福利保险的合同(What)，请您确认一下是否还有遗漏。"如果领导对你关于目标的理解点头认可了，就可以进行下一个环节的工作了。

2) 与领导探讨目标的可行性

领导在下达了命令之后，往往会关注部下对该问题的解决方案，他希望部下能够对该问题形成自己的解决思路，以便在宏观上把握工作的进展。所以，作为部下，在接受命令之后，应该积极开动脑筋，对即将负责的工作有一个初步的认识，告诉领导你的初步解决方案，尤其是对于可能在工作中出现的困难要有充分的认识，对于在自己能力范围之外的困难，应该提请领导协调别的部门加以解决。比如上例中关于争取 ABC 公司的员工福利保险合同这个目标，你应该快速地反映行动的步骤和其中的困难。

自检

你所负责的方案是否具有可行性？有可能出现的障碍是什么？你准备怎样应对？

3) 拟定详细的工作计划

在明确工作目标并和领导就该工作的可行性进行讨论之后，应该尽快拟定一份工作计划，再次交与领导审批。在该工作计划中，应该详细阐述自己的行为方案与步骤，尤其是对工作时间进度要给出明确的时间表，以便领导进行监控。

4) 在工作进行中随时向领导汇报

现在已经按照计划开展工作了，那么应该留意自己工作的进度是否和计划书一致，无论是提前还是延迟了工期，都应该及时向领导汇报，让领导知道你现在在干什么，取得了什么成效，并及时听取领导的意见和建议。

5) 在工作完成后及时总结汇报

经过和部门同事的共同努力，终于完成了这项工作，获得了 ABC 公司的团险保单，当大家都在兴高采烈地欢庆成功之时，作为部门领导的你应该及时将此次工作进行总结汇报，总结成功的经验和其中的不足之处，以便在下一次的工作中改进提高。同时不要忘记在总

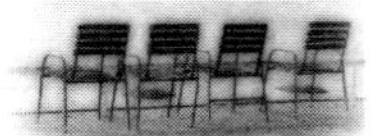

结报告中提及领导的正确指导和部下的辛勤工作。至此，一项工作的请示与汇报才算基本结束。

千万不要忽视请示与汇报的作用，因为它是你和领导进行沟通的重要渠道。你应该争取把每一次请示汇报工作都做得完美无缺，领导对你的信任和赏识也就会慢慢加深了。

自检

请填写关于向领导请示与汇报的工作单，思考你的请示与汇报工作是否做到了尽善尽美。

如何记录命令要点？

如何制定详细的工作计划？

如何确定工作时间表？

如何根据工作时间表把握工作进度？

如何及时向领导反馈信息？

总结汇报时做到要点突出，层次清楚了吗？

9.1.3　说服领导的技巧

对于领导的指示，要认真执行。那么，怎样说服领导，让领导理解自己的主张、同意自己的看法呢？请看以下要点：

1) 选择恰当的提议时机

刚上班时，领导会因事情多而繁忙，到快下班时，领导又会疲倦心烦，显然，这都不是提议的好时机。总之，记住一点，当领导心情不太好时，无论多么好的建议，都难以细心静听。那么，什么时候会比较好呢？我们常推荐在上午10点左右，此时领导可能刚刚处理完清晨的业务，有一种如释重负的感觉，同时正在进行本日的工作安排，你适时的以委婉方式提出你的意见，会比较容易引起领导的思考和重视。还有一个较好的时间段是在午休结束后的半个小时里，此时领导经过短暂的休息，可能会有更好的体力和精力，比较容易听取别人的建议。总之，要选择领导时间充分、心情舒畅的时候提出改进工作方案。

2) 资讯及数据都具说服力

对改进工作的建议，如果只凭嘴讲，是没有太大说服力的。但如果事先收集整理好有关数据和资料，做成书面材料，借助视觉力量，就会加强说服力。

3) 设想领导质疑，事先准备答案

领导对于你的方案提出疑问，如果你事先毫无准备，吞吞吐吐，前言不搭后语，自相矛盾，当然不能说服领导。因此，应事先设想领导会提什么问题，自己该如何回答。

自检

思考一下，假如要你就设立罐装分厂一事回答领导的提问，你应该做哪些准备？

4) 讲话简明扼要，重点突出

在与领导交谈时，一定要简单明了。对于领导最关心的问题要重点突出、言简意赅。

如对于设立新厂的方案，领导最关心的还是投资的回收问题。他希望了解投资的数额，投资回收期，项目的盈利点，盈利的持续性等等问题，因此你在说服领导时，就要重点突出，简明扼要地回答领导最关心的问题，而不要东拉西扯，分散领导的注意力。

5) 面带微笑，充满自信

我们已经知道，在与人交谈的时候，一个人的语言和肢体语言所传达的信息各占50%。一个人若是对自己的计划和建议充满信心，那么他无论面对的是谁，都会表现自然；反之，如果他对自己的提议缺乏必要的信心，也会在言谈举止上有所流露。试想一下，如果你的部下表情紧张、局促不安地对你说："经理，我们对这个项目有信心。"你会不会相信他？你肯定会说，我从他的肢体语言上读到了"不自信"这三个字，我不太敢相信他的建议是可信任的。同样道理，在你面对自己的领导时，要学会用自信的微笑去感染领导，征服领导。

6) 尊敬领导，勿伤领导自尊

最后要注意一点，领导毕竟是领导，因此，无论你的可行性分析和项目计划有多么完美无缺，你也不能强迫领导接受。毕竟领导统管全局，他需要考虑和协调的事情你并不完全明白，你应该在阐述完自己的意见之后礼貌的告辞，给领导一段思考和决策的时间。即使领导不愿采纳你的意见，你也应该感谢领导倾听你的意见和建议，同时让领导感觉到你工作的积极性和主动性。

自检

在说服领导时，你注意到以下要点了吗？

① 能够自始至终保持自信的笑容，并且音量适中。

② 善于选择领导心情愉悦、精力充沛时的谈话时机。

③ 已经准备好了详细的资料和数据以佐证你的方案。

④ 对领导将会提出的问题胸有成竹。

⑤ 语言简明扼要，重点突出。

⑥ 和领导交谈时亲切友善，能充分尊重领导的权威。

一贯如此(3 分)
经常如此(2 分)
很少如此(1 分)

得分：

14～18 分：能在工作中自觉地运用沟通技巧。你是一个非常受欢迎的人，你的领导很赏识你。

7～13 分：你已经掌握了很多沟通技巧，并已经尝试着在工作中运用。你的领导认为你是一个有潜力的人，但还需加紧努力。

0～6 分：你应该抓紧时间学习一下和领导的沟通技巧了。因为你现在和领导的关系很不融洽，适当地改善沟通技巧，可以帮助你充分发挥自己的能力，去争取更为广阔的发展空间。

总结

领导也是人，也希望与下属沟通交流，也希望建立融洽和谐的上下级关系。所以，不要害怕，也不要犹豫，勇敢地去做，合上本书以后就开始思考一下你怎样才能更好地运用沟通技巧与领导相处，怎样才能把本章所提及的沟通技巧熟记于心，灵活运用。

9.1.4 与各种性格的领导沟通的技巧

由于个人的素质和经历不同，不同的领导就会有不同的领导风格。仔细揣摩每一位领导的不同性格，在与他们交往的过程中区别对待，运用不同的沟通技巧，会获得更好的沟通效果。

1. 控制型的领导特征及与其沟通技巧

(1) 性格特征。强硬的态度、充满竞争心态、要求部下立即服从、实际、果决、旨在求胜、对琐事不感兴趣。

(2) 与其沟通技巧。对这类人而言，与他们相处，重在简明扼要，干脆利索，不拖泥带水，不拐弯抹角。面对这类人时，无关紧要的话少说，直截了当，开门见山即可。

此外，他们很重视自己的权威性，不喜欢部下违抗自己的命令。所以应该更加尊重他们的权威，认真对待他们的命令，在称赞他们时，也应该称赞他们的成就，而不是他们的个性或人品。

2. 互动型的领导特征及与其沟通技巧

(1) 性格特征。善于交际，喜欢与他人互动交流，喜欢享受他人对他们的赞美，凡事喜欢参与。

(2) 与其沟通技巧。面对这一类型领导，切记要公开赞美，而且赞美的话一定要出自真心诚意，言之有物，否则虚情假意的赞美会被他们认为是阿谀奉承，从而影响他们对你个人能力的整体看法。要亲近这一类人，应该和蔼友善，也不要忘记留意自己的肢体语言，因为他们对一举一动都会十分敏感。另外，他们还喜欢与部下当面沟通，喜欢部下能与自己开诚布公地谈问题，即使对他们有意见，也希望能够摆在桌面上交谈，而厌恶在私下里发泄不满情绪的部下。

3. 实事求是型的领导及与其沟通技巧

(1) 性格特征。讲究逻辑而不喜欢感情用事、为人处事自有一套标准、喜欢弄清楚事情的来龙去脉、理性思考而缺乏想象力、是方法论的最佳实践者。

(2) 与其沟通技巧。与这一类领导沟通时，可以省掉拉家常的时间，直接谈他们感兴趣而且实质性的东西是最好不过了。他们同样喜欢直截了当的方式，对他们提出的问题也最好直接作答。同时，在进行工作汇报时，多就一些关键性的细节加以说明。

领导风格	倾　　向
控制型	直接下命令，不允许部下违背自己的意志，关注工作的结果而不是过程
互动性	亲切友善地与部下相处，愿意聆听部下的难处和要求，努力营造融洽的工作氛围
实事求是型	按照自己的行事标准要求部下，注重问题的细节，善于理性思考

自检

你和你的领导已经共事了一段时间，请你判断你的各级领导都是属于何种领导风格的人，思考一下如何与他们更好地沟通?

9.2　与下级沟通技巧

9.2.1　与下级沟通概述

1．与下级沟通的要点

在与下级沟通时，要注意以下内容：

第一，做好传达、沟通准备(内容、工具等)；

第二，态度积极、使用“我们”，而非“你”、“我”；

第三，循序渐进，把大整体分割成小部分；

第四，鼓励开放的沟通，语言准确、简单明了；

第五，制定目标和计划时间表，分配任务；

第六，建立汇报反馈体系，以便掌握动态；

第七，事前建立绩效考评标准、岗位责任制、科学薪酬和奖惩措施。

对于绩效考评，管理的关键在于提出明确的要求，要具体量化。在沟通中，要询问清楚下级的具体问题，要求下级将刚谈论的话用自己的语言复述一遍，并要求下级做记录，然后读出来，可以使用小便签、N 次贴、工作任务书等，要将沟通内容表达清晰，并将其分成几个步骤，可以充分运用图表、说明、资料、流程图等多种媒介。

2．与员工面谈沟通

与员工面谈时，要注意方式方法，多听取下级的想法。

1) 面谈时的注意事项

在与员工进行面谈沟通时，要注意以下几个方面：

第一，与员工达成问题共识；

第二，商讨可能的解决方式；

第三，达成一致的解决行为；

第四，监督进度和结果检查；

第五，过程激励和目标达成激励。

2) 了解员工真实想法

要了解员工的真实想法，在沟通中要注意以下几个方面：

第一，不要与员工争论；

第二，使员工表明心事；

第三，不要打断员工说话；

第四，不要过早下结论；

第五，不要独占说话，要做个好的听众。

3) 自我检讨事项

在与下级沟通时，常需要做一些自我检讨事项，主要包括以下五个问题：

第一，自己是不是发自内心地真正欢迎下级随时都可以来交谈；

第二，自己是否积极营造机会、环境、条件或气氛使下级乐于开口说心里话；

第三，自己是否能观察、判断出下级的心理、情绪、担心、顾虑或焦灼；

第四，自己是否能了解下级的真实意图、动机和需求；

第五，自己的表情、体态、目光、语气与谈话的外部环境是否适合。

案例

张丹峰刚刚从名校管理学硕士毕业，出任某大型企业的制造部门经理。他一上任，就对制造部门进行改革。张丹峰发现生产现场的数据很难及时反馈上来，于是决定从生产报表上开始改革。借鉴跨国公司的生产报表，他设计了一份非常完美的生产报表，从报表中可以看出生产中的任何一个细节。

每天早上，所有的生产数据都会及时地放在张丹峰的桌子上，张丹峰很高兴，认为他拿到了生产的第一手数据。没有过几天，出现了一次大的产品事故，但报表上根本没有反映出来，张丹峰这才知道，报表的数据都是随意填写上去的。

为了这件事情，张丹峰多次开会强调，认真填写报表的重要性，但每次开会，在开始几天可以起到一定的效果。但过不了几天又返回了原来的状态。他怎么也想不通。

张丹峰的苦恼是很多企业中经理人一个普遍的烦恼。现场的操作工人，很难理解他的目的，因为数据分析距离他们太遥远了。大多数工人只知道好好干活，拿工资养家糊口。不同的人，他们所站的高度不一样，单纯的强调、开会，效果是不明显的。

站在工人的角度去理解，虽然张丹峰不断强调认真填写生产报表可以有利于改善工作质量，但这距离他们比较远，而且大多数工人认为这和他们没有多少关系。

后来，张丹峰将生产报表与业绩奖金挂钩，并要求干部经常检查，工人们才知道认真填写报表。

在沟通中，不要简单地认为所有人都和自己的认识、看法、高度是一致的。对待不同的人，要采取不同的模式，要用对方听得懂的“语言”与其沟通！

9.2.2 与下级沟通原则

1．“伟大”来源于对待小人物上

领导与下属人格上是平等的，职位的不同，不等于人格上的贵贱。有句话说的很对：“伟大来源于对待小人物上”。尊重你的下属，实际上所获得的是不断增进的威望。某银行行长，每次进单位大门的时候，总要对门卫和收发室的临时工问这问那的，表现得很随和，使这些临时工感到十分亲切，和正式工比起来，临时工本来就有自卑感，常常被人看不起，但是，银行第一把手的做法，大大感动了他们，更重要的是，这些所谓的小事，却大大提

高了行长的威望，也成了人们赞誉的话题。

事情往往就是这样，你越是在下级面前摆架子，让下级服从你这位大领导，就越被下级看不起，认为你是“小人得志”；你越是对待“小人物”放下架子，尊重他们，你在他们心中就越显得伟大。

2. 多激励少斥责

每个人的内心都有自己渴望的“评价”，希望别人能了解，并给予赞美。身为领导者，应适时地给予鼓励、慰勉，认可褒扬下属的某些能力。当下属不能愉快地接受某项工作任务之时，领导会说“当然我知道你很忙，抽不开身，但这事只有你去解决，我对其他人没有把握，思前想后，觉得你才是最佳人选。”这样一来使对方无法拒绝，巧妙地使对方的“不”变成“是”。

这一劝说技巧主要在于对对方某些固有的优点给予适度的褒奖，使对方得到心理上的满足，使其在较为愉快的情绪中接受工作任务。对于下级工作中出现的不足或者是失误，特别要注意，不要直言训斥，要同你的下级共同分析失误的根本原因，找出改进的方法和措施，并鼓励他一定会做得很好。要知道斥责会使下属产生逆反心理，而且很难平复，对以后的工作会带来隐患。

例如，你是位领导，带领几个下属参加保龄球比赛，比赛的时候，下属抛过去的球打倒了七个，作为领导可能会有两种表达。其一：“真厉害，一下就打倒了七个，不简单！”这种语言是激励，对方听起来很舒服，其反应是，“下次我一定打得更好！”。其二：“真糟糕，怎么还剩三个没有打倒呀！你是怎么搞的？”对方为了缓解领导对自己的压力，就会产生防御思维和想法，其反应是：“我还打倒了七个，要换了你还不如我呢！”两种不同的做法和不同的语言，前者起到激励的作用，后者产生逆反心理，同时产生不同的行为结果。

积极的激励和消极的斥责，对于下属的影响就会是两种不同的结果，更重要是心理上的影响，这是最根本的东西。

3. 放下架子站在下属的角度考虑问题

俗话说：“设身处地，将心比心，人同此心，心同此理。”作为领导，在处理很多问题时，都要换位思考。比如说服下属，并不是没把道理讲清楚，而是由于领导者不替对方着想。关键在于你谈的是否是对方所需要的。如果换个位置，领导者放下架子，站在被劝说人的位置上瞻前顾后，同时，又把被劝者放在领导的位子上陈说苦衷，抓住了被劝说人的关注点，这样沟通就容易成功，你站在下属的角度，为下属排忧解难，下属就能替领导排忧解难，帮你提高业绩。

4. 领导应该是下属真正的朋友

推心置腹，动之以情，晓之以理。领导者的说服工作，在很大程度上，可以说是情感的征服。只有善于运用情感技巧，以情感人，才能打动人心。感情是沟通的桥梁，要想说服别人，必须架起这座桥梁，才能到达对方的心理堡垒，征服别人。领导者与对方谈话时，要使对方感到领导不抱有任何个人目的，没有丝毫不良企图，而是真心实意地帮助自己，为下属的切身利益着想。这样沟通双方的心就亲近多了，就会产生“自己人”、“哥儿们”效应。

情感是交往的纽带，领导应很好运用，和下属交朋友，使自己成为下属真正的自己人，

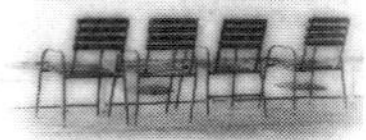

这是完成群体目标的主体力量。

5．语言幽默，轻松诙谐

领导者与下属谈话，语言幽默，轻松诙谐，营造一个和谐的交谈气氛和环境很重要。上级和部下谈话时，可以适当点缀些俏皮话、笑话、歇后语，从而取得良好的效果。只要使用得当，就能把抽象的道理讲得清楚明白、诙谐风趣，会产生一种吸引力，使下属愿意和领导交流。

领导的语言艺术，对于下属来说，即是一种享受，又是一种激励，可以拉近上下级关系的距离。

6．与下属常谈心，增强凝聚力

有一位厅级干部在他还是一般职员的时候，一次他的领导(厅级)在路上见到他，和他打招呼握手并问候他，虽然这是领导不经意的一次举动，但是在他心里产生莫大的震动，回去后，心情久久不能平静。他当时认为，这是领导对自己的重视和认可。此后他的工作一直做得很出色，受到单位领导和上级的一致赞扬。现在这位职员升为一个厅级单位的领导，他也经常找下属谈心，谈心的面很广，谈工作、谈生活、谈发展，每次谈话，职员都受到很大的鼓舞。就是这个举动，增强了全员的凝聚力，使整个工作做得有声有色。经常找下属谈心，可以充分了解职员对单位发展的看法，职员的心态、情绪变化，对工作的反馈意见等，有利于更好的开展工作。

每个职员都想得到上级的重视和能力认可，这是一种心理需要，和下属常常谈谈话，对于形成群体凝聚力，完成任务、目标，有着重要的意义。

7．当众讲话对下属要有激励作用

当众讲话属于公共场合沟通，如果一位领导或是管理者，在大众场合讲话没有鼓动性，言语平平，淡而无味，甚至连条理性都没有，那么这位领导在群众心里的威望就会大打折扣，因为领导对于广大群众来说是能力的象征。当众讲话不力，就会被群众认为这位领导能力不行。这就要求领导、管理者努力提高自己的语言表达能力，训练自己善于当众讲话的基本功，当众讲话能起到振奋士气，激励下属，达到统一思想、统一步调的作用，有利于形成一股强大的向心力，使群众以满腔的热情投入到工作中去。当众讲话的魅力会影响下属的士气，一个真正的领导者，应该是一个获得众人拥护的领导者，哪怕你认为你是上级任命的，如果不能获得众人的认可，领导者对你来说只是一个空壳，没有实际的意义。因为，领导的才能只能在群体业绩中体现。领导者和下级有效沟通的目的是最大限度地发挥其潜力，从而提高群体绩效。

9.2.3 下达命令的技巧

命令是领导对部下特定行动的要求或禁止。命令的目的是要让部下按照你的意图完成特定的行为或工作；它也是一种沟通，只是命令带有组织阶层上的职权关系；它隐含着强制性，会让部下有被压抑的感觉。若领导经常使用直接命令的方式要求员工做好这个，完成那个，也许看起来非常有效率，但是工作品质无法提升。为什么呢？因为直接命令剥夺了部下自我支配的原则，压抑了部下的创造性思考和积极负责的心理，同时也让部下失去了参与决策的机会。

命令虽然有缺点，但要确保部下能朝组织确定的方向与计划执行，命令是绝对必要的，那么你应该如何使用你的命令权呢？

命令的目的是要让部下按照你的意图完成指定的行为或工作，因此你下达命令时应该考虑下列两点：

1) 正确传达命令意图

你下达命令时，要正确地传达命令，不要经常变更命令；不要下一些自己都不知道原由的命令，让部下无法掌握命令的目标；不要为了证明自己的权威而下命令。正确地传达命令的意图，是比较容易做到的，你只是要注意“5W1H”的重点，相信你就能正确地传达你的意图。

案例

“张小姐，请你将这份调查报告复印 2 份，下班前送到总经理室交给总经理；请留意复印的质量，总经理要带给客户参考。”

思考

请根据我们所说的 5W1H 方法将该案例进行划分。体会该方法所传递的重点。

时间(When)____________________

地点(Where)____________________

执行者(Who)____________________

为了什么目的(Why)____________________

需要做什么工作(What)____________________

怎么样去做(How)____________________

2) 如何使部下积极接受命令

如何能提升部下积极接受命令的意愿呢？你可用提升部下意愿的沟通方式替代大部分的命令。对“命令”的含义我们应该打破固有的思维，不要陷于“命令→服从”的固有认知。命令应该是领导让部下正确了解他的意图，并让部下容易接受及愿意去执行。

或许你会说，领导有职位的权力，他必须执行，但有意愿下的执行与无意愿下的执行，其执行的结果会产生很大的差异。有意愿的部下，会尽全力把命令的工作做好；无意愿的部下，心里只想能应付过去就好。

那么，如何提升部下执行命令的意愿呢？你必须注意下列 5 个传达命令的沟通技巧：

(1) 态度和善，用词礼貌。就像在前面谈到的问题一样，在我们身边，作为一名领导，你在与部下沟通的时候可能会忘记使用一些礼貌用语，如“小张，进来一下”，“小李，把文件送去复印一下”。这样的用语会让部下有一种被呼来唤去的感觉，缺少对他们起码的尊重。因此，为了改善和部下的关系，使他们感觉到自己更受尊重，你不妨使用一些礼貌的用语，例如：“小张，请你进来一下。”“小李，麻烦你把文件送去复印一下。”要记住，一

位受人尊重的领导，首先应该是一位懂得尊重别人的领导。

(2) 让部下明白这件工作的重要性。下达命令之后，告诉部下这件工作的重要性，如："小王，这次项目投标是否能成功，将决定我们公司今年在总公司的业绩排名，对公司来说至关重要。希望你能竭尽全力争取成功。"通过告诉部下这份工作的重要性，以激发部下的成就感。让他觉得领导很信任我，把这样重要的工作交给了我，我一定要努力才不负众望。

(3) 给部下更大的自主权。一旦决定让部下负责某一项工作，就应该尽可能地给他更大的自主权，让他可以根据工作的性质和要求，更好地发挥个人的创造力。例如："这次展示会交由你负责，关于展示主题、地点、时间、预算等请你做出一个详细的策划，下个星期你选一天我们要听取你的计划。"还应该让部下取得必要的信息，例如："财务部我已经协调好了，他们会提供一些必要的报表。"

(4) 共同探讨状况、提出决策。即使命令已经下达，部下也已经明白了他的工作重点所在，我们也已经相应地进行了授权，但也切不可就此不再过问事情的进展，尤其当部下遇到问题和困难，希望我们协助解决时，更不可以说："不是已经交给你去办了吗？"我们应该意识到，他之所以是你的部下，就是因为他的阅历、经验可能不如你，那么这时候我们应该和部下一起共同分析问题，探讨状况，尽快提出一个解决方案。例如："我们都了解了目前的状况是这样的，我们来讨论一下该怎么做？"

(5) 让部下提出疑问。可询问部下有什么问题及意见，如："小王，关于这次投标方案，你还有什么意见和建议吗？"你可采纳部下好的意见，并称赞他。例如："关于这点，你的意见很好，就照你的意思去做。"

上述这 5 个传达命令的沟通技巧能提升部下接受命令、执行命令的意愿，你的意图才能被部下积极的执行，你的部门才会使部下感受到是一个开放、自由、受尊重的工作环境。

自检

请回想一下，你是否有以下的行为：

你常常赞美你的部下吗？

你对他们的赞美是发自内心的吗？

你能针对部下的具体行为及时加以赞美吗？

你喜欢当众赞美或批评你的部下吗？

当部下不在场的时候，你还会赞美他吗？

你常常因为害怕影响与部下的关系而不愿意当面批评他吗？

你的批评常常会令你的部下难堪吗？

你在批评部下的时候能做到对事不对人吗？

参考答案

是；是；是；否；是；否；否；是

如果你的答案正确率在 80%以上，那么恭喜你，你已经很好地掌握了赞美和批评部下的方法，你和他们的沟通应该是很融洽的；如果你的答案正确率在 50% 以下，那么建议你

认真学习以下内容，以改善你与部下之间的沟通效果。

9.2.4　赞美下级的技巧

赞美部下作为一种沟通技巧，也不是随意说几句恭维话就可以奏效的，事实上赞美部下也有一些技巧及注意点，我们列出了以下四个注意点。

1) 赞美的态度要真诚

赞美部下必须真诚。每个人都珍视真心诚意，它是人际沟通中最重要的尺度。英国专门研究社会关系的卡斯利博士曾说过："大多数人选择朋友都是以对方是否出于真诚而决定的。"古人说的更好："精诚所至，金石为开。"如果你在与部下交往时不是真心诚意，那么要与他建立良好的人际关系是不可能的。所以在赞美部下时，你必须确认你赞美的人的确有此优点，并且要有充分的理由去赞美他。

2) 赞美的内容要具体

赞美要依据具体的事实评价，除了用广泛的用语(如"你很棒！""你表现得很好！""你不错！")外，最好要加上具体事实的评价。例如："你的调查报告中关于技术服务人员提升服务品质的建议，是一个能解决目前问题的好方法。谢谢你提出对公司这么有用的方法。""你这次处理客户投诉的态度非常好，自始至终婉转、诚恳，并针对问题提出了解决方案，你的做法正是我们期望员工能做的标准典范。"

3) 注意赞美的场合

在众人面前赞美部下，对被赞美的员工而言，当然受到的鼓励是最大的，这是一个赞美部下的好方式；但是采用这种方式时要慎重，因为被赞美的表现若不能得到大家客观的认同，其他部下难免会有不满的情绪。因此，公开赞美最好是能被大家认同及公正评价的事项。例如：业务竞赛的前三名、获得社会大众认同的义举、对公司产生重大的贡献、在公司服务25年的资深员工等，这些值得公开赞美的行为都是公平、公开竞争下产生的，或是已被社会大众或公司全体员工认同的。

4) 适当运用间接赞美的技巧

所谓间接赞美，就是借第三者的话来赞美对方，这样比直接赞美对方的效果往往要好。比如你见到你部下的业务员，对他说："前两天我和刘总经理谈起你，他很欣赏你接待客户的方法，你对客户的热心与细致值得大家学习，好好努力，别辜负他对你的期望。"无论事实是否真的如此，反正你的业务员是不会去调查是否属实的，但他对你的感激肯定会超乎你的想象。

间接赞美的另一种方式就是在当事人不在场的时候赞美，这种方式有时比当面赞美所起的作用更大。一般来说，背后的赞美都能传达到本人，这除了能起到赞美的激励作用外，更能让被赞美者感到你对他的赞美是诚挚的，因而更能加强赞美的效果。所以，作为一名项目领导，你不要吝惜对部下的赞美，尤其是在面对你的领导或者他的同事时，恰如其分地夸奖你的部下，他一旦间接知道了你的赞美，就会对你心存感激，在感情上也会与你更近一步，你们的沟通也就会更加卓有成效。

总之，赞美是人们的一种心理需要，是对他人敬重的一种表现。恰当地赞美别人，会

给人以舒适感，同时也会改善与部下的人际关系。所以，在沟通中，我们必须掌握赞美他人的技巧。

自检

你赞美部下的方式是否得当？

赞美部下的要点	是(√)或否(×)	改进计划
赞美的态度真诚		
赞美的内容具体		
赞美的场合适当		
适当运用间接赞美的技巧		

9.2.5 批评下级的技巧

俗话说："良药苦口，忠言逆耳。"有人认为，批评就是"得罪人"的事，所以有些主管从不当面指责部下，因为他们不知道如何处理指责部下后彼此的人际关系，因而造成部下的不当行为，一直无法得到纠正。有些主管指责部下后，不但没有达到改善部下的目的，反而使部下产生更多的不平和不满。事实上，之所以会产生这样的后果，恐怕还在于我们在批评他人的时候缺乏技巧的缘故。医药发展至今，许多良药已经包上了"糖衣"，早已不苦口了，那么我们为什么不能研究一下批评他人的技巧，变成忠言不逆耳呢？"指责部下"是教育部下的一种方法。因此，管理者指责部下时，要讲究一些技巧。下列是一些指责部下的技巧与注意点。

1) 以真诚的赞美做开头

俗话说："尺有所短，寸有多长。"一个人犯了错误，并不等于他一无是处。所以在批评部下时，如果只提他的短处而不提他的长处，他就会感到心理上的不平衡，感到委屈。比如一名员工平时工作颇有成效，偶尔出了一次质量事故，如果批评他的时候只指责他导致的事故，而不肯定他以前的成绩，他就会感到以前"白干了"，从而产生担心批评会伤害自己的面子，损害自己的利益，所以在批评前帮他打消这个顾虑，甚至让他觉得你认为他是"功大于过"，那么他就会主动放弃心理上的抵抗，对你的批评也就更容易接受。

2) 要尊重客观事实

批评他人通常是比较严肃的事情，所以在批评的时候一定要客观具体，应该就事论事，要记住，我们批评他人，并不是批评对方本人，而是批评他的错误的行为，千万不要把对部下错误行为的批评扩大到对其本人的批评上，更不可以否定部下的人品人格，那样就会造成不可调和的矛盾。比如说，你作为一名编辑去校对清样，结果发现版面上有一个标题字错了，而校对人员却没有发现，这时你会对他进行批评，可能会说"这个字你没有校正出来"。也可能说"你对工作太不负责了，这么大的错误都没有校正出来。"显然，后者是难以被对方接受的，因为你的话语让他很难看，也许他只是一次无意的过失，你却上升到

了责任心的高度去批评他，这可能把他推到你的对立面去，使你们的关系恶化，也很可能导致他在今后的工作中出更多的纰漏。

3) 不要伤害部下的自尊与自信

不同的人由于经历、知识、性格等自身素质的不同，接受批评的能力和方式也会有很大的区别。在沟通中，我们应该根据不同的人采取不同的批评技巧。但是这些技巧又有一个核心，就是不损及对方的面子，不伤对方的自尊。指责是为了让部下更好，若伤害了部下的自尊与自信，部下未必变得更好，因此指责时要运用一些技巧。例如，“我以前也会犯下这种过错……”“每个人都有低潮的时候，重要的是如何缩短低潮的时间”“像你这么聪明的人，我实在无法同意你再犯一次同样的错误”“你以往的表现都优于一般人，希望你不要再犯这样的错误”。

4) 批评时问清部下犯错的原因

虽然可能自认为已经清楚地了解了事件的客观真相，但在批评时还是要认真地倾听部下对事件的解释，这样做有助于了解部下是否已经清楚了自己的错误，也有利于进行进一步的批评。有意思的是，部下往往会告诉你可能并不清楚的真相。如果没有办法证实这些问题，则应立即结束批评，再做进一步的调查了解。

5) 友好地结束批评

正面地批评部下，对方或多或少会感到一定的压力。如果一次批评弄得不欢而散，对方一定会增加精神负担，产生消极情绪，甚至对抗情绪，这会为以后的沟通带来障碍。所以，每次批评都应该尽量在友好的气氛中结束，这样才能彻底解决问题。在会见结束时，不应该以“今后不许再犯”这样的话作为警告，而应该对对方表示鼓励，提出充满感情的希望，比如说“我想你会做得更好”或者“我相信你”，并报以微笑，让部下把这次见面的回忆当成是你对他的鼓励而不是一次意外的打击，这样会帮他打消顾虑，增强改正错误、做好工作的信心。

在部下认识到自己的错误后，应尽快结束批评。过多的批评会让部下感到厌烦。另外，不应该经常将部下的某个错误挂在嘴边，喋喋不休地反复唠叨。如果在批评时，部下有抵触情绪，在批评后几天内，应该找部下谈谈心，消除部下可能产生的误解；如果批评后部下还没有改正错误，则要认真地分析他继续犯错的原因，而不能盲目地再次批评。

6) 选择适当的场所

不要在大庭广众之下指责别人，指责时最好选在单独的场合，如你的独立办公室、安静的会议室、午餐后的休息室或者楼下的咖啡厅等。

每个人都会犯错，你要有宽广的胸襟包容部下的过失，本着爱护部下的心态，同时注意上面的几个要点。当部下需要指责时，不要犹豫，果敢地去做，正确、适时地指责，对部下、对部门都具有正面的功效。

7) 不要威胁部下

威胁部下容易让部下产生“仗势欺人”的感觉，同时难免造成管理者与部下的对立。这种对立会极大地损伤部门内部的团结和合作。如果部下感觉自己的尊严和人格受到了侮辱，很难想象他能再全心全意地为公司工作。

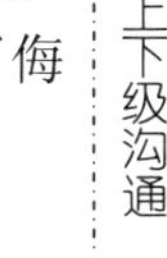

自检

你批评部下时方法是否得当？

批评部下的要点	是(√)或否(×)	改进计划
在友好、愉悦的气氛中开始谈话		
对事不对人，尊重客观事实		
指责时不伤害部下的自尊与自信		
批评时问清部下犯错的原因		
友好地结束批评		
选择适当的场所		
不威胁部下		

思考题

1. 说服领导的技巧要点是什么？
2. 列举与不同性格的领导沟通的技巧。
3. 向领导请示与汇报的态度要注意哪些？
4. 向领导请示与汇报的技巧包括哪些？
5. 批评部下时的注意事项包括哪些？
6. 与下级沟通的原则包括哪些？

技能训练

结合本章内容，完成以下情景模拟题。

1. 假如你是某公司的员工，上级把一项临时的工作任务安排给你，而你又不想干这项工作。在这种情况下，你怎样与上级沟通，才能说服上级把这项工作安排给别人，而又不会对你产生不好的印象？

2. 假如你是公司某部门的负责人，有一项临时性的工作任务需要布置。当你把这项工作任务安排给小吴时，没想到小吴以工作忙、没有时间、能力低下等理由拒绝接受这项工作任务。遇到这种情况，你会采取什么办法让小吴能够接受这项工作任务？

参 考 文 献

[1] 孙健敏, 徐世勇. 管理沟通. 北京：清华大学出版社，2006.
[2] 戴尔·卡耐基. 卡耐基沟通的艺术与处世智慧. 北京：中国华侨出版社，2012.
[3] 惠亚爱. 沟通技巧. 北京：人民邮电出版社，2012.
[4] 王丽娟. 谈判技能. 北京：企业管理出版社，2004.
[5] 孙健敏, 吴铮. 管理中的沟通. 北京：企业管理出版社，2004.
[6] 盖勇. 管理沟通. 济南：山东人民出版社，2003.
[7] 刘玉冰. 沟通技巧与实训. 北京：清华大学出版社，2012.
[8] R 勒德洛，F 潘顿. 有效沟通. 李博，黄红，译. 北京：中信出版社，1998.
[9] 张德实. 应用写作. 2 版. 北京：高等教育出版社，2005.
[10] 李谦. 现代沟通学. 2 版. 北京：经济科学出版社，2006.
[11] 李元授，邹昆山. 演讲学. 2 版. 武汉：华中理工大学出版社，2003.
[12] 李国宇. 倾听的力量. 北京: 中国纺织出版社，2007.
[13] 谢红霞. 沟通技巧. 北京：中国人民大学出版社，2011.
[14] 刘伯奎. 口才与演讲：技能训练. 北京：中国人民大学出版社，2006.
[15] 柳青，蓝天. 有效沟通技巧. 北京：中国社会科学出版社，2003.
[16] 李锡元. 管理沟通. 武汉：武汉大学出版社，2006.
[17] 余世维. 有效沟通. 北京：机械工业出版社，2007.
[18] 王建民. 管理沟通理论与实务. 北京：中国人民大学出版社，2005.
[19] 康青. 管理沟通教程. 上海：立信会计出版社，2005.
[20] 柳青，蓝天. 有效沟通技巧. 北京：中国社会科学出版社，2003.
[21] 宋莉萍. 礼仪与沟通教程. 上海：上海财经大学出版社，2006.
[22] 李谦. 现代沟通学. 北京：经济科学出版社，2006.
[23] 彭于寿. 商务沟通. 北京：北京大学出版社，2006.
[24] 范云峰，张福禄. 客户沟通就是价值. 北京：中国经济出版社，2005.
[25] 黄漫宇. 商务沟通. 北京：机械工业出版社，2006.
[26] 范文琼，丰晓流. 人际沟通技巧. 武汉：华中科技大学出版社，2009.